역사적·실천적 관점에서 본
개혁주의 세례신학

존 W. 릭스 지음
김성구·김태규 옮김

기독교문서선교회

기독교문서선교회(Christian Literature Crusade: 약칭 **CLC**)는
1941년 영국 콜체스터에서 켄 아담스에 의해 시작되었으며
국제 본부는 영국의 쉐필드에 있습니다.

국제 CLC는 59개 나라에서 180개의 본부를 두고, 약 650여 명의
선교사들이 이동도서차량 40대를 이용하여 문서 보급에 힘쓰고 있으며
이메일 주문을 통해 130여 국으로 책을 공급하고 있습니다.

한국 CLC는 청교도적 복음주의 신학과 신앙서적을 출판하는
문서선교기관으로서, 한 영혼이라도 구원되길 소망하면서
주님이 오시는 그날까지 최선을 다할 것입니다.

A Historical and Practical Theology
Baptism in the Reformed Tradition

by
John W. Riggs

translated by
Sang Koo Kim & Tae Gyu Kim

Copyright © 2002 by John W. Riggs.
Originally published in English under the title as
Baptism in the Reformed Tradition
by John W. Riggs.
Translated and used by the permission of
Westminster John Knox Press.,
100 Witherspoon Street, Louisville, Kentucky 40202-1396.

All rights reserved.

Korean Edition
Copyright © 2012 by Christian Literature Crusade
Seoul, Korea

추천사

이승진 박사
실천신학대학원대학교 설교학 교수

    오늘날 한국교회에서 기독교 세례와 세례예식의 중요성이 점차 사라지고 있다. 기독교로 회심한 새신자들에게 일정한 교리교육 기간을 거친 다음에 세례식을 베풀어서 원입교인으로 받아들이기는 하지만 세례예식은 그저 교회에 처음 나온 새신자들이 잠깐 세례수로 예식을 치르면서 교회의 교인이 되었음을 공식적으로 선언하는 것 정도로 퇴색 되어가고 있다. 개혁주의 전통을 따른다고 주장하는 일부 교회 중에서도 교회의 두 가지 표지로서 하나님의 말씀을 선포하는 설교의 중요성은 인정하면서도 교회의 또 다른 중요한 표지인 성례(세례와 성찬)의 중요성에 대하여 신학적인 이해도 부족하고, 또 실제 예배 속에서도 세례예식을 마치 귀찮은 순서처럼 소홀히 여기는 경우가 적지 않다. 주 예수 그리스도께서 제정하시고 2천 년의 기독교 역사 속에서 기독교 교회가 생명처럼 소중하게 전승해온 세례와 세례예식의 신학적인 의미가 교회 성장의 미명 아래 진부하고 시대착오적인 과거의 예식 정도로 치부되고 있는 실정이다.

　이런 상황에서 존 W. 릭스(John W. Riggs) 교수가 저술하였고, 김상구 교수(백석대)와 김태규 박사의 공역을 통해서 국내에 새롭게 소개되는 『역사적·실천적 관점에서 본 개혁주의 세례신학』은 제목 그대로 세례신학이 과거 2천 년의 교회 역사 속에서 어떻게 형성, 발전되어 왔는지에 대하여 세례신학의 기초와 그 발전 과정을 추적할 뿐만 아니라, 오늘날 목회 현장에서 세례신학의 올바른 의미를 실제 세례예식에 효과적으로 담아낼 수 있는 실천적인 방안을 소개하고 있다. 먼저 개혁주의 세례신학의 역사적인 발전 과정에서 결코 빼놓을 수 없는 인물이 바로 존 칼빈(John Calvin)이다. 저자가 주장하듯이 개혁주의 세례신학의 근간은 칼빈의 성례전 신학 속에서 올바로 확보될 수 있음에도 불구하고 아직도 칼빈의 세례신학이 국내에 올바로 소개되지 못하고 있는 실정이다. 물론 칼빈의 세례신학은 그 이전에 츠빙글리(Huldrich Zwingli)와 마틴 부처(Martin Bucer)의 신학으로부터 일부분 영향을 받은 것이 사실이지만 칼빈은 이들의 영향을 수용함과 동시에 이를 자신의 성례전 신학 속에서 한 차원 새롭게 발전시켜서 개혁주의 세례신학의 초석을 마련하였다.

　칼빈의 세례신학에서 배울 수 있는 중요한 교훈 중 하나는 성례와 세례의 가치를 단순한 표지와 그리스도의 임재를 중재하는 신비의 양극단 사이에서 그의 신학적인 방법론의 특징 중 하나인 중용의 길(via media)을 채택하고 있다는 점이다. 중용의 길 속에서 칼빈은 세례예식을 단순한 표지나 의식으로 평가절하해서도 안 되고 또 그리스도의 임재를 중재하는 신비로 지나치게 평가절상하여 숭배하지 않되 말씀과 성례가 상호보완적으로 작용하여 궁극적으로는 그리스도의 현존으로 신자와 신앙 공동체를 인도해야 할 것을 역설한다. 기독교 세례예식과 그 신학적인 의미의 중요성이 희석되고 있는 상황에서 신학생들과 일선 목회자들이 이 책을 통해서 다시금 세례의 중요성과 그 실제적인 세례예식을 집례하는 귀중한 통찰을 얻을 수 있기를 기대하며 일독을 권한다.

Baptism in the Reformed Tradition

머리말

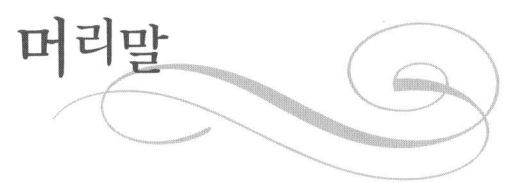

나는 이 책에서 다루고 있는 기본적인 주제들을 약 15년 전부터 대학원에서 가르치고 있다. 가르치는 사역, 다른 저작 기획물, 가정생활, 그리고 일상적인 삶의 여정은 본서에서 다루어야 할 아이디어를 유지시켜 주었다. "콜럼비아 개혁주의 신학 시리즈"(The Columbia Series in Reformed Theology, CSRT) 위원회가 본 연구를 제시할 때 나에게는 내가 본래 계획했던 칼빈 연구보다 아주 적기이며 좋은 기회라고 생각했다.

이 작업을 완성하고 나서 나에게 큰 도움을 주었던 분들이 떠올랐다. 많은 학자의 지도와 학문성이 다양한 방법으로 나에게 학자로서의 모습을 갖추는 데 큰 도움을 주었다. 그들 가운데 특히 존 쿡, 스티브 오즈멘트, 짐 화이트, 브라이언 게리쉬, 그리고 필립 데베니쉬에게 감사를 드린다.

이 연구기획을 위해서 그리고 이 원고의 많은 실수를 바로잡도록 도움을 주었으며 논평을 위해 수고해주신 CSRT 위원회에 다시 한 번 감사를 드린다. 특히 CSRT 위원이며, 웨스트민스터 존 낙스 출판사에서 학문적이며 참고자료 편집자로서 이 기획 시리즈에서 열정을 보여준 돈 맥킴에 감사를 드린다. 그가 편집자로서 용기를 북돋아 주었으며 날카롭게 제안해 줌으로 한층 세련된 책이 될 수 있었다.

또한 여러 면에서 도움을 크게 준 에덴공동체(Eden community)에도 감사를 드린다. 임원과 행정위원회가 안식년을 온전히 제공해주어서 이 기획물이 나올 수 있었다. 또한 나의 동료들은 나를 지지해주며 용기를 북돋아 주고 도전의 기회를 베풀어 주었다. 특히 신약 전공자인 두 동료, 스티브 패터슨과 드보라 크라우제에게 감사드린다. 이들은 뜨거운 우정과 아낌없는 성원을 주었다. 에덴 웹스터 도서관 직원은 이 기획물에 대해 성의를 다해 도움을 주었다. 그리고 제임스 1세의 귀중한 수집물에 대해 관대한 접근을 허락한 것에 대해 감사드린다. 이 수집물에는 16세기로부터 현대에 이르는 개혁주의 신학의 진귀한 많은 작품이 포함되어 있다. 이들 모두에게 진심으로 감사를 드린다.

마지막으로, 나의 가족들에게 깊은 감사를 하고 싶다. 그들은 나의 위로자이며 도전자로서 하나님의 현존을 구체적으로 보여주었다.

역자서문

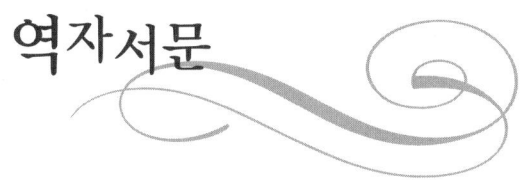

현대 기독교는 교회성장과 부흥이라는 열풍에 밀려 초대교회뿐 아니라 교회 역사 속에서 매우 중요하게 취급했던 기독교인의 입교의식이자 성례의 하나인 세례에 대한 개념이 희박해져 가고 있다. 이 점은 하나님 백성의 구성원이 되려는 신앙고백 위에서 베풀어지는 경축적인 세례예식이 아무런 감동 없이 단지 형식적으로 이루어지고 있는 한국교회 현장에서도 쉽게 감지할 수 있다. 이런 시점에 세례에 관한 귀중한 책이 나오게 된 것은 다행스러운 일이다. 이 책은 세례의 개혁주의 전통을 역사신학과 실천신학의 측면에서 잘 제시하고 있다.

두 부분으로 나뉜 이 책은, 먼저 종교개혁 시대부터 20세기에 이르기까지 칼빈을 비롯하여 여러 개혁주의자들의 세례관과 시대적인 논쟁을 중심으로 소개하고 있다. 이어서 루터의 예배와 『루터교 예배서』, 그리고 현대 미국 연합장로교에서 펴낸 『공동예배서』의 세례예식 부분을 상호 비교·분석하면서, 저자의 견해를 밝히고 새로운 대안을 제시하고 있다.

이와 같이 세례의 역사신학적 통찰과 혜안을 제공할 뿐 아니라, 이를 바탕으로 실천신학적으로 활용하고자 한 것이 현대교회 세례의 활성화를 위한 이 책의 장점이자 특징이라고 할 수 있다. 여기에 한 가지 아쉬운 점이 있다면, 현대 개혁주의 신학에서 빼놓을 수 없는 네덜란드의 헤르만 바빙크와 미국의 찰스 핫지의 세례론 등을 자세히 다루지 않았다는 것이다.

번역과정에서 항상 느끼는 것이지만, 이 책 역시 난해한 문구가 적지 않아 어려움과 부족한 점을 고백하지 않을 수 없다. 독자들의 넓은 이해를 바랄 뿐이다. 끝으로 한국교회와 실천신학 분야에 관심을 가지고 본서의 출판을 위해 수고해 주신 CLC 박영호 목사님과 직원 여러분께 깊은 감사를 드린다.

2012년 2월
방배동 연구실에서
역자대표 김상구

차 례

추천사 / 5

머리말 / 9

역자서문 / 11

서론: 예전운동과 기독교 입문으로서의 세례 / 17

    1. 예배갱신운동 / 19

    2. 기독교 성인 입교예식(RCIA) / 26

    3. 예비적인 평가: 교회론 / 32

    4. 예비적인 시험:『루터교 예배서』(LBW) / 40

    5. 이 연구의 범위 / 49

제1부: 개혁주의 세례신학의 근원

    제1장 종교개혁 제1세대: 츠빙글리, 루터, 부처 / 55

        1. 훌드리히 츠빙글리(Huldrich Zwingli) / 56

        2. 마틴 루터(Martin Luther) / 68

        3. 마틴 부처(Martin Bucer) / 79

        4. 요약 / 88

제2장 종교개혁 제2세대: 불링거와 칼빈 / 91

    1. 하인리히 불링거(Heinrich Bullinger) / 92

    2. 존 칼빈(John Calvin) / 102

제3장 칼빈: 세례와 하나님의 능력 /131

    1. 표징, 믿음 그리고 선택 / 134

    2. 유기(reprobate)와 유아세례 / 149

    3. 요약과 평가 / 170

제2부: 개혁주의 세례신학의 궤도

제4장 개혁주의 신앙고백서로부터 20세기까지 / 177

    1. 개혁주의 신앙고백서 / 179

    2. 개혁교회 정통주의 / 208

    3. 프리드리히 슐라이어마허(Friedrich Schleiermacher) / 215

    4. 20세기의 논쟁 / 222

    5. 요약 / 231

제5장 어디로 갈 것인가?『공동예배서』(BCW) / 233
    1. 개혁주의 세례신학의 반성 / 234
    2.『공동예배서』에서의 세례 / 246
    3. 요약 및 제안 / 262

결론: 개혁주의 세례신학과 성례신학의 형태 / 273

참고문헌 / 291

색인 / 305

Baptism in the Reformed Tradition

서 론

예전운동과 기독교 입문으로서의 세례

예전운동은 19세기 초반 유럽에서 시작되어 20세기 후반까지 계속되고 있으며, 심지어 유럽을 넘어 세계의 다양한 지역으로까지 확산되고 있다. 이 운동은 그 안에 간직하고 있는 역사적 방법론과 신학적 관점을 가지고 있다. 이러한 방법론과 신학은 필연적으로 개신교 예배의 실제 혹은 신학적 관점과 모두 일치하는 것은 아니다. 신학운동이 이런 가정을 공유하지 않는 전통에 부합될 때, 근본적인 문제점이 나타날 수 있다. 최근 개신교 학문이 예전의 역사를 살필 때 이러한 점이 잘 나타나고 있다. 제임스 F. 화이트(James F. White)는 다음과 같이 평가하고 있다.

개신교 예배 연구는 보통 로마 가톨릭 예배 연구에서 비롯된 방법론에 의해 수행되어 왔다. 실제적으로 이것은 주요 관심이 예배 본문(text)들을 다루는 것을 의미해 왔다. 그리고 이들의 대부분은 성찬(eucharist)을 위한 것이었다. 이것은 로마 가톨릭 예전학문의 적절한 산물이다. 그리고 이 연구의 방법론은 지난 반세기 동안 주의 깊게 발전되어 왔다. 본문 연구들, 특히 풍부한 미사를 위한 것…이것이 나는 왜곡된 이미지를 주며, 미국과

다른 지역들에서도 마찬가지로 많은 개신교도들의 예배에 전반적으로 부적절하다고 주장한다.[1]

본 장의 제1절은 예전운동의 역사를 개관하는 것이다. 여기서 다루어지는 주된 이슈는 특히 기독교 성인 입교예식에 의한 세례 성례전의 회복에 관한 것이다. 제2절에서는 기독교 입교예식의 저 너머에 있는 신학을 살펴보고자 한다. 제3절에서는 개신교 관점에서 이 예식과 성례신학을 조화시키는 데 있는 어려움을 언급하고자 한다. 제4절에서는 1526년에 출간된 루터의 세례예식서인 『세례 소책자』(Taufbuchlein)와 현대 예배갱신운동에 영향을 받아 출간된 『루터교 예배서』(Lutheran Book of Worship, LBW)를 비교하여 평가하고자 한다.

루터와 『루터교 예배서』를 살펴보는 것은 중요한 실례를 보여준다.

첫째, 이것은 예전운동이 그 자체로 회중을 이루는 예전의 실제에 얼마나 작용하는가를 보여준다. 이 작업을 함에 있어서 『루터교 예배서』의 논의는 전체적인 책의 전개에서 있을 수 있는 반대의견을 제시한다. 사람들은 원래 이 예식의 한 부분이었던 신학적인 관점을 빌려오지 않고도 예전예식과 구조를 빌려올 수 있다. 여기에 칼 바르트의 아이디어가 암시되어 있다. 즉 어떤 사람이 차용해 온 개념들이 그 개념들을 분석하게 되는 자료들에 특이하게 알맞다는 것을 틀림없이 확신하게 된다는 것이다.[2] 부정적인 측면에서, 일시적이며 불확실하게 답변되는 핵심

---

1 James F. White, *Protestant Worship: Traditions in Transition*(Louisville, Ky.: Westminster John Knox Press, 1989), 13.
2 예를 들어, 성경해석학에서 우리는 사람이 "모든 상황 가운데 예언자들과 사도들의 말에 객관적으로 반영되었던 목적에 충실"해야만 하는 Barth의 주석을 발견한다(『교회교의학』[*Church Dogmatics* I /2], G.W. Bromiley 역[Edinburgh: T.&

적인 질문은 『루터교 예배서』가 제2차 바티칸 공회의에서 지역교구 사용을 위해 위임받은 "기독교 성인 입교예식"(Rite of Christian Initiation of Adults, RCIA)에서 차용했는지, 아닌지 하는 점이다. "기독교 성인 입교예식"은 특이하게 루터가 예시하는 세례로 기독교 자료들에 알맞은 것이다.

둘째, 루터와 『루터교 예배서』의 세례예식에 관해 다루는 본 절은 다음 장에 나오는 종교개혁의 자료를 소개하고 있다.

1. 예배갱신운동

예전운동은 로마 가톨릭교회 안에서 19세기 첫 반세기에 시작했다.[3] 여기서 역사가들은 1833년 프랑스 솔레스메(Solesmes)에 있는 베네딕트 수도원을 재발견한 프로스페 구에랑게(Prosper Guéranger)를 주목한다. 그는 그의 세대의 예전적인 발전을 다루거나 반대하는(신 갈리칸) 좀 더 오래된 고대 예배전통의 회복에 관심이 있었다. 그의 개혁은 베네딕트 수도회에서 수도원적인 예전갱신에 활기를 주었다.

T. Clark, 1975], 725, §21.2). 이 접근은 변화하는 일이 변화되기에 따라(mutatis mutandis)라는 원칙을 현재의 이 연구에 적용한다. 또한 만약 사람이 사도권을 사용하기 원하는 자는 우선 "그리스도를 위한 바보가 되어야" 한다고 한 Luther의 하이델베르크 논쟁(29-30장)에 있는 주석을 비교하라.

3 문헌뿐 아니라 예배갱신운동에 대한 요약을 위해서는 다음의 책을 보라. H. Ellsworth Chandlee, "The liturgical Movement," in *The Westminster Dictionary of Liturgy and Worship*, ed. J. G. Davis(Philadelphia: Westminster Press, 1986), 307-14; Virgil C. Funk, "*Liturgical Movement*(1830-1969)," in *The New Dictionary of Sacramental Worship*, ed. Peter E. Fink, S. J. (Collegeville, Minn.: Liturgical Press, 1990), 695-715; 그리고 20세기에 있어서 세부적인 연표는 L. Brinkoff, O.F.M., "Chronicle of the Liturgical Movement," in Liturgy in Development (New York: Sheed and Ward, 1965), 40-67.

이러한 수도원들과 그들의 노력으로 인하여 예전의 역사와 신학에서 보다 집중적이고 학문적인 발전들이 개진되었다. 19세기에 학문의 연구, 정치철학, 그리고 본문비평에 대한 새로운 접근은 예배학 연구에 있어서 새로운 장을 열어주었다. 루이스 두체슨(Louis Duchesne, 1843-1922), 피에르 바티폴(Pierre Battifol, 1861-1929), 페르난도 카브롤(Fernand Cabrol, 1855-1937) 등 저명한 학자들은 이 세대에 영향을 주었다. 20세기 학문적 발전이 지속됨에 따라 구에랑게가 주창한 본래의 운동은 효과적으로 지속되었다. 마리아 라흐(Maria Laach)의 수도원 출신 오도 카셀(Odo Casel)이 저술한 영향력이 있는 책 『기독교 예배의 신비』(*The Mystery of Christian Worship*)는 큰 논쟁을 불러일으켰다. 또한 저명한 학자인 베르나르드 보테(Bernard Botte)는 몽 세자르(Mont César)의 수도원 출신으로 예전 고등연구소(Institute Supérior de Liturgie)를 세웠다. 또 다른 예전학 거장들 중에 요셉 융만(Josep Jungmann)과 장 다니엘루(Jean Daniélou)도 거명하지 않을 수 없다. 장 다니엘루의 저작들은 『미사의 역사와 근원』, 『초대 교회 예배의 역사』 등이 있는데 매우 권위 있는 고전으로 여겨지고 있다.

20세기 중반에 이르러 예전운동은 학문적인 관심뿐만 아니라 교회의 예배생활에 있어서도 변화를 일으키는 목회적인 실천에 관계되었다. 로마 가톨릭교회에서 이 운동은 큰 영향력을 발휘해 오고 있다. 매우 의미 있는 사건으로는 1947년 피우스 12세(Pius XII)가 공표한 "하나님의 중재자"(*Mediator Dei*)였다. 이것은 예전적인 관심에 전적으로 전념한 교황의 회람이었다. 이 회람은 예배의 참여를 촉진하였으며, 온전한 회중의 의무로 교회의 예배생활에 관해 언급했다. 이후 공식적인 예배개혁은 회람을 생활화하기 시작했다. 회중이 교회의 예배생활을 이해하고 참여하며 주인 의식을 가지도록 격려함으로써 1951년 부활절 전야(Ordo asbbati sancti)의 회복은 예전운동에 의해 직접적으로 영향을 받은 것이었다. 그 전년도에 많은 학자들과 실천주의자들이 "성찬의 주일집행"이라는 주제하에 제1차 독일 전국예배협의회가 주관하는 모임을 가졌다. 매년 국제 학술주간이 개최되었는데, 1959년 학술대회의 주제는 "예전"이었다. 이때 많은 학자들, 실천주의자들, 그리고 교회 지도자들이 참여한 가운데 개최되었다.

1958년에 개최된 국제 학술주간의 주제는 "세례와 견진"이었다. 그 내회가 마친 지 한 달이 못 되어 1958년 10월 9일 교황 피우스 12세가 사망했다. 요한 23세(John XXIII)가 그 뒤를 이었다. 그는 예전운동의 창시자의 한 사람인 람베르트 보댕(1873-1960)과 매우 절친한 친구사이였다. 1909년 초기에 보댕은 예배의 이해, 참여, 주인의식에 대한 평신도의 점증적인 참여를 불러 일으켰다. 요한 23세는 재빨리 1959년 1월에 제2차 바티칸 공의회의 소집을 발표했다. 거기에서 중요한 예전적인 변화가 분명히 나타났다. 예전운동을 하던 많은 주도적 학자들이 다양한 공의회 위원회에서 활동함으로써 예배갱신을 도왔다. 예전을 인식하는(liturgical consciousness) 긴 세기 동안 간접적인 부흥과 마찬가지로 직접적인 연류로 예전운동 자체가 공의회에 의해 위임됨으로써 예배의 개혁이 심도 있게 논의되었으며 큰 영향을 끼쳤다.

1962년 10월 공의회는 "거룩한 예전규약"(Constitution on the Sacred Liturgy; De sacra liturgia)에 관한 작업을 시작했다. 많은 회기를 거친 후, 그 규약은 1963년에 압도적으로 통과되었다. 그리고 바울 4세(Paul IV)에 의해 같은 해 12월에 발표되었다. 그 내용은 로마 가톨릭교회와 다른 믿음의 전통

(개신교, 동방교회 등-역주)들에게도 깊은 영향을 끼쳤다. 내용에 있어서 학문적이고 목회적인 두 측면에서, "거룩한 예전규약"은 예전운동의 원리들을 적용했다. 이것은 교회 연합적이며 선교 중심적으로 이 세상에서 교회 사역에 전념할 수 있도록 하는 방법으로 교회 예배생활의 이해, 참여, 주인의식을 조성하기 위한 것이었다. 그 후 "거룩한 예전규약"의 실행은 자국어 성찬예식과 함께, 그리고 완전한 개정과 교회의 다양한 예식들의 문제점들과 함께 시작되었다. 1972년에는 "기독교 성인 입교예식"을 위한 새로운 법규(order)가 발간되었다. 이 "기독교 성인 입교예식"과 함께 교회 사역(ministry)은 교회의 모든 세례 받은 회원들의 사역에 근본적으로 놓여 있는 시각(vision)과 마찬가지로 세례실제의 철저한 개혁이 나타났다.

예전 역사가들은 기독교 입교예식의 역사를 오랫동안 연구해 오고 있다. 기독교 입교예식에 대한 교부시대의 발전, 후기 교부시대 및 중세시대의 (세례 예식과의) 분리(dissolution)는 잘 연구되어 있어서 핵심적으로 요약할 수 있었다.[4] 하지만 2세기에 교회로 들어오는 입교인들을 위한

---

4 이 주제에 관하여 개요와 도서목록에 관하여 다음의 책을 보라. Paul Bradshaw, "Christian Initiation," in Fink, ed., *New Dictionary*, 601-12; J.D.C. Fischer and E.J. Yanold, S.J., "The West from about AD 500 to the Reformation," in *The Liturgy of the Church*, 2d ed., Cheslyn Jones, Geoffrey Wainwright, Edward Yanold, and Paul Bradshaw(London: Oxford University Press, 1992), 144-52; J. D. C. Fischer, *Christian Initiation in the Medieval West* (London, SPCK, 1965); Georg Kretschmar, "Die Geschichte des Taufgottesdienst in der alten Kirche," in *Leiturgia: Handbuch des evangelischen Gottesdienstes*, vol. 5: Taufgottesdienstes, ed. Karl Ferdinand Müller and Walter Blankenburg(Kassel: Johanne Stauda Verlag, 1970), 59-273; *Made Not Born: New Perspectives on Christian Initiation and the Catechumenate*(Notre Dame: University of Notre Dame Press, 1976); Mark Searle, O.F.M., *Christening: The Making of Christians*(Essex: Kevin Mayhew Ltd., 1977), 16-39; Aidan Kavanagh, *The Shape of Batism: The Rite of Christian Initiation*(New York; Puebulo Publishing Company, 1978). 또한 Maxwell E.

일반적인 형식은 거의 없거나 중요한 증거가 없는 상태이다.[5] 동방교회에서는 약간의 변형들이 있었으나, 이 예식의 일반적인 형식은 서방교회에서 나타났다. 아래의 형식은 4세기 후반에 이르러서 비교적 표준이 되었다.

> 세례 전에 실시된 긴 신앙교육(catechesis)
> (전형적으로 부활절[Easter]) 전야 철야기도(vigil)를 포함한 세례 준비
> (전형적으로 부활절) 주일 아침 세례
> 기름으로 성별함
> 모인 공동체와 함께 첫 성찬(communion)

5세기 초기 무렵에 이 예식은 축소되었으며, 가끔 세례 받는 유아들에게 한꺼번에 베풀어졌다. 펠라기우스에 대항한 어거스틴의 논쟁은 인간의 출생 때부터 본래 갖고 있는 원죄(original sin)에 대한 신앙을 생기게 했을 뿐만 아니라 축소된 입교예식은 성인들에게 한 번 행해졌던 축귀 사역을 이제 유아들에게 시행함으로 유아들의 죄(guilt)의 개념을 증대시켰다.

Johnson의 글, "The Role of Worship in the Contempory Study of Christian Initiation: Select Review of the Literature" *Worship* 75(2001): 20-35, 특히 21-4에 있는 중요한 토론을 보라. Johnson은 2세기부터 4세기까지 입교예식의 다양성 안에서 나타나는 일치를 요약하였다.

5 다른 곳에서 나는 기독교 입교예식이 2세기 동안에 시작되었고, 2세기부터 4세기에 이르러 발전했으며, 회심의 모호한 의미로 인해 소위 회심자의 거대한 수를 취급했었던 Constantine 이후 시대에 꽃피웠다는 것을 언급하였다. 100년에 약 5만 명의 기독교인이 있었으며, 300년에는 500만 명(회심자가 1년에 2만 5천명이 증가함), 400년에는 교회는 3천만 명(회심자가 1년에 25만 명 증가함)으로 증가하였다. John W. Riggs, "The Sacred Food of Didache 9 and 10 and Second-Century Ecclesiologies," in *The Didache in Context*, ed. Clayton Jefford(Leiden: E.J.Brill, 1995), 256-83을 보라.

일상적으로 교부시대에 실행했던 세례는 기독교 입교예식과 결합되어 5세기를 지나면서 사라졌고, 이후 세기에서 감독(episcopal)이 기름으로 붓는 예식(견신례[confirmation]라 불림)이 세례예식과 분리되었다. 또한 첫 성찬에 참여하는 행사도 입교예식에서 분리되었다. 서방교회의 예전생활에서 유아세례, 견진, 그리고 첫 성찬참여는 모두 분리되었으며 표류되어 갔다. 중세 후기에 이르러서 유아는 태어나면서 바로 세례를 받았다. 유아들은 7세 즈음에 감독의 견진(성사)을 받거나 혹은 받지 않았다. 그리고 이성적으로 분별할 수 있는 연령에 이르러서는 견진을 받았거나 혹은 받지 않았거나 상관없이 첫 성찬에 참여할 기회를 가졌다.

종교개혁자들은 개신교도들(Protestants)에게 잘 알려진 방법대로 이 문제를 심층적으로 다루었다. 견진은 젊은 성인(청소년)들을 훈련하는 예식과 기독교인의 응답에 관한 수용이라는 시간이 되었다. 견진 이후 그들은 첫 성찬을 받았다. 로마 가톨릭교회는 1910년에 교황 피우스 10세의 교령(decree)에서 첫 성찬 참여의 연령을 낮추어 반포할 때까지(예를 들어, 성찬고해, communion penance) 트렌트 공회의(1545-63년에 걸쳐 로마 가톨릭교회에서 개신교의 종교개혁에 반대하고 자신들의 신앙을 정리해서 선포한 종교회의-역주)의 개혁에 의해 자립적으로 이 세 개의 분리된 예식들(세례, 견진, 첫 성찬참여)을 계속 실시하여 왔다. 그러므로 로마 가톨릭교회는 제2차 바티칸 공의회에서 세례, 고해, 첫 성찬, 그리고 견진의 형식을 갖게 된 것이다. 이 형식은 유아들의 구원을 확보하기 위한 유아세례와 함께 로마 가톨릭교회의 몇 개 지역, 특히 프랑스에서 전후 시기 동안에 가장 현저히 나타났던 심각한 문제점을 보여주었다.[6]

---

6 Kavanagh, *Shape*, 93-97에 있는 요약을 보라.

제2차 바티칸 공의회 이전에 세례를 둘러싸고 있는 신학적인 풍토에 관하여 간단한 언급이 필요하다. 구(舊) 어거스틴 옹호자들은 유아의 원죄, 직접적인 세례, 일상생활의 경건과 교회의 경건을 지배하는 교회 성례생활로의 가입에 관해 강조한다. 예컨대, 카바나(Kavanagh)는 다음과 같이 신랄하게 비평했다.

로마 가톨릭은 그들의 교회가 규범적인 신학 가치를 제공해 주었던 중세 스콜라 철학을 통해 퍼진 어거스틴주의를 단순히 포기하지 않았다. 이것은 세례의 핵심 논의, 가능한 개혁을 감지할 때마다 세례의 절대적인 필요성에 관한 문제, 유아들에 대한 그것의 직접적인(quam primum) 시행이 재빨리 전면에 나서게 되었다는 것을 의미했다. 달리 말하면, 원죄의 의미에 관한 의문이 보수적인 가톨릭 신학과 실천이 재검토되는 가운데 그 배경으로 다듬어져야 했다. 1893년에 제기되었던 세례 받지 아니한 유아들이 심지어 림보(limbo)보다 더 높아진 상태를 얻을지도 모른다는 헤르만 쉘즈(Herman Schells)의 『가톨릭 교의학』이 금서들의 목록(the Index of Forbidden Books) 안에 들어가게 된 이후, 자유주의화(liberalization)가 어떤 가톨릭 학자들 가운데 일어났다는 사실에 대해 책임 있는 논쟁이 드러냈다.[7]

이런 상황이 제2차 바티칸 공의회 이전에 있었던 로마 가톨릭교회의 세례예식과 신학이었다. 제2차 바티칸 공의회에서 발표한 "거룩한 예전 규약"과 이것을 새롭게 만든 입교예식에서부터 세례에 대한 새로운 비전이 나타나게 되었다.

---

7 Kavanagh, *Shape*, 89.

2. 기독교 성인 입교예식(RCIA)

"기독교 성인 입교예식"은 초기 교부들의 입교모델로 회귀하는 것이다.[8] 이 모델의 첫 번째 단계는 로마 가톨릭교회에 관하여 알고자 하는 자가 지역교회의 교제에 들어올 때 행하는 초신자(예비신자)의 예비상태(precatechumenate)이다. 어떤 사람이 회개하고 새 생활에 맡기려고 할 때, 후보자는 초신자 위치로 이동한다. 두 번째 단계는 세례를 받기 위한 후보자가 1년 혹은 그 이상 되는 기간 동안에 교육을 받는다. 이와 같은 양육과정은 교육, 선교의 참여, 그리고 예배의 참여 등을 포함한다. 그러나 성찬하기 전에 행하는 기도에는 참여하지 않는다. 세 번째 단계로는 후보자의 교육을 책임 맡은 자들이 어떤 사람(예비신자)이 준비된 사람이라고 판단하였을 때, 후보자는 "정화와 교화의 단계"로 이동한다. 이 단계는 사순절(Lent)의 시작 때 거행되는 예전 참례의 행사에 의해 구별된다. 이 기간이 끝나면 입교 성례(sacrament of initiation) 자체가 나타난다. 즉 세례, 견진, 첫 성찬이다. 이것은 후보자가 그리스도의 몸으로 들어옴을 표시하는 것이다. 이것은 "기독교 성인 입교예식"의 네 번째 단계인 세례 후의 교육기간으로 인도한다. 보통 이것을 "성례 교리교육"(mystagogical catecheses)이라 부른다. 이 과정은 4세기에 실행되었던 것이다. 이것은 감독들에 의해 설교라고 지칭된 것이다. 감독들은 새롭게 세례 받은 자들에게 입교예식 기간 동안에 경험했던 성례(신비)를 설명하고자 설교했던 것이다. 성례 교리교육은 새로이 세례 받은 자들이 입교

---

8 현대 교부적인 양식으로 재현된 것으로서 입교과정의 실천신학적인 설명에 관해서는 Searle, *Christening*, 43-233을 보라.

의 일로부터 한 단계 더 배우는 단계이다. 그리고 그들은 새로운 생활로 강건해진다. 미국에 있는 로마 가톨릭교회는 이 성례 교리교육 기간을 확대시켜 오고 있다. 이것은 부활절을 지나서 매 달 모이는 것으로 새로운 회원을 교회에 완전히 가입시키기 위한 것이다.

이렇게 "기독교 성인 입교예식"은 새로운 세례의 성례와 평신도 사역의 새로운 비전을 갖게 한다. 각 사람은 그리스도 안으로 접붙임될 뿐 아니라 세례 받은 자들과 함께 "기독교 성인 입교예식"에 참여하게 되면서 예배공동체의 일원이 된다. 이처럼 이 예식은 교회갱신을 위해 예전운동에 대한 염원을 오랫동안 표현한 것이다. 1914년 보댕(Beauduin)은 그의 책 『교회에 대한 경건심』(La Piété de l'église)을 출판했다. 이 책에서 그는 "예배란 지속적으로 사람들을 그리스도의 구원사역으로 참여시키는 공동체의 행위"라고 주장했다. 그리스도의 신비로운 몸으로서 신자는 내적으로 성령 안에서, 외적으로 선교 안에서 새로워지는 것이다.[9]

만약 기독교의 입교예식이 예전운동의 오랜 목표를 부분적이나마 성취한 것이라면, 현재의 예전신학은 이 목표들을 가장 잘 예시해 줄 것이다. 예전신학이 최근 몇 년 동안에 많은 형식을 취하고 있다고 할지라도,[10] 나는 예전운동과 "기독교 성인 입교예식"에서 나타나는 역동적인 신학을 가장 지속적으로 명백하게 나타내주고 있는 아이단 카바나

---

9 Lambert Beaduin, *La Piété de l'églese*(Brussels: Vromant & Co., 1914), 5-44.
10 예전신학에 관한 문헌은 개신교와 (동방)정교회 안에서 현대 예전신학의 다양한 모습은 말할 것도 없고 로마 가톨릭에서만 볼 때도 아주 광범위하다. 예전에 대한 입문으로서 Kevin Irwin, "Liturgical Theology," in Fink, ed., *New Dictionary*, 721-33; J. D. Crichton, "A Theology of Worship," in Jones et al., eds., Liturgy, 3-31을 보라. 그리고 예전신학에 접근하는 유용한 범주로는 David W. Fagerberg, *What Is Liturgical Theology?*(New York: Pueblo Publishing Company, 1992), 23-179를 보라.

(Aidan Kavanagh)와 그의 제자 다비드 파거버그(David Fagerberg)의 예전신학을 따른다.[11] 여기서 예전신학은 온전한 신학적 노력의 한 부분으로 표현되고 있다.

> 예전신학은 교회론을 포함하고 있다. 왜냐하면 이것은 의식을 거행하고 있는 회중과 동일시하고 있기 때문이다. 교회론은 기독론을 포함한다. 왜냐하면 그리스도의 몸이 교회라고 신앙고백하고 있기 때문이다. 기독론은 구원론을 포함한다. 왜냐하면 우리를 접붙이고 있는 주님의 부활의 신비(Paschal mystery) 안으로 이끌어 성육신하신 분과의 (기능적인) 동일시를 나타내고 있기 때문이다. 구원론이 어찌 죄에 대한 교리 없이 존재할 수 있겠는가? 인간성이 무엇을 의미하는지를 계시하는 창조의 교리 없이 죄가 어떻게 이해될 수 있겠는가?[12]

교회가 예배드리는 동안에 말씀과 행위로 수행하는 이러한 "하나의 다이아몬드에 존재하는 여러 가지 국면들" 안에서 나타나는 세 가지 측면들이 예전운동의 목표들을 부분적으로 반영하고 있다. 이것은 보댕과 다른 학자들이 예배사건 자체(이것을 파거버그는 "leitourgia"[예배]로 부른다), 교회론, 그리고 목회로 잘 표현하고 있다.

이러한 예전신학의 기능적인 전제는, 하나님이 예배 안에서, 예배를 통하여 우리를 만나 주신다는 데에 있다. 더 나아가 예배란 신적인 만남이다. 왜냐하면 거기에서 하나님 자신을 계시하시고 교회를 다시 한 번 더 세우시기 때문이다.

---

11 Fagerberg, *Liturgical Theology*; Aidan Kavanagh, Confirmation: *Origins and Reform*(New York: Pueblo Publishing Company, 1988); idem, "Initiation: Baptism and Confirmation," *Worship* 46(1972): 262-76; idem, *On Liturgical Theology*(New York: Pueblo Publishing Company, 1984); idem, Shape.

12 Fagerberg, *Liturgical Theology*, 220.

예배(leitourgia)는 (바로 심미적인 것이 아니라) 존재론적이다. 왜냐하면 예배는 어떻게 하나님이 세상을 바라보고 계시는가를 드러내고 있기 때문이다. 예배는 인간에 대한 하나님의 시각에 맞도록 우리를 형성시키며 변화시키신다. 예배는 한 시대나 다른 시대, 한 문화나 다른 문화에 대한 신학적인 이념을 표현해주는 예배의 체제에 맞추어 급변하는 연속물이 아니다. 예배는 활동 가운데 존재하는 계시이다.[13]

이런 의미에서 예배(leitourgia, Worship)는 몇 가지 이념이나 사상에 대한 단순한 표현이 아니라, 그 자체가 현현적(epiphanic)이다. 왜냐하면 거기에서 우리가 어떤 존재인지를 직면하며 만들어져가기 때문이다. 파거버그에 의해 상세히 인용된 구절에서 카바나가 언급한 것처럼, "이런 의미에서 인간 공동체는 단지 언어를 사용하는 것이 아니다. 그것은 말하는 언어이다. 유사하게 기독교회는 단순히 그 예전을 사용하는 것이 아니다. 그것은 예배하는 예전이다."[14] 2차적 혹은 반사적인 신학에 관해서, "예전은 신학을 위한 목적론의 조건이다. 왜냐하면 왕국은 현재 신성한 예전 안에서 표현되기 때문이다(이것은 알렉산더 슈메만이 동사의 의미를 풀이한 것 중에 '상징하다'의 의미이다). 예전은 신학을 위한 기본적인 것이다. 왜냐하면 예전이 성례적인 중심선에서 예수님에 의해 일어났었던 것이 우리에게 어떻게 일어나고 있는지를 말해주고 있기 때문이다."[15]

교회론은 에클레시아(교회)에 관한 2차적 반영으로서 신적인 현현(epiphanic) 사건으로, 그리고 행동으로 나타난 계시로 형성되었다. 여기

---

13 Ibid., 201; Kavanagh, *Liturgical Theology*, 75-76, 87-88, 120, 146-47.
14 Kavanagh, *Liturgical Theology*, 97.
15 Fagerberg, *Liturgical Theology*, 290; cf. 15-22. "예전이란 신학을 위해 존재론적인 조건(condition)이다"라는 문구는 Fagerberg의 책을 통해 반복하고 있으며, Alexander Schmemann으로부터 차용한 것이다. Kavanagh, *Liturgical Theology*, 75-76을 보라.

서 교회론은 예전(레이투르기아)이 독립적이면서 공동적으로 믿는 자들을 형성한다는 것을 인식한다. 개인이 하나님과의 만남 안에서 신학적이며(theological), 찬미하는(doxological) 존재가 된다. 그리고 모인 사람들이 이전에 그리스도의 몸이 되지 못했던 것을 이제는 실제적으로 되게 한다.[16] 개인적이고 공동체적인 형성 사건은 예식구조(ritual structures) 안에서 현현적인 만남 가운데 이루어진다. 이러한 구조는 우리를 위한 현현적 만남의 바로 그 원리(grammar)이다. 왜냐하면 그것은 하나님이 우리와 교제해 주시는 방법이며, 우리가 하나님과의 만남을 조절하는 방법이기 때문이다. 그러나 이 원리는 언어의 원리와 같이 우리가 고안하는 것이 아니라 물려받는 어떤 것이다. 신학적으로 말하자면, 우리는 예전 자체를 통해 이 원리를 이어받는다.[17] 카바나는 이 입교예식의 원리를 명백히 말하고 있다.

> 가장 온전하고도 절대적인 의미에서 기독교인의 교제는 이 결과이다. 이것은 "거룩한 교회 안에서 성령으로" 사는 삶이다. 친밀하게 표현되는 의미의 틀은 밀접하게 대등한 행위들의 복합성과 함께 만나고 있다. 이 배열에 관한 예전의 특질은 두드러진 것이다. 그러나 그것의 특성은 이

---

16 Fagerberg, *Liturgical Theology*, 194-96, 287-291.
17 Kavanagh, *Liturgical Theology*, 79-87, 96-102; Fagerberg, Liturgical Theology, 200-27, 294-303. 예전신학에 관한 입장과 소위 예일신학 학과(school)의 밀접한 유사성은 거의 우연한 것이라 할 수 없다. Kavanagh와 Fagerberg가 하나님의 계시, 신학의 존재론으로서의 예전을 주장한 것은 Hans Frei(성경해석학), Brevard Childs(표준적 성경해석학), George Lindbeck(역사신학), 그리고 Paul Holmer(철학적 신학)의 저서에서 볼 수 있는 것처럼, mutatis mutandis(변화하는 일이 변화하기에 따라)를 반복한 것이다. 이것에 대해서 Kavanagh는 다른 학과(discipline)의 것과 비교할 수 있는 해석학적 예전연구를 해 온 예일신학 학과를 상세히 설명하였다. Fagerberg가 Lindbeck과 Holmer의 작품을 사용한 것에 대해 유의하라.

요소들의 상호 의존에 있다. 마치 생태계처럼, 그것은 비교할 수 없을 정도로 역동적이며 규칙적이다. 그것의 부분들이 전체적으로 그리고 생명의 조화 안에 남아 있다. 조화와 전 체재의 돌연변이 시키는 일을 분쇄한다.[18]

예배는 현현적(epiphanic)이다. 그리고 이런 현현으로 구성된 교회는 교회갱신을 위해 결정적인 목회의 관점으로 인도한다. 신자의 온전한 몸이 부활의 신비(paschal mystery)에 다시 들어갈 때, 그 교회의 진실한 생활과 선교는 모든 세례자들에 대한 목회에 의존한다.

예전에 있어서 평신도(laos)는 믿음, 소망, 슬픔에 잠김, 기쁨, 회개, 기쁜 큰 음성 등의 일(ergon)을 행한다. 말씀은 선포된다. 그리고 하나님의 백성은 말씀을 행한다. 말씀은 그들을 붙잡는다. 그들은 말씀을 실행한다. 그 입은 "하나님-말씀"(로고스)을 말할 수 있다. 왜냐하면 마음은 하나님의 말씀이신 그리스도로 인해 가득 차 있기 때문이다.[19]

교회의 생활과 목회는 성직자로부터 평신도에게로 흐르며 성령의 아래쪽 방향으로 흐르는 것이 아니라, 성령으로 영감 받은 일반 목회직(common ministry)으로부터 위로 세워지는 것이다. 그리고 이것은 예전(레이투르기아) 그 자체를 통하여 세워지는 것이다.[20] 간단히 말해서, 예전운

---

18 Kavanagh, *Shape*, 53.
19 Fagerberg, *Liturgical Theology*, 200.
20 Kavanagh, *Liturgical Theology*, 146-47; cf. Fagerberg, *Liturgical Theology*, 200-12, 287-98; 152-61. 다른 접근방법으로 Edward J. Kilmartin, S.J.의 저서 *Christian Liturgy: Theology and Practice, vol. 1: Systematic Theology of Liturgy*(Kansas City, Mo.: Sheed and Ward, 1988), esp. 158-79, 217-34를 비교하라.

동의 지속적인 목적은 "기독교 성인 입교예식"에서 그리고 현대 로마 가톨릭 예전신학의 최상의 것과 연결된 제2차 수준의 반영에서 나타난 표본을 나타낸다.

3. 예비적 평가: 교회론

개신교인들에게 위에서 언급한 관점이 개신교의 것인지 그렇지 않은지 의문이 생길 수 있다.[21] 어떤 사람들에게 이렇게 보일지 모른다. 즉 가톨릭적인 기반을 가진 진정한 가톨릭적인 관점을 향한 움직임 대신에, 우리가 개신교인과 로마 가톨릭 신자와 같은 구분에 아직도 머물러 있어야만 하는지, 그렇지 않은지에 대한 의문을 갖게 한다. 여기서 이러한 의문에 답하는 것은 쉽지 않다. 내가 적어도 이런 중요한 구분을 발견하고 있다는 점이 현재로는 만족스럽다. 왜냐하면 개혁자들의 어떤 입장에 있는 사람들은 아직도 전통을 구분할 수 있는 입장을 발견할 수 있는 중세 말기 교회를 거듭 주장하고 있기 때문이다. 중요한 하나의 예를 들어보자. 예전 논의에 직접적으로 앞서 나오는 문제, 즉 교회론에 대한 의문을 들어보자.

예전운동은 교회를 현현적으로(epiphanically) 예전을 구성하고 있는 그리스도의 몸으로 언급한다. 이렇게 교회가 계속 성육신화하여 내적으로는

---

21 사실 Kavanagh와 Fagerberg는 이 관점을 명확하게 비개신교 입장에서, 엄밀하게 개혁주의자들이 잘못된 시대의 잘못 인도되었던 아이들로서 예전과 예식 구조들을 잘못 이해한 것으로 이해한다. Kavanagh, *Liturgical Theology*, 103-11, 117-18; Fagerberg, *Liturgical Theology*, 184-85을 보라.

그 회원들이 부활의 신비 안으로 접목되고(파거버그의 "예수 그리스도에 의해 우리에게 일어났던 것"), 외적으로는 세상을 향한 그리스도의 선교를 담당하게 된다.

루터와 칼빈이 그리스도의 몸으로서의 교회와 가끔 이 신비의 몸에 참여하는 교회의 구성원에 대해 말했지만, 무제한적인 방법으로 가시적이고 역사적인 교회와 그 구성원들에 대해, 의도적으로 말한 곳은 아무데도 없다. 루터와 칼빈은 교회를 명확히 그리스도의 몸인 교회와 그 안에 접붙인 바 된 신자들의 불가시적인 교회로 이해했다.

루터는 자주 일반적으로 교회를 볼기시적인 교회보다는 "감추어진 교회"로 불렀다. 교회는 감추어져 있다. 성도들은 보이지 않는다.[22] 왜냐하면 어떤 사람도 다른 사람이 믿음을 갖고 있는지 아닌지 결정할 수 없고, 참된 신자는 단순히 인간의 눈에 보이지 않기 때문이다.[23] 하나님만이 참으로 그들을 아시기 때문이다. 하나님은 그들을 역사적인 교회 안에서 보호하신다. 그러나 때로는 그들이 독특한 소수가 될 수 있다.[24] 이런 관점은 두 가지 중요한 결론을 나타낸다.

첫째, 가시적 역사적 교회는 그 안에 양과 염소들이 혼합된 몸이다. 거기에는 때때로 염소가 양으로 불리우며, 양에 속한 무리들은 그런 방식

---

22 Martin Luther, *The Bondage of the Will*(De servo arbitrio), in D. *Martin Luthers Werke: Kritische Gesamtausgabe*(Weimar: Hermann Böhlaus, 1888), 18.651.24-30(이후 권과 페이지 번호를 W.A.로 인용했다); English translation in Luther's Works, ed. Jaroslav Pelikan and Helmut T. Lehmann, 55 vols(St. Louis: Concordia Publishing House; Philadelphia; Fortress Press, 1955-1986), 33.88(이후 권과 페이지 번호를 L.W.로 인용했다). The Bondage of the Will, W.A. 18.649.26-650.35; L.W. 33.85-86. Luther의 시편 90편, W.A. 40³. 504.11-505.12; L.W 13.88-89를 보라.

23 *On the Papacy in Rome*, W.A. 6.293; L.W. 39.65-66을 보라. Concerning Rebaptism, W.A. 26.154.1-155.28; L.W. 40.239-41을 보라.

24 W.A. 18.650.23-35, 651.24-30; L.W. 33.86, 88과 W.A.40³. 505; L.W. 13.89.

으로 알려지지 않을 수도 있다.[25]

둘째, 진정한 교회가 보이는 교회 앞 한복판에 보인다 할지라도, 그 교회는 인간의 반응에 의해 그렇게 행하지 않는다. 진정한 교회는 설교와 성례들을 통해 주어진 그리스도의 (목적격 속격으로, 그리고 주격 속격으로) 신적 제공에 의해 나타난다. 그래서 역사적 교회가 루터 시대에 그 연속성을 가지고 있었으며, 단지 은혜의 수단인 설교와 성례를 통해 그리스도의 선물을 산출한 것을 보여 준 것이었다.

교권제도가 참된 교회라고 말하는 로마교회에 루터가 대항하여 섰을 때, 또한 자신들이 참된 신앙을 고백하는 참된 기독교인이라는 재세례파의 주장에 루터가 대항하여 섰을 때, 신앙의 숨겨진 관점과 참된 교회에 대해 이런 언급이 나타나는 것을 우리는 주목해야 한다. 루터가 사용한 정황(context)은 매우 중요하다. 왜냐하면 "비가시적 교회"의 교리는 우선적으로 보호되었기 때문이다. 그것은 인간의 참여가 나타나는 범위에서 교회의 엄밀한 영역들을 끌어내기 위한 시도에 대항하여 보호한 것이다. 왜냐하면 하나님 안에서 마음을 다하는 믿음은 인간의 눈에 보이지 않았기 때문이다. **엄밀히 말해서** 교회의 가시적 영역은 하나님의 말씀과 인간의 반응의 중심에 있었던 것이 아니라, 하나님의 확실한 말씀 위에서만 있었다.[26] 여기에서 우리는 루터가 하나님의 자비하심에

---

25 W.A. 18.650.22-652.1; L.W. 33.86-88. 그의 1546(1530) Preface to the Revelation of St. John, in D. Martin Luthers Werke: Kritische Gesamtausgabe. Die Deutsche Bibel, vol. 7(Weimar: Hermann Bohlausm 1931), 421.6-17; L.W. 35.411을 보라.

26 Luther의 *Concerning Rebaptism*, W.A. 26.154.1-155.28; L.W. 40.239-41에 있는 해석을 보라. 여기서 이 해석은 Luther가 교회란 개인적 신앙고백, 거룩한 삶, 그리고 다른 외부적인 행동들에 의해 가견적으로 표시되는 것이라고 담대히 말한 것과 상반되지 않는다. 예를 들어, 1522년 『개인 기도서』에서 Luther는 이렇게 썼다. "나는 이 공동체에서 평화스럽게 동일한 믿음, 말씀, 성례, 그리고 사랑을 견지하고 있지 않는

관하여 철저히 하나님 중심적인 초점을 보여주고 있음을 볼 수 있다. 이 주제는 루터의 신학과 성례신학을 통해 반복되었다. 이것은 루터가 때때로 단순히 "주관적"이었으며 인간의 믿음에 초점을 두었다는 대중적인 의견에 대한 반박이다.[27]

비가시적 교회에 관한 칼빈의 주장은 루터의 개념을 따르고 있다. 다음 장에서 이런 논거를 구체적으로 살펴보고자 한다. 1536년 『기독교강요』(Institutes)에 따르면, 칼빈은 교회를 선택된 자들의 전체적 무리(교제)로 정의하고 있다. 여기에는 천사들과 사람들, 산 자와 죽은 자, 하나님의 백성, 그리스도를 자신들의 살아계신 머리로 모신 사람들, 세상의 시작으로부터 여기에 포함된 모든 사람이 하나님의 영원한 섭리에 따라 부름 받고 하나가 되어 오고 있다.[28] 칼빈은 교회의 본질적인 구성요소

사람은 구원받을 수 없다고 믿는다"(W.A.10², 394; L.W. 43.28). 동시에 위에서 보여준 후주 2-25에 있는 인용문에서처럼, 그것은 다른 사람의 믿음이 보이지 않을 수도 있으며 오직 교회의 진실한 외부적 표시(mark)는 엄격히 말해서 설교 안에 주어진 말씀과 주의 만찬이었다는 것을 Luther가 역시 주장했다는 것을 부정할 수 없다(참고, 아우그스부르크 신앙고백 제7조). 또한 "제사장적 직무"에 관한 Luther의 해설을 비교하라. 그는 그 직무를 말씀의 직무, 세례, 성찬의 성별, 죄로부터 매고 푸는 것, 속죄기도(sacrifice)로 열거하였다. 이런 의무들은 모든 기독인들에게 적절하게 속해 있었다. 비록 질서를 위해서 한 사람 또는 더 많은 사람이 그것들을 수행하기 위해 선택될 수 있었다(W.A. 12.179.38-189.27; L.W. 40.21-34). 이 모든 의무들에 대한 최종적 관심은 서로를 위해 그리스도에게 속해 있었다는 것이다. 그래서 "제사장적 직무"는 교회 안에서 우리들의 공동목회였으며 교회의 표시들(marks)을 반영해 주는 것이었다.

27 W.A. 40¹.131f; L.W. 26.66, W.A.17¹.232; L.W. 12.187. 또한 B.A. Gerrisch의 *Saving Faith and Secular Faith*(Minneapolis: Fortress Press, 1992), 9-11에 있는 유익한 요약과 주해를 보라.

28 John Calvin, *Calvin: Institutes of the Christian Religion*, ed. John T. McNeill, trans. and indexed by Ford Lewis Battles, 2 vols. Library of Christian Classics 20-21(Philadelphia: Westminster Press, 1960), 2.21.3(이후에 이 판은 *Inst.*, 이어 권, 장, 절수에 따라 인용한다); idem, *Institution of the Christian Religion*(1536), trans Ford Lewis Battles(Atlanta: John Knox Press, 1975), 1.21, 23, 58, 59(이후에 Battles의 번역판은 Battles, 1536 *Institutes*, 장, 절로 표한다).

인 하나님의 선택에 관하여 지속적으로 주장했다. 물론 이 요지는 교회가 어떤 가시적인 수단의 관점과 통제 범위를 넘어서 존재했다는 것을 의미했다(meant). 사실상, 1536년 『기독교 강요』에 붙인 프랑스 왕 프란시스 1세에게 쓴 헌정사에서, 우리는 "교회가 어떤 가시적인 나타남 없이 존재할 수 있다고 확신한다. 그리고 교회의 나타남은 어리석게 찬미하는 외부적인 많은 장대함을 포함하지 않는다고 확신한다"[29]고 칼빈은 말했다. 여기에서 그는 조직적으로 외적인 구조들을 가지고 있는 로마가톨릭교회를 공격했다.

칼빈은 이런 입장이 곤란한 질문들을 일으켰다는 사실을 재빨리 깨달았다. 누가 선택되었으며 누가 유기(reprobate)되었는가? 간단히 말해서, 누가 교회에 속하였고 누가 그렇지 않은 자인가? 이 질문 자체는 두 분야로 나누어 분석되었다. 내가 어떻게 선택된 자인지 아닌지 말할 수 있을까? 나는 나의 이웃에 관하여 무엇을 말할 수 있을까? 첫 부분은 자신의 지식에 관한 것이다. 칼빈은 항상 문제를 지식적으로 논쟁하는 데 관심을 두지 않았다. 왜냐하면 그것은 논쟁이 아니기 때문이었다. 그래서 그는 지적인 토론장을 떠났고, 진정한 논쟁은 삶에 신뢰를 두는 사람들 안에 있다고 단언했다.[30]

그렇다면 우리의 이웃은 누구인가? 이 대답은 두 부분으로 나누었다. 무엇보다도 먼저, 칼빈은 교회의 가시적 표지를 주장했다. 그는 프란시스 1세에게 쓴 헌정사에서, 교회는 어떤 가시적 형태가 없다 할지라도 존재할 수 있다는 진술을 하였다. 칼빈은 비록 로마교회와 비교하여 말

---

29 *Inst.* 1.24; Battles, 1536 *Institutes*, 59-60.
30 *Inst.* 2.24; Battles, 1536 *Institutes*, 81.

한 것이지만, "그것은 하나님 말씀을 순수하게 전파함과 성례의 정당한 시행이라는 아주 다른 표지를 가졌다"라고 했다.[31] 그는 1536년 『기독교 강요』에 있는 내용을 다음에 나왔던 『기독교 강요』의 여러 판본에서 거의 변경 없이 반복하여 썼다. 그는 성례가 정당하게 시행되며 하나님의 말씀이 적절히 전파되며 들려 지는 곳에 교회가 존재한다고 말했다.[32]

루터와 마찬가지로, 칼빈은 교회의 정확한 범주에 관해 알기를 원하는 사람들의 상황에서 온전히 비가시적 교회에 대해 말했다. 그리고 그는 비록 그런 입장이 일찍이 어려움에 처해 있음을 알았지만, 그의 신학적인 경로를 통해 가시적 교회와 비가시적 교회 사이의 구분을 유지했다. 이것은 가시적 교회와 비가시적 교회 사이에 진정한 접촉점이 없었다는 것을 의미하지 않았다. 루터처럼, 칼빈은 교회의 표지들을 확인했다. 즉 말씀이 선포되고(들려지고), 성례가 정당하게 시행되는 교회가 바로 참된 교회이다. 교회는 그리스도의(목적격 속격과 주격 속격으로) 선물을 제공한다. 더 진척된 토론으로, 이 마지막 관점에 관해 좀 더 설명해보자. 왜냐하면 이제 이 점에 대해 적어도 그 이유가 명백해져야 하기 때문이다. 나는 예전운동의 입교예식의 배경이 되는 신학이 루터와 칼빈에 이르는 뿌리를 추적하고 있다는 점에서 개신교의 전통을 위하여 다루기 어려운 점이 있다고 생각한다. 그리고 루터와 『루터교 예배서』로부터 나온 세례예식을 보면, "기독교의 입교예식"과 적어도 루터와 칼빈에 의해 대표되고 있는 개신교 신학과의 차이를 위하여 하나의 좋은 해설이 나올 수 있을 것이다.

---

31 *Inst.* 1.24-25; Battles, 1536 *Institutes*, 59-61.
32 *Inst.* 1.29 ; Battles, 1536 *Institutes*, 62-63.

"기독교 입교예식"을 위해 활동하는 신학은 교회와 그 회원들의 참된 생활을 구성하는 예배로서 하나님과의 현현적 만남을 주장한다. 그러한 현현은 세대에서 세대로 이어지는 전통을 예중하는 수단으로 정해진 예식구조에서 나타난다.[33] 하나님의 현현을 구체화하는 특별한 교회의 구성원이 되기를 원하는 사람은 누구나 사도시대로부터 지금까지 내려오는 **예전적인 연속성을** 가진 교회에 들어오기를 원할 것이다. 거기에 진실로 성육신하는 교회가 존재한다. 이러한 교회론은 교회사 신적 현현의 **예전**(*leiturgia*) **안에서**(*in*) 그리고 **예전으로서**(*as*) 계속해서 세워졌음을 인식하는 것이다. 간단히 말해서, 어떤 사람이 로마 가톨릭 교인이 되기를 원하는가? 그리고 이런 논리 자체는 예전운동의 신학과 개신교 전통을 고려했을 때 일어나는 어려움들을 말하지 않는다.[34]

여기에서 제기 가능한 논쟁점을 만나게 된다. 예전의 역사로부터 배울 수 있지 않을까? 그리고 예전신학을 빌려오지 않으면서도 예전형태는 빌려올 수 있겠는가? 시험적이고 **빠른** 대답은, 역사적 연구와 신학적 접근, 이 두 가지 안에 있는 예전운동을 심각하게 취하는 사람이 있었다는 것이다(이것은 다소간 통합된 관점으로부터 내가 주장해 온 것이다). 그 다음에 예전형태를 "차용하다"라는 것은 그 형태를 사용하고, 또 그 공동체

---

33 E.g., Fagerberg, *Liturgical Theology*, 294-98.
34 Fagerberg가 쓴 『예전신학』 8의 서론에 나타난 자서전적인 해석을 주목하라. "이 책은 저자가 루터교 목사였을 때 쓴 것이었으며, 그 후 저자가 로마 가톨릭에 속해 있을 때 출판된 것이다. 만약 사람이 흰 바탕에 검은 것을 본다면, 사람은 꽃병을 보는 것이며, 만약 사람이 검은 바탕에 흰 것을 흘끗 보거나 자세히 본다면, 서로를 응시하고 있는 두 얼굴을 보는 현상을 일으키는 시각적 착각을 기억하는가? 이 책의 기초는 예일대학교에서 쓴 나의 학위논문이 되었다. 여기서 나는 예전신학의 주변을 약술하기 위해 노력하였다. 그래서 나는 교회론에 대해 힐끗 살펴보았고, 바로 그것이 로마 가톨릭 예전전통으로 나를 끌어당겼다."

안으로 들어오는 그 공동체의 문법적인 구조를 빌린다는 것으로 이해할 수 있을 것이다. 사실상, 어떤 개신교 예배학자들은 이 점을 명확하게 주장해 왔다. 왜냐하면 그것은 종교개혁의 구분 너머로 움직이기 때문이며, 보편적으로 가톨릭적 일치의 시기로 우리를 되돌려놓기 때문이다.[35] 그런데 개신교라는 이름과 특수한 교단이 된다는 것은 무엇인가. 왜 단순히 보편적이지 못하는가?

미국의 개신교도들 가운데 예전운동의 일반적인 방향성은 매우 다양하다. 거기에는 미국 개신교의 주요한 다수의 교단들이 있다. 그들의 예전생활은 예전운동의 영향을 받아 오고 있으나 아직도 그들의 개신교 전통을 유지하기를 원하고 있다. 그러나 우리가 그들의 예전적인 구성요소(material)를 살펴보면, 이런 자세를 취한다는 것이 어렵다는 것을 볼 수 있다. 그리고 여기서 나는 『루터교 예배서』를 살펴볼 것을 제안하며, 거기의 세례 예식을 마틴 루터의 예식과 신학에 비교해 보기를 제안한다. 그것이 우리가 시작하기 전에 해야 하는 방법에 관한 한 마디 말이다.

나는 목표에 근접하기 위해 카바나(Kavanagh)의 견해를 택한다. 그는 어떻게 신화(myth)가 그 그룹의 가치를 표현하는가, 어떻게 예전이 신화를 규정하는가, 어떻게 신화와 예전이 함께 의례(cult)를 만드는가를 표명한다.[36] 나의 견해는, 기독교 예배가 공동체 생활의 중심적인 자료를 재현한다고 말함으로써 조금 다르게 표현하는 것이다.[37] 나는 "공동체

---

35 White는 *Protestant Worship*, 25-35, 특히 32-35에서 최근 수렴현상(convergence)을 포함하면서, 개신교 예배와 로마 가톨릭 예배 사이의 관계에 대한 간결한 논의를 보라.

36 Aidan Kavanagh, "The Role of Ritual in Personal Developement," in *The Roots of Ritual*, ed. James D. Shaughnessy(Grand Rapids; Wm. B. Eerdmans Publishing Co., 1973), 148-49.

37 John W. Riggs "Normative Shape for Christian Worship" *Prism* 3,2(1988): 34-36에 서

생활의 중심적 자료"에 의해 생활과 생활양식이 어떻게 인정받게 되는 가라는 그룹개념을 말하는 것이다.[38] 이 언급과 함께 나는 기도와 예식에서 중심자료가 되는 것들을 확인하기 위해 루터와 『루터교 예배서』에 관심을 돌린다.

4. 예비적 시험: 『루터교 예배서』(LBW)

루터는 1527년 재세례파들의 도전에 대한 응답으로 한 논문을 썼다. 그들은 단지 믿는 자만이 세례를 받아야 한다고 주장했다. 왜냐하면 그들만이 믿음을 가졌기 때문이다. 그래서 유아세례는 전혀 세례가 아니라는 것이다. 루터는 유아세례를 옹호하면서 날카롭게 세례 자체의 본질을 언급했다.

첫째, 세례는 기본적으로 인간의 행위가 아니라는 것이었다. 세례 자체는 옮겨진 모래와 같은 것이다. 세례는 하나님의 확실하고도 신뢰할 수 있는 행위이다. 세례에서 하나님이 죄를 용서해주신다는 약속의 말씀을 주셨다. 하나님의 약속은 신뢰할 수 있다.

제시한 더 많은 목회적 방법을 보라.

38 문화인류학자 Clifford Geertz가 쓴 *The Interpretation of Culture: Selected Essays* (New York, Basic Books, 1973)에서 "Etos, World View, and the Analysis of Sacred Symbols"이라는 글을 비교해보라. Geertz는 종교란 인간경험의 근본적인 특징이라는 것을 주장했다. 인간실존에는 정신(etos)과 세계관(World View), 이 두 가지 국면이 있다. 이 국면들은 함께 일한다. 그래서 "정신은 세계관이 묘사하고 있는 일들의 실제적인 상태가 포함하는 삶의 방식을 나타내는 것으로, 보여지는 것에 의해 지성적으로 합리화된다. 그리고 세계관은 삶의 그런 방식이 확실히 표현한 일들에 대한 실제적 상태의 이미지로서 주어진 것에 의해 감정적으로 받아들이게 된다"(126 f.).

둘째, 어떤 사람의 믿음도 결정되어질 수 없다는 것이다. 루터는 수사학적으로 다음과 같이 재세례파에게 물었다. "지금 그들이 사람의 마음 안에 믿고 있는지 아니면 그렇지 않은지를 알 수 있는 신들(gods)이 될 수 있는가?"[39] 세례는 하나님의 약속의 은혜로운 말씀에 확실히 기초한다. 이것은 교회의 한 가지 확실한 기초이며 모든 삶을 위한 한 가지 확실한 기초이다.

우리는 루터의 1523년 『세례 소책자』(Tautbuchlein)를 살펴보면, 루터가 구조면에서 그리고 이 예식의 중심적인 기도인 이른바 "홍수기도"(Sintflutgebet, Flood Prayer)에서 어떻게 지속적으로 이 논거를 규정했는지를 볼 수 있다. 루터가 이 기도를 위해 사용했던 자료들(역주: 1차 자료, 또는 원자료)은 명확하지 않을 뿐 아니라, 2차 문헌은 또한 매우 광범위하게 나타나고 있다.[40] 루터의 자료가 어떠한 것일지라도, 그의 홍수기도는 초기 개혁주의 전통의 세례 탄원기도에 영향을 끼쳤다. 그리고 이것은 현대 개신교 예배서들 가운데서 그와 같은 종류의 기도들에게 강력한 영향을

---

39 L.W. 40.239.

40 Luther의 1523년 세례예식과 홍수기도에 대한 뛰어나고 간략한 서론을 살피기 위해 Hugh Oliphant Old, *The Shaping of the Reformed Baptismal Rite in the Sixteenth Century*(Grand Rapids: Wm. B. Eerdmans Publishing Co., 1992), 33-40, 227-30을 보라. Luther의 1523년 예식은 본질적으로 라틴예전을 독일어로 번역한 것이었다. 라틴예전은 지역적으로 이형본(異型本)이 있었다. 또한 이 예식들은 오래 동안 개정되어 온 입교예식에 대한 중세의 역사를 보여준다. 전에 이 예식은 유아들을 세례주기 위해 사용되었을 때 성인들을 위해 고안되었다. Gustav Kawerau, "Liturgische Studien zu Luthers Taufbüchlein von 1523," *Zeitschrift für kirchliche Wissenschaft und kirchliches Leben* 10(1898): 407-31, 466-77, 519-47, 578-99, 625-43; K. Nümann, "Zur Enstehung des lutherischen Taufbüchlein von Jahre 1523," *Monatsschrift für Gottesdienst und kirchliche Kunst* 33(1928): 214-19; Bruno Jordahn, "Der Taufgottesdienst im Mittelalter bis zum Gegenwart," in Müller and Blankenburg, eds., Leiturgia, 350-425를 보라. 홍수기도를 위해 Jordahn, "Der Taufgottesdienst," 380-83, esp. n150을 보라.

끼쳐 오고 있다.[41]

루터의 1526년 세례예식에서[42] 이 홍수기도는 성호 굿기(signation)에 이어서 나온다. 그리고 축귀와 복음서 읽기 단계를 준비한다. 이 기도는 하나님의 무한하신 자비와 부름 받은 인간 사이의 직접적인 관계를 통해 오는 새 생명(new birth)을 선언하고 있다.

전능하시고 영원하신 하나님, 당신은 당신의 의로우신 판단에 따라 홍수를 통하여 불신앙의 세상을 심판하셨습니다. 또한 당신의 위대한 자비를 따라 신실한 노아와 그의 가족을 보존하셨습니다. 그리고 마음이 강퍅했던 바로와 그의 신하들을 홍해에 빠지게 하셨습니다. 그리고 당신의 백성 이스라엘을 마른 땅으로 인도하셨습니다. 그럼으로써 미래에 당신의 거룩한 이 세례탕(this bath of your holy baptism)을 나타내면서, 그리고 당신의 사랑하는 아이의 세례를 통해 우리의 주 예수 그리스도는 요단강과 모든 물을 복 받은 홍수와 죄에 대한 풍성한 씻음의 의미로 세례를 거룩하게 하시며 제정하셨습니다. 우리는 당신의 동일하고 끝없는 자비(grounless mercy)를 통하여 이 000을 지켜주실 것을 기도합니다. 그리고 그에게 성령 안에서 바른 믿음으로 복을 주시사 모든 것이 물에 잠기게 하시며, 그 안에 아담으로부터 받아 태어난 것들을 아래로 향하게 하며 그 자신을 드리는 데 나아가게 하소서. 그래서 그가 불신자들의 회중에서 벗어나게 하시며 그리스도 왕국의 거룩한 배 안에서 물이 마르고 안전하게 하소서. 항상 성령으로 타오르게 하시며 당신의 이름을 섬기면서 소망으로 기쁨이 넘치게 하시며, 당신의 약속에 따라 예수 그리스도 우리 주님을 통해 하나님을 신뢰하는 자, 그와 함께 모두가 영원한 삶을 누리기 원합니다.[43]

---

41 Luther가 현대 예배서들의 기도에 끼친 영향은 잘 알려져 있다. 초기 개혁주의 예식에 끼친 영향에 대하여 Old, Reformed Baptismal Rite, 33-43, 63-64, 230-34, 247을 보라.
42 W.A. 19.531-32; L.W. 53.106-9.
43 W.A. 19.531.

루터 자신이 비록 창조주 하나님과 세례 사이의 기본적인 연결을 이해하고 있기는 하지만, 어떻게 창조와 관련성 없이 이 기도문을 만들었으며, 그 대신에 신앙적인 노아와 함께 시작했는지를 주목해 보라.[44] 노아에 대한 인용(allusion)은 세례의 현재적 요소(moment)에 의미를 두는 두 개의 예표론적(typological) 요소 중에서 그 첫 번째 것을 시작했다.

첫째, 세상은 하나님을 신뢰하는 것에 대하여 도전함으로써 죽음으로 나아갔다. 하지만 노아는 하나님을 신뢰하였으며 생명으로 나아갔다. 루터의 교차배열법(chiasmus, 역주: 어구의 순서를 바꾸는 법)은 다음과 같이 말한다.[45]

> 불신앙적인 세상은
> 당신의 공의로운 판단에 따라 정죄되었다.
> 그리고 믿음으로 노아와 그의 가족들은
> 당신의 위대하신 자비에 따라 보존되었다.

둘째, 루터는 똑같은 결정적인 요소를 예표론적으로 묘사하기 위하여 이스라엘과 바로의 이야기를 사용한다. 바로는 그의 마음이 강퍅해졌으며 죽음으로 나아갔다. 반면에 하나님의 백성인 이스라엘은 하나님을 신뢰하였고 생명으로 나아갔다. 루터는 사람이 직면하는 두 가지의 선택을 예시했다.[46]

---

44 Lorenz Grönvik, *Die Taufe in der Theologie Mantin Luthers*(Göttingen und Zürich: Vandenhoeck & Ruprecht, 1968), 22-34, 181-87.
45 독일어와 비교하라. *nach deimem gestrengen gericht die unglewbige welt verdamt/ den glewbigen Noe selb acht nach deiner grossen barmhertzighkeit erhalten.*
46 독일어와 비교하라. *und den verstrockten Pharo mit allen seinem im roten Meer erseufft/ und dein volck Israel trocken durch hyn gefurt.*

마음이 강퍅한 바로는 그의 모든 사람과 함께 홍해에 빠져 죽었다.
그리고 당신의 백성 이스라엘은 마른 땅을 통해서 나아갔다.

사람이 하나님을 신뢰했느냐 신뢰하지 않았느냐, 삶이냐 죽음이냐 하는 이런 요소(moment)는 세례의 현재 요소를 미리 보여주었다. 성경에서 나오는 인물이 하나님을 향하여 서 있든지 혹은 반대로 서 있든지 하는 것처럼, 세례 받은 사람이 또한 그렇게 하나님을 향하여 혹은 대적하여 일생을 살아갈 것이다.

한층 더 나아가서, 하나님이 부르신 사람을 개인적으로나 직접적으로 만나시는 하나님 중심의 기도에서 루터의 기도는 끝이 났다. 예를 들어, 루터는 성령, 그리스도 그리고 속죄를 언급하지 않았다. 거기에는 단순히 하나님의 무한한 자비가 있다. 로렌츠 그륀빅(Lorenz Grönvik)의 연구는 이 점을 확인해 주고 있다. 세례에서 하나님 자신은 "우리를 위해" (*pro nobis*) 은혜의 약속을 주셨다.[47] 우리는 1526년의 세례식 구조를 되돌이켜 생각해 볼 때 이 같은 사실을 볼 수 있다.

여기에 중세 후기 세례예식에 대한 루터의 1523년 번역 개정판은 매우 인상적인 구조를 표현하였다.

정화(cleansing)
성호 긋기(Signation)
기도(Prayer)

축귀(exorcism)
복음서(Gospel)
주의 기도(Lord's Prayer)

---

47 Grönvik, Taufe, 15-16, 132-33, 174-79, 199-200.

포기 선언(Renunciation)

신앙고백(Profession)
세례(Baptism)
주의 기도(Lord's Prayer)

이 예식을 매우 간결히 한다 해도, 특히 이 예식에 있는 축귀는 중세 후기 형태, 즉 1526년의 세례예식의 구조를 반영한 것이었다. 이것은 루터의 신학과 홍수기도가 나타냈던것과 동일하게 결정적인 주제를 반향하고 있다. 옛것(정화)에서 새것(성호 긋기)으로 변하고 그 후에 기도를 드린다(기도). 이 형태는 축귀-복음서 읽기-수의 기노를 반복하고, 포기 선언-신앙고백-세례-기도로 끝을 맺었다. 단순히 홍수기도와 1526년 수정 편집한 세례예식을 그대로 두고, 루터는 예전적으로 기독교인의 삶의 중심적인 논거를 재연했다. 우리는 하나님의 은혜에 기초하여 죽음으로부터 삶으로 전환한다. 그리고 우리의 기도를 하나님께 드린다.

첫째, 『루터교 예배서』는 매우 다양한 기도와 예식을 우리에게 제공하고 있다. 왜냐하면 그것의 중심적인 자료는 매우 다양하기 때문이다.[48] 주의 깊게 구성된 루터의 홍수기도는 대화적인 기도 신학을 위한 모델로 사용되었다. 그 안에서 신자들은 "그들의 이야기를 발견하기" 위해 힘쓰고 있다.[49] 루터의 홍수기도와 함께 『루터교 예배서』에서 제시

---

48 Eugene Brand, "New Rites of Initiation and Their Inplications in the Luthern Churches," *Studia Liturgica* 12, 2-3(1977): 151-65; Philip H. Pfatteicher and Carols R. Messerli, *Manual on the Liturgy-Lutheran Book of Worship*(Minneapolis: Augsburg Publishing House, 1979), 167-98; Frank Senn, "The Shape and Content of Christian Initiation: An Exposition of the New Lutheran Liturgy of Holy Baptism," *Dialog* 14(1975): 97-107; Lawrence Stookey, "Three New Initiation Rites," *Worship* 51(1977): 33-49.

49 Pfatteicher and Messerli, *Manual*, 177. "공동체의 이야기에서 우리의 이야기를

한 기도문을 보자.

> 거룩하신 하나님, 전능하신 주님, 은혜로우신 아버지. 우리는 감사를 드립니다. 왜냐하면 태초부터 당신의 성령이 물 위에 운행하셨고 당신은 하늘과 땅을 창조하셨기 때문입니다. 당신은 물이라는 선물로 우리와 모든 살아있는 것들을 풍성케 하시며 유지하고 계십니다. 당신은 홍수의 물로 악한 자들을 심판하셨습니다. 그리고 당신이 선택하신 자들, 노아와 그의 가족을 구원하여 주셨습니다. 당신은 노예로부터 약속의 땅의 자유를 주시기 위해 바다에서 이스라엘을 불과 구름 기둥으로 인도하셨습니다. 당신의 아들은 요단 강 물에서 세례요한에게 세례를 받으셨고 성령으로 세례를 받으셨습니다. 당신의 사랑하는 아들은 자신의 죽으심의 세례와 부활을 통해 우리를 죄와 죽음의 속박에서 구하여 주십니다. 그리고 기쁨과 영원한 생명에 이르는 자유의 길을 열어 주십니다. 그는 그 나라와 정화, 그리고 중생의 표시로 물을 만드셨습니다. 그의 명령에 순종하여 우리는 모든 나라들 가운데 아버지와 아들과 성령의 이름으로 세례를 주어 사람들을 제자로 삼고 있습니다. 당신의 성령을 부어주셔서 여기에서 세례 받는 자들에게 새로운 삶을 주옵소서. 이 물로 씻음 받은 모든 사람들의 죄를 씻어 주시고 그들을 당신의 영화로운 나라의 상속자로 이끌어 주옵소서. 당신께 찬양과 영광, 예배를 당신의 아들 예수 그리스도를 통해서, 성령의 일치가운데, 지금부터 영원까지 돌려드리나이다.

『루터교 예배서』가 홍수이야기에서 사람들을 "신자"와 "불신자"로 구분하기 보다는 "선택된 자"와 "악한 자"로 묘사할 때, 루터의 주장대로 각 사람은 생명 혹은 죽음 사이의 선택 가운데서 만나는 하나님의 말씀

발견하는가"하는 것에 대한 목회·신학적 설명을 위해서 Mark Searle, "The Journey of Conversion," *Worship* 54(1980): 35-55를 보라. 또한 Senn, "Christian Initiation," 105를 보라.

의 세례신학은 잃어버리고 있다.

둘째, 『루터교 예배서』는 루터가 바로와 이스라엘에 대하여 주의 깊게 구성했던 대조를 생략하고 있다. 거기에서 루터는 생명과 죽음을 선택하는 종교적인 문제를 주장했었다. 그런데 『루터교 예배서』의 감사기도는 루터가 언급하지 않았거나 심지어 회피한 부분을 추가하면서, 루터의 홍수기도를 위한 모델로 사용해 왔던 몇몇 기도들에 나타났던 창조 모티프와 같은 구원이야기를 구체화하고 있다.[50] 우리는 특히 루터가 창조와 세례 사이의 관계를 알고 있음에도 불구하고 창조 모티프(creation motif)를 생략했는지는 알 수 없다. 하지만 단지 추측할 수는 있다. 물은 하나님을 위하거나 거역하는 것으로 선택할 수 없다. 그래서 창조의 물에 대한 언급은 기독교의 중심적인 논거(자료)인 세례와 세례기도-우리가 하나님 안에서 생명이나 죽음을 선택할 때 은혜로우신 하나님과 만나는-에 적절하지 못했다.

『루터교 예배서』가 세례예식에서 이런 세부적인 것을 되살펴 보았을 때(returned this detail), 두 신학 사이에 작용한 차이점에 있어서 작지만 가치 있는 통찰력을 제공했다. 『루터교 예배서』의 중심적인 논거는 공동

---

50 간략한 요약으로는 Old, *Reformed Baptismal Rite*, 228-30을 보라. Old는 Luther가 가장 일반적인 방식을 제외하고 세례반(baptismal font) 성별기도를 개정했다는 가능성을 부정한다 할지라도 소위 『겔라시안 성례집』(*Gelasian sacramentary*)의 세례반 기도가 생각난다(*Vaticanus Reginensis*, 316). 이 세례반 기도에서 물이 역사를 통해 하나님의 자비로우신 행위에 연결되어 있을 뿐만 아니라 세례의 물 자체가 기독론적인 성별(consecration)의 의미를 가지고 있다. 아마도 우리는 Luther가 여전히 구전(oral) 문화에서 살아있었다고 생각해야 한다. 그 문화 안에서 위대한 학자들, 특히 종교적인 질서 안에서 훈련받은 자들이 본문(texts)과 예전에 대하여 기억하는 경이로운 능력을 가지고 있었다. 세례반 기도 같은 기도는 쉬우면서도 문자 그대로 창조적인 번안을 위한 준비를 생각나게 한다. 그래서 Old가 정확히 진술한 바와 같이 유사성에서와 마찬가지로 비유사성에서도 생각나게 하는 것이다.

체가 그 자체에 관해, 그리고 하나님에 관해 말하는 대화성이다. 이것은 예전운동의 특성을 적용하기 위한 것이다. 즉 이것은 "우리가 우리 자신의 대화를 발견하는" 대화성이다. 이제 중요한 것은 존재론적으로 현존하시는 하나님이 아니라 이런 하나님에 관한 이야기이다.

『루터교 예배서』에 있는 세례예식의 구조는 이러한 분석이 가능하도록 확인시켜준다. 루터의 예식서(1526)는 목회자가 하나님의 주도권을 재연했을 때 그리고 교회 앞에서 세례후보자(candidate)를 만났을 경우 하나님이 세례 받을 사람에게 말하는 것으로(address) 시작했던 것에 반하여, 『루터교 예배서』에 있는 세례예식은 세례의 의미에 관한 공동체에게 말을 하는(address) 목회자로부터 시작한다. 곧이어 감사기도가 뒤따라 나오고, 믿는 자들이 그들의 이야기를 발견하는 가운데 하나님의 이야기를 상세히 말한다. 기독교의 입교적인 의미를 유지하는 『루터교 예배서』는 한 사람이 "부활절 신비" 안으로 들어올 때 기독교의 이야기에 들어오는 것으로서의 세례를 먼저 살핀다. 개신교 예배서들 가운데, 『루터교 예배서』 예식은 기도와 구조 및 신학에 있어서 시종일관한 기독교 입교의 모범적인 모델로서 중요한 의미를 가진다.

이 기도는 적절히 루터의 신학, 특히 세례 신학을 반영하고 있는가? 어느 정도 이 기도가 적절히 루터교의 전통과 루터의 개작을 반영하고 있는가? 어느 정도 『루터교 예배서』 예식과 기도가 이전의 예배자료, 예를 들어 『예배서와 찬송』(Service Book and Hymnal)에 비해서 진보하고 있는가? 이런 복합적인 질문은 본서에서 다루어지지 않는다. 이 질문에 대하여 답변하기 위해서는 세례에 대한 루터의 신학을 좀 더 상세히 살펴볼 필요가 있다. 이것은 루터의 사상과 루터교 전통사상과의 관계에 관한 두드러진 투명도나 세례에 대한 루터신학과 루터교 신학 사이에 존재하는 관계의 좀 더 세부적인 사례 등의 문맥 속에서 발전된 것이다. 『루터교 예배서』로 대표되는 미국 루터교와 현대 예전운동의 신학 사이에 존재하는 더 많은 논의가 필요할 것이다. 이러한 모든 문제는 『루터교 예배서』 예식 자체에 대한 좀 더 세부적인 토론을 필요로 한다. 지금, 예전 예식의 구조와 기도들과 함께 예전 예식을 "단순히" 인용한 것인지에 대한 진지한 의문이 일어나고 있다. 적어도, 루터와 『루터교 예배서』에 대한 부분적인 고찰은 루터의 신학과 세례 신학의 중심을 잃어버린 것이 무엇인가를 제시해주고 있다.[51]

5. 이 연구의 범위

뒤에 계속되는 장들은 개혁교회 세례의 실제, 특히 미국 연합장로교(Presbyterian Church USA)와 컴버랜드 장로교회(Cumberland Presbyterian Church)가 내 놓은 『공동예배서』(Book of Common Worship, BCW)의 개정된 세례 성례전에 대한 분석에 공헌할 것으로 생각된다. 이 세례 예식은 미국에 있는 다수의 개혁주의(역주: 이 책에서 'Reformed'라는 단어는 '개혁주의' 또는 '개혁 교회' 등으로 문맥에 따라 번역한다) 기독교인들에게 잠재적으로 영향을 주고 있다. 예배서 자체 뿐 아니라 이 예식서도 현대 예배갱신운동으로부터 발전해 온 것이다.

그러나 어떤 예전(rite)이나 예배서(worship book)를 연구할 것인가 보다

---

51 여기서 더 많은 의견을 위해서 제7장을 보라.

는 어떻게 접근할 것인가 하는 것이 더 어려운 문제이다.

무엇을 "개혁주의 전통" 또는 "전통들"이라고 정의할 것인가? 개혁주의 전통 자체가 더 나은 종교개혁의 열매를 창출할 것인가? 그래서 후대의 전통이 이전 전통의 의미에 비해 더 신뢰할 수 있는 유일한 방법으로 새로운 의미를 표현하는 것인가? 세례 문제에서 개혁주의라고 볼 수 없는 것 외에는 온전한 개혁주의라고 볼 수 있는 신학자들에 대해 무엇이라고 말할 것인가?(칼 바르트와 그의 유아세례에 대한 부정이 여기에 속한다) 이 연구는 미국 내에서 현대 개혁주의 세례실제에 대한 논의에 도움을 주기 위해 매우 실용적인 접근을 제안한 것이다.

본서에서 가장 많이 취급하는 분야는 개혁주의 세례신학의 기초와 궤도의 분석에 대한 역사적이고 신학적인 분석이다. 게다가, 개혁주의 신학에 대한 연구에서 세례에 대한 칼빈의 가르침이 다른 개혁주의 신학자들보다 더 높은 가치적 우위를 확보하고 있다. 먼저, 칼빈의 세례신학은 놀랍게도 그의 사상 중에서 소홀히 다루어지고 있는 관점들 중에 하나로 남아있다.[52] 다음으로, 대륙의 개혁교회들과 신앙고백들에 끼친 칼빈의 영향력은 잘 알려져 있다. 그리고 칼빈을 연구하면서 배우는 과업은 세례에 대한 20세기 개혁주의 논쟁들을 이해하는 데 도움을 줄 것이다. 마지막으로, 세례에 관한 칼빈신학의 발전적 연구는 칼빈에게 직접적으로 영향을 준 두 명의 신학자, 훌드리히 츠빙글리와 마틴 부처와 관계된다는 사실이다.

제1장은 츠빙글리와 루터, 그리고 부처 등의 사상을 살펴봄으로써 개

---

52 John W. Riggs, "Emerging Ecclesiology in Calvin's Baptismal Thought, 1536-1543," *Church History* 64,1(1995): 29-30을 보라.

혁주의 세례신학의 기초를 다룬다.

제2장은 하인리히 불링거와 칼빈을 다룬다.

제3장은 하나님의 능력과 세례의 문제에 대하여 칼빈의 사상을 이어서 살펴본다.

제4장은 이런 기초적인 신학자들에서부터 세례에 관한 개혁주의 궤도의 추적까지 다룬다. 제1절에서는 개혁주의 신앙고백들을 살피고, 제2절은 개혁주의 정통주의를 논한다. 제3절은 프리드리히 슐라이어마허의 세례신학을 살피면서, 그와 바르트의 세례신학과 유사한 점이 다소간 있다는 점도 언급하고자 한다. 다음으로, 제4절에서는 20세기로 들어서서 유아세례에 관해 개혁주의의 토론이 신학적 입장에 따라 대두되었음을 다룬다. 그것은 종교개혁 당시에 재세례파의 도전 이후로 계속되지 않았던 문제다.

제5장은 세례에 관하여 공유되는 관점들을 살펴보기 위해서 개혁주의 사상의 첫 두 세대와 개혁주의 세례신학의 큰 범위로부터 오는 관점들을 실용주의적 과제로 보려고 한다. 이것은 세례에 관한 개혁주의 사상을 요약한 것으로 충분하고 정당한 작업으로 보인다. 그래서『공동예배서』에서 현대의 예전문제와 비교하여 표준을 제시하려고 한다. 만약, 적어도 츠빙글리, 부처, 불링거, 칼빈, 개혁주의 신앙고백들, 개혁교회, 정통주의, 슐라이어마허, 그리고 20세기 개혁신학자들이 상세한 관점으로 모두 동의한 세례를 토론했다면, 그리고 그 관점이 명백히『공동예배서』에 나타난 예전자료들과 분명히 다른 것을 주장한다면,『공동예배서』의 예전자료들은 거의 개혁주의적이 아니라고 생각할 수 있다. 그런 접근은 어떤 한 사람이 원하면 인정되는 그런 방식의 조직신학적이고

논리적인 것보다는 역사적이고 상식적인 것이다. 이러한 방법을 사용함으로써 이 접근은 효율적으로 잘 처리할 것이다.

그러므로 제5장은 역사신학으로부터 시작해서 실천신학까지 이르는 세 개의 절로 나누어져 있다. 제1절은 역사적인-신학적인 자료들을 요약하고 정리한다. 제2절은 『공동예배서』에 나타난 실제적인 세례 예전을 고찰한다. 제3절에서는 규모 있게 다양한 구조들과 기도들로 재구성한 제안을 제시한다. 그래서 개혁주의 회중들이 신학적으로 그들이 누구인가, 그들이 어떻게 생각하는가를 실제로 반영하여 적절히 구성하고자 한다. 제6장에서는 개혁주의 세례신학과 성례신학에 이르도록 전반적인 형태를 간결하게 제시함으로써 이 연구를 결론 맺고자 한다.

제1부

개혁주의 세례신학의 근원

Baptism in the Reformed Tradition

제 1 장

종교개혁 제1세대: 츠빙글리, 루터, 부처

서론은 본서의 연구를 위한 근거를 제공한 것이다. 한 세기의 긴 예배갱신운동은 제2차 바티칸 공의회의 개혁에서 예전적인 목적과 신학적인 목적들을 반영했다. 특별히, "기독교 성인 입교예식"은 예전적이며 신학적으로 예전운동의 수확을 대표했다. 진지한 의문들은 교회론이 보여준 간결한 논의로 말미암아 이 예전 연구과제와 루터와 칼빈의 고전적인 개신교 교리 사이에 적합하게 일어났다. 이러한 개신교 전통들이 예전운동으로부터 빌려왔을 때, 그 어떤 것들은『루터교 예배서』에서 본 바와 같이 심지어 순수하지 않게 불필요한 신학들과 함께 유입되어 왔다. 이것은 개혁주의 전통에 우연히 일어난 일인가? 이 연구의 나머지는 이 질문을 약간 세부적으로 다룬다. 이 장에서는 츠빙글리와 그 세례신학의 발전을 다룬 후, 같은 견지에서 루터와 부처까지 살펴보고자 한다.

1. 훌드리히 츠빙글리(Huldrich Zwingli)

훌드리히 츠빙글리는 빌드하우스(Wildhaus) 마을에서 상당한 재력가이며 영향력 있는 건실한 가정에서 1484년 새해 첫날에 태어났다.[1] 10세쯤에 그는 삼촌과 함께 베젠(Wesen)으로 공부하기 위해 갔다. 그래서 좀 더 정상적인 학업을 위해 하인리히 뵈플린(Heinrich Wöfflin)의 후견 아래 공부를 계속했다. 그는 이 지역의 인문주의자요, 음악가요, 유명한 교사였다. 그 후 츠빙글리는 비엔나(Vienna)와 바젤(Basel)에 있는 대학에 공부하러 갔다.

츠빙글리는 바젤대학에서 학사학위, 1506년 후반에 인문학(liberal arts) 석사학위를 받았다. 그는 바젤에서 중세 후기 유명론자(nominalsts)의 **근대적 방법**(via moderna) 보다는 초기교회의 스콜라(실제주의의) 신학을 **고전적 방법**(via antiqua)으로 공부했다. 또한 그는 그곳에서 베아투스 레나누스(Beatus Rhenanus), 콘라드 펠리칸(Conrad Pellican), 카스파 헤디오(Caspar Hedio), 토마스 비텐바흐(Thomas Wyttenbach), 카스파 메간더(Caspar Megander), 콘라드 그레벨(Conrad Grebel), 그리고 레오 유드(Leo Jud)와 같

---

1 Zwingli의 표준적 전기는 Oscar Farner가 쓴 4권으로 된 책이다. Farner는 오랫동안 그로스뮌스터의 목회자였으며, 취리히대학교의 강사와 교수로 있었다. 마지막 권은 Rudolf Pfister에 의해 완성되었으며 편집되었다. *Huldrych Zwingli*, 4 vols. (Zürich: Zwingli-Verlag, 1946-60)를 보라. 영어판으로 Zwingli의 완전한 전기는 G. R. Potter, *Zwingli* (Cambridge: Cambridge University Press, 1976)를 보라. Potter보다 덜 광범위하게 쓴 책으로는 *Ulrich Gäbler Huldrych Zwingli: His Life and Work*, trans. Ruth L. C. Gritsch (Philadelphia: Fortress Press, 1986). 또한 Farner가 쓴 짧은 전기로는 D. G. Sear가 *Zwingli the Reformer: His Life and Work*(Hamden, Conn.: Archon Books, 1968)이라는 제목으로 번역하였다. Gottfried Locher가 쓴 에세이 전집은 츠빙글리 신학의 다양한 관점을 이해하는 데 중요한 공헌을 하고 있다. Locher, *Zwingli's Thought: New Perspectives*(Leiden: E. J. Brill, 1981)를 보라. 잘 작성된 츠빙글리 신학과 2차 연구자료로는 W. P. Stephens, *The Theology of Huldrych Zwingli*(Oxford: Clarendon Press, 1986)에서 찾아볼 수 있다.

은 개혁자들과 인문주의자들을 만났다.

츠빙글리의 첫 사역지는 글라루스(Glarus) 교구였다. 거기에서 그는 인문주의와 교회 교부들에 관심을 두게 되었다.[2] 그는 에라스무스의 비평본 신약성경을 구입했다. 그리고 그는 에라스무스를 만나기 위해 바젤(Basel)로 여행했다. 1516년에 그는 아인지델른(Einsiedeln)에서 백성들의 사제로 부름을 받았을 때 오리겐, 제롬 그리고 그 후대의 어거스틴 등의 작품들에 관심을 보이면서 많은 교부들의 작품에 주석을 단 사본들을 구했다. 아인지델른에서 사역하는 시기에 츠빙글리는 중요한 개혁적인 원칙들을 발견했다. 즉 하나님의 말씀이 발견되는 성경으로 돌아갈 것, 헬라어로 바울서신을 세심하게 공부할 것, 유일하신 구세주의 충분하고도 포괄적인 속죄의 죽으심 등이다.[3]

츠빙글리는 1519년 취리히(Zürich)로 부름 받고 인문주의자요 성경학

---

[2] Stephens, *Theology*, 5-50을 보라.
[3] Zwingli는 그의 결정적인 종교개혁의 전향의 동기가 있었는가? 학자들은 가끔 Luther, Zwingli, Calvin의 "다메섹의 길"(역주: 회심의 길)을 살펴보았다. Zwingli에게 있어서 일어났던 것으로 보이는 것은 지적인 통찰이다. 그는 신학적인 영역의 다양성에서 시간이 흐를수록 많은 영향력을 자신의 것으로 삼았다. 이런 영향은 위기의 시간에 결정적인 것이 되었다. Zwingli가 1519년 취리히로 이동했을 때, 그의 종교개혁 신학의 많은 부분이 그 곳에서 형성되었다. 그렇지만 그해 그는 전염병으로 고통을 당했으며 거의 죽을 뻔하였다. 또한 그는 Luther가 라이프치히에서 담대히 행동한 것에 대해 알게 되었다. 마지막으로, 그로스뮌스터에서 재직하는 동안에 어떤 지방의 여인과 성적인 관계에 직면하였다. Zwingli는 결국 부분적으로 소명을 받아들였다. 왜냐하면 다른 후보 지도자인 Laurenz Mär는 여섯 아이들을 낳았던 여인과 함께 살고 있었기 때문이었다. 오랫동안 축첩은 명백히 커다란 위반으로 간주되었다. 동시에 이런 개인적 사건들이 일어났을 때, Zwingli는 표준적인 성구집 시스템을 사용하기보다는 lectio continua-성경책을 장마다 설교하는 것-에 따라 그의 설교직무를 시작했다. 또한 그는 요한복음, 바울서신들, 그리고 어거스틴의 저서들을 열심히 연구하였다. 그 결과는 그리스도 중심적인 복음 메시지와 함께 성경 안에서 발견되는 말씀을 마음에 두는 것이었다. 그래서 모든 것이 모든 선의 근원이신 한 분에게 의존되어 있었으며 자비로우신 하나님이 그리스도를 통하여 계시하셨다. 간략히 요약된 것으로 Stephens, *Theology* 21-34를 보라.

자로서 재빨리 취리히의 종교개혁자 가운데 포함되었다.[4] 3년 안에 그의 작품과 설교는 수많은 후기 중세 예배 관습들, 즉 고해성사, 속죄들, 금식, 성인 숭배, 성직자의 독신 그리고 순례여행 등에 대해 도전했다.[5] 1523년 1월 시 의회는 예배문제에 관한 공개적 토론을 벌였다. 이 토론은 독일어로 진행되었다. 논점을 위한 판결 규정은 성경에 따라 발견되는 하나님의 말씀이었다. 콘스탄스의 주교가 제안한 4개의 대표적인 원칙은 근본적으로 신학적인 대화 없이 절차에 따라 호소한 것이었다. 그러한 비중 있는 문제들은 현존하는 교회의 탁월한 박사들 없이 취리히

---

4 Zwingli의 신학형성에 관한 2차적인 연구는 Walter Köhler의 저서에 의해 영향을 크게 받았다. Köhler는 (특히 초기에) Zwingli에 관하여 인문주의 영향을 강조하였다. 좀 더 최근의 연구에 따르면 Zwingli가 취리히 목회를 시작했을 때 그리스도 중심적이며 성경적인 접근을 더욱 온전히 수용하면서 완화된 인문주의의 영향이라고 보았다. Locher, Zwingli's Thought, 42-71의 역사 서술적 에세이를 보라. 또한 Stephens, Theology, 9-28을 보라. 자유주의 개신교도와 신정통주의 신학자들은 이런 통찰력 가운데에서 정돈하려는 경향을 보여 왔다. 예를 들어, Paul Tillich, A History of Christian Thought(New York: Simon & Schuster, 1968), 256-62와 Geoffrey W. Bromiley, Historical Theology: An Introduction(Grand Rapids: Wm. B. Eerdman's Publishing Co., 1978), 213-17, 그리고 여러 곳을 보라. 인문주의(humanism)에 관한 좀 더 현재적인 토론은 다음과 같은 구분으로 나눌 수 있다. 첫째로, 많은 학자들은 인문주의가 인류의 철학적인 개념에 대한 도구적인(material) 동의가 아니라, 원래의 언어, 본문들, 수사학과 문법 등과 같은 개념도구들에 대한 형태적인 변환을 의미한다는 것을 제시한다. 둘째로, 모든 종교개혁자들은 아니지만 취리히 재세례파를 포함한 많은 사람들은 인문주의의 영향을 받았다. Steven Ozment는 적절히 다음과 같이 해설하였다. "종교개혁자들이 중세 스콜라 철학 대신에 인문주의 커리큘럼을 설정할 때 교리는 항상 말을 타는 자였으며 인간은 말이었다. 아리스토텔레스 철학이 후대 중세신학자들에게 신학의 좋은 시녀것처럼 인문주의는 개신교 신학자들에게 신학의 좋은 시녀가 되었다. 수사법적인 예술은 진실한 교리를 전달하는 더욱 기본적인 임무를 위해 봉사하였다." (The Age of Reform [New Haven, Conn.: Yale University Press, 1980]), 315; 또한 "휴머니즘과 종교개혁"을 함축적으로 개관하기 위해 290-317을 보라. 보다 많은 광범위한 도서목록을 위해 James D. Tracy, "Humanism and Reformation," in Reformation Europe: A Guide of Research, ed. Steven Ozment (St. Louis: Center for Reformation Research, 1982), 33-57을 보라.

5 Portter, Zwingli, 126-97을 보라.

와 같은 도시에서 결정될 수 없었다. 그러나 츠빙글리는 헬라어 신약성경과 히브리어 성경, 라틴어 불가타(Vulgate)등 성경에 능통한 자요 날카로운 기억력을 가지고 있었다. 그 결과는 의심할 것도 없었다. 시의회는 그가 성경에 따라 설교를 계속 시행할 것과 모든 설교자들도 이와 같은 기준에 따라야 한다고 승인했다.

그해 6월, 츠빙글리는 화체설(transubstantiation)의 개념을 반대하였으며, 미사의 성찬부분(카논)을 재고했다. 이 두 가지는 성경적인 표준에 따른 것이었다. 어떤 지방의 시민들은 예배문제에 있어서는 성경적인 기준이 충분히 반영되지 않았다고 생각하여 우상과 조각상들에 반대하면서 공적 논증을 시작했다. 9월에 한 구두수선공이 매우 존경받고 있던 십자가상을 끌어 내렸다는 이유로 체포되었다. 그 십자가상은 지역 제분업자가 개인의 재산으로 세운 것이었다. 이로 인하여 시의회는 10월에 두 번째로 토론을 소집했다. 결과는 많은 사람에게 실망스러운 것이었다. 왜냐하면 미사는 아직도 라틴어로 진행되었으며, 성찬은 단지 빵만을 주었으며(역주: 당시는 평신도에게 잔을 주지 않았음), 그리고 사적인 관계자들과 특별한 회중들은 조각상들을 조심스럽게 이동하도록 허용되었기 때문이다.

1524년부터 1525년에 걸쳐, 취리히는 경건과 화평을 위하여 조정된 개혁을 원하는 사람들과 비록 로마와의 교류를 분명히 중단하였으나 성경의 복음적인 원리를 예배의 기준으로 신중히 취하자는 사람들 사이에 적지 않은 긴장이 있었다. 이런 상황 속에서 미사에 대한 느슨한 개혁이 논쟁점으로 야기되었다. 십일조와 조각상의 문제에도 마찬가지였다. 츠빙글리를 추종하는 사람들이나 친구들이 주장하는 소수의 목소리는 급진적인 사람들로 이루어졌으며, 그들은 새로운 종교적인 이념들을 토론하기 위하여 정기적으로 모였다. 유아세례의 문제는 성경적인 배경 속에서 일어났으며 도전되었다. 1524년 8월, 지방 시민들이 자기 자녀들의 세례 받는 것을 거부하기 시작했다. 그리고 그 행위는 취리히 안에서, 그리고 촐리콘(Zolikon)과 같은 이웃 도시로 확산되었다. 그 곳에서 세례반(font)이 부서졌다. 1525년 1월에 시의회는 모든 세례 받지 않은 아이들에게 세례 받도록 명했다. 모든 비일 종교집회가 금지되었으며 촐리콘교회의 세례반은 재건되었다.

그 다음으로 우리에게 잘 알려져 있는 사건이 있다. 1525년 1월 21일 츠빙글리와 함께 불만을 토로했던 복음적인 무리들과 시의회는 펠릭스 만츠(Felix Mantz)의 집에서 만났다. 콘라드 그레벨(Conrad Grebel)이 그 자리에 있었다. 그는 비엔나와 바젤에서 공부했으며 바젤에서 츠빙글리를 알았던 사람이었다. 기도 후에 조오지 불라우록(George Blaurock)이 자신에게 세례를 주도록 그레벨에게 요청했으며 그가 세례를 베풀었다. 그러자 블라우록은 15명 넘는 성인 신앙고백자들에게 세례를 베풀었다. 이 단순한 종교적인 헌신사건의 실행과 정치적인 도전은 곧 취리히 지역을 통해 널리 전파되었다. 그리고 1525년 전반부에 이 "세례자"에 관한 가르침은 스위스 여러 도시의 수많은 사람들을 통해 전파되었다. 성인세례에 종교적이고 정치적인 실천이 논쟁의 점화선이 되어 계속 이어갔다. 1526년 3월 취리히 의회는 익사에 의한 죽음의 형벌을 부과함으로써 재세례를 금지했다. 그 해에 펠릭스 만츠는 두 손이 묶인 채로 림마트 강(Limmat River)의 추운 1월 얼음물에 던져져서 익사했다.

취리히에서 종교개혁이 더 성숙하고 더 빠르게 진행하려는 극단주의

자들의 도전과 세례운동에 대하여 널리 퍼진 종교적이고 정치적인 영향력으로 말미암아 츠빙글리는 세례에 관하여 주의 깊게 생각하게 되었다.[6] 1524년 이른 시기에, 그리고 소위 재세례파들과의 논쟁 이전에 언약(covenant)에 관한 츠빙글리의 사상은 매우 충실하게 남아있었다. 거기에는 옛 언약과 새 언약 사이에 기본적인 불연속성이 있었다. 그는 보다

---

6 Zwingli의 세례에 대한 관점을 연구하기 위해서는 Martin Brecht, "Herkunft und Eigenart der Tauferanschaung der Züricher Täufer," *Archiv für Reformationsgeschichte* 64(1973): 147-65; Jack Warren Cotrell, "Covenant and Baptism in the Theology of Huldreich Zwingli," (unpublish Th.D.. diss., Princeton Theological Seminary, 1971), J.-V.-M. Pollet, "Zwinglianisme," in *Dictionnaire de Theologie Catholique*(Paris· Librairie Letouzey et Ané, 1950), 15.3745-3982; Grorg Finsler, *Zwingli-Bibliographie: Verzeichnis der Gedruckten Schriften von und über Ulrich Zwingli* (Nieuwkoop: B. de Graaf, 1968); Ulrich Gäbler, "Die Zwingli-Forschung seit 1960," *Theologische Literaturzeitung* 96, 7(1971): 481-90; idem *Huldrych Zwingli im 20. Jahrhundert: Forschungbericht und annotierte Bibliographie, 1897-1972*(Zürich: Theologischer Verlag, 1975); Carl Hemmann, "Zwingli's Stellung zur Tauffrage im literarischen Kampf mit den Anabaptisten," *Schweizerische Theologische Zeitschift* 36(1919): 29-33, 79-85; Hans Hillerbrand, "The Origin of Sixteenth Century Anabaptism: Another Look," *Archiv für Reformationsgeschichte* 53(1962): 152-80; Edwin Künzli, "Aus der Zwingli-Forschung," *Theologische Rundschau* n.s. 37, 4(1972): 361-69; Locher, *Zwingli's Thouht*, 218-19; H. Wayne Pipkin, *A Zwingli Bibliography*, Bibliographia Tripotamopolitana no. 7 (Pittsburgh: The Clifford E. Barbour Library, Pittsburgh Theological Seminary, 1972); Fritz Schmidt-Clausing, Zwingli als Liturgiker (Göttingen: Vandenhoeck & Ruprecht, 1952); idem, "Zwingli und die Kindertaufe," *Berliner Kirchen-Briefe* 6(1962): 4-8; Johann Martin Usteri, "Darstellung der Tauflehre Zwinglis," *Theologische Studien und Kitiken* 3(1884): 205-84; John Howard Yoder, "The Turning Point in the Zwinglian Revolution," *Mennonite Quarterly Review* 32(1958): 128-40. 특히 문헌 에세이 Finsler, *Zwingli-Bibliographie*; Gäbler, *Huldrych Zwingli*; idem "Zwigli-Forschung"; Künzli, "Zwingli-Forschung"; Pipkin, *Zwingli Bibliography*를 보라. 이 에세이들의 대부분은 한 주제를 중심으로 Zwingli의 세례에 관한 가르침을 요약한 것이다. 성례주의와 준법주의에 대한 Zwingli의 거부(Locher, *Zwingli's Thought*, 218-19) 또는 Zwingli의 재세례파와의 투쟁은 빈약한 주해이지만 세례에 대한 유익한 신학적 묘사이다(Pollet, "Zwiglianisme," cols. 3819-24). 가장 좋은 두 개의 에세이는 Usteri와 Cottrell에 의한 것이다. 이것들은 취리히라는 역사적 상황, 특히 취리히의 급진파들과의 논쟁에서 츠빙글리 사상의 발전을 추적한다. Usteri의 오래된 고전적인 에세이는 Cottrell의 연구로 주의 깊은 지지를 받는다. 그리고 아래의 토론은 이 두 연구논문에 빚을 지고 있다.

작은 것에서부터 보다 큰 것에 이르기까지 논의했다. 여기서 보다 작은 것으로는 잠시 동안의 것이요 율법, 의식, 동물의 피에 관한 것이라면, 보다 큰 것으로는 영원에 관한 것이요 복음, 자유, 그리스도의 속죄에 관한 것이다. 두 언약의 뒤편에 존재하는 것은 인류에 대한 하나님의 보증이었다. 이는 궁극적으로 그리스도 안에서 확증해 주고 기초를 둔 것이었다. 이를 통해 언약은 하나님과 죄의 용서에 이르는 영원한 통로였다.[7] 츠빙글리 사상에 있어서 중요한 변화는 이 첫 번째 시기인 재세례파 이전 시기에 시작되었다. 그는 『조각상들과 미사에 관한 제안』에서 성례전이란 인류를 향한 하나님의 언약뿐 아니라 믿는 자의 보증(pledge)과 동료 믿는 자들을 향한 신앙고백이라는 사상을 추가했다. 믿는 자들은 다른 이들과 함께 기억하고 다른 이들을 갱신하는 것이었다. 그래서 둘이 하나가 되는 것이다.[8]

믿는 자의 보증에 관한 츠빙글리의 강조는 그가 『조각상들과 미사에 관한 제안』을 쓰고 난 후의 시기에 더 강렬해졌다. 그 해에 취리히에서 세례, 유아세례, 재세례에 관한 논쟁이 나타났다. 그는 이 주제에 관한 중요한 몇 권의 작품들을 저술했는데 이들 가운데 『참되고 거짓된

---

7 Cotrell, "Covenant and Baptism," 17-66을 보라.
8 *Proposal concerning Images and Mass*(Vorschlag wegen der Bilder und der Messe) (May 1524), in *Huldreich Zwinglis sämtliche Werke*, ed. Emil Egli, Georg Finsler, Walther Köhler, Oskar Farner, Fritz Blanke, Leonard von Muralt, Edwin Künzli, Rudolf Pfister, vols. 88-1-1 of *Corpus Reformatorum*, vol. 1 (Berlin: C. A. Schwetschke und Sohn, 1905), vols. 2-5, 7-12 (Leipzig: M. Heinsius Nachfolger, 1908-), vols. 6/1, 6/2, 13-14 (Zürich: Verlag Berichthaus, 1944-), 3.120-31(이후 Z.W. 권수, 페이지, 줄번호로 인용한다); Z.W. 3.124.32-125.25를 보라. 달리 구체적으로 설명하지 않으면 이 장에 나타나는 이 자료의 모든 번역은 저자의 것이다.

종교에 관한 주석』,『세례, 재세례 그리고 유아세례』 등이 있다.[9] 이 시기에 그는 성례란 그리스도에게 순종하는 삶의 보증으로서의 인간의 언약이라는 점을 좀 더 강하게 주장했다.[10] 유아세례도 또한 보증표시(pfichtzeichen)였다. 왜냐하면 세례는 할례에 대한 평행물이기 때문이다. 아브라함의 자녀들은 한분이신 신실한 하나님의 언약 가운데 세움 받았다.[11] 그러나 츠빙글리는 기독론적인 언약의 중심성을 잃지 않았다. 왜냐하면 그리스도는 여전히 "하나님의 은혜의 보증"으로 묘사되었기 때문이다.[12] 요약하면, 재세례파 운동에 반응하여 츠빙글리는 믿는 자의 객관적 말씀 위에 서 있는 주관적 경험을 믿었다. 그는 신앙고백적인 보증에 따른 세례를 강조하지만, 세례란 한 사람의 믿음에 대한 주관적 관점에서 시행하는 서약은 아니라고 언급했다. 그 대신에 세례는 하나님의 복과 약속에서 성취되었던 기독교 공동체 안에 있는 구성원들의 객관적 표징(sign)이다. 특별히 츠빙글리에게 다루기 힘든 것은 하나님의 객관적 말씀에 따라 제자도의 삶을 인도하는 사람을 봉헌하는 객관적 보증으로 바라보기 보다는 믿음의 온전한 종합으로 재세례파를

---

9 *Commentary on the True and False Religion(De vera et falsa religione commentarius)* (March 1525), Z.W. 3.628-912; *Baptism, Rebaptism, and the Baptism of Infants*(May 27, 1525), Z.W. 4.206-337. *The Latin Works of Huldreich Zwingli*에 있는 번역판 *Commentaty on the True and False Religion*, ed. Clarence Nevin Heller (Philadelphia: Heidelberg Press, 1929), 43-343을 보라.

10 *Commentary on the True and False Religion*(Z.W. 3.761.22-24): "그러므로 성례전은 표징들(signs) 또는 예식들(ceremonies)이다…이로써 어떤 사람은 교회에 자신들을 그리스도의 군사로서, 또는 그리스도를 위해 열심인 자로서 증명한다." 동일한 주제에 관해서 *On Baptism, Rebaptism, and Infant Baptism*, Z.W. 4.206-337, 특히 4.217.24-218.24를 보라. 예를 들어(4.218.191-20), "세례는 우리에게 주 예수 그리스도에게 서약하는 표징(sign)이다."

11 Z.W. 4.294-95.

12 "Est ergo Christus certitudo et pignus gratiae dei"; Z.W. 3.676.12.

바라보는 것이었다.[13]

1525-1527년 사이에 츠빙글리는 유아세례에 대해 온전히 방어하였으며 언약의 일체성 개념을 발전시켰다.[14] 그는 『창세기 주석』을 시작으로,[15] 그의 예언자 모임(Prophezei) 강의들에서 발전하여[16] 하나님 언약의 일체성을 강조했다. 이것은 아브라함에게 주어졌던 것이 기독교의 섭리를 통해 계속 이어오는 것이다. 예를 들어, 츠빙글리는 『성찬에 관한 에세이』에서 아브라함에게 참된 언약으로 주어진 하나님의 언약을 묘사했다. 더 나아가 할례가 옛 언약의 표징이었던 것처럼, 그렇게 세례가 새 언약을 만들었다.[17] 츠빙글리의 『발타자르 후브마이어(Balthazar

---

13 Usteri, "Darstellung," 214-20; cf. Hermann, "Zwingli's Stellung," 29-31.
14 Cotrell, "Covenant and Baptism," 173-249.
15 *Commentary on Genesis*(Farrago annotationam in Genesis)(March 1527), Z.W. 13.5-288.
16 1525년 6월, 예언자 모임(Prophezei)은 취리히 교회를 위하여 목회자들과 교사들을 훈련하도록 돕기 시작했다. 금요일과 일요일을 제외하고는 매일 아침마다 젊은이들과 지역 목회자들의 그룹이 비록 학습의 대부분이 구약성경이었지만 히브리어 구약성경과 헬라어 신약성경, 그리고 라틴어 불가타성경의 주해를 듣기 위해 모였다. 문법과 언어, 그리고 번역에 주의 깊게 집중하였다. 다른 사람들 중에서 Jud와 Pellican은 헬라어와 히브리어 강의지도를 도왔다. Zwingli는 라틴어 강의를 지도하였다. 이러한 예언자 모임의 결과는 널리 영향을 끼쳤다. 학자들과 목회자들은 훈련받았으며, 취리히 성경(Zürich Bible)이 만들어졌으며, 강의를 행하던 "예언자 모임"(목회자들)이 취리히 종교개혁을 위한 목소리를 안내하게 되었다. 그리고 Zwingli의 구약주석은 여기에 뿌리를 내리고 있었다. 예를 들어, 창세기 주석은 참석한 사람들에 의해 기록된 것으로부터 모아졌고, Jud와 Megander에 의해 편집되었다. Oskar Farner, "Nachwort zu den Erläuterungen zur Genesis," Z.W. 13.289-90; Edwin Künzli, Z.W. 14.872. Künzli에 의해 이루어진 문학적 비평작업은 창세기 주석이 Zwingli의 작품이며 편집자의 작품이 아니라는 것을 보여주고 있다. Edwin Künzli, Z.W. 14.876을 보라.
17 *Essay on the Eucharist* (1525년 8월), Z.W. 4.458-504. 하나의 참된 언약은 아브라함과 함께 있었다(499.9-24). 할례는 언약의 표징이다(499.24-555.9). 그리고 할례가 언약의 표징이었던 것처럼, 그렇게 지금은 세례가 언약의 표징이다(500.11-39). 또한 Cottrell, "Covenant and Bapism," 185-93을 보라. 이 에세이 번역판은 *Huldrych Zwingli Writings*, trans. and ed. H. Wayne Pipkin(Allison Park, Pa.: Pickwick Press, 1984), 187-231에서 발견할 수 있다.

Hubmaier)의 세례 책에 대한 답변』에서 언약은 인간에 대한 하나님의 은혜로우신 약속을 강조한 것이다. 이것은 구원의 전체를 포함하는 것이다.[18] 츠빙글리는 후브마이어에 응답하여, 마치 옛 언약의 자녀들이 하나님의 자녀였던 것처럼 적어도 기독교인 자녀들은 하나님의 자녀였다는 점을 논증했다.[19] 츠빙글리는 단순한 연역(deduction)으로 이 논증을 끝맺었다. 옛 언약의 표시로서 할례가 이스라엘 자녀들에게 주어졌던 것처럼, 새 언약의 표시로서 세례가 기독교인 자녀들에게 주어져야 한다는 것이다.[20] 츠빙글리로서는 옛 언약으로부터 새 언약에 이르는 언약의 일체성 개념 안에 있는 이 논증의 근거가 중요한 것이었다. 이스라엘 자녀들이 그러했던 것처럼, 기독교인 자녀들은 성경에서 동일하게 교회 혹은 언약이었을 뿐만 아니라, 언약 자체는 "은혜의 언약"(gnädigen pundt)이었다.[21]

츠빙글리의 『재세례파의 계략에 대한 논박』은 재세례파에 대한 최고의 저술이었다. 거기에서 그는 언약의 개념으로 세례와 유아세례를 위한 신학적인 기초를 제공했다. 그는 하나님의 "약속의 언약"(testament of promise)으로 하나의 언약(covenant)을 강조했다.[22] 재세례파를 다루면서

---

18 *Reply to Balthasar Hubmaier's Baptism Book*(Antwort über Balthasar Hubmaiers Taufbüchlein)(November 1525), Z.W. 4.585-647. Cottrell, "Covenant and Baptism," 194-204를 보라.
19 Z.W. 4.629.1-638.20.
20 Z.W. 4.638.21-639.11.
21 Z.W. 4.637.27-30.
22 *Refutation of the Tricks of the Anabaptists*(1527년 7월), Z.W. 6/1.21-196. Cottrell, "Covenant and Baptism," 236-47; Hemmann, "Zwingli's Stellung," 79-83, 84-85를 보라. 영어 번역판 *Selected Works of Huldreich Zwingli*, ed. Samuel Macauley Jackson (Philadelphia: University of Pennsylvania Press, 1901), 123-258을 보라.

그는 유아세례를 위한 논점이 2년 전(1525) 후브마이어에게 답변을 썼을 때와 같다고 말했다. 츠빙글리는 "당신은 이 책을 읽지 않으십니까?"라고 하면서 유아세례가 기초되었다는 사실에서 시작했다. (1) 이스라엘의 자녀들이 하나님의 자녀들이었던 것처럼, 기독교인 자녀들은 하나님의 자녀이다. 그러므로 누가 세례를 금하리요? (2) 할례가 성례전이라는 점에서(*quod ad rationem sacramentalem adtinet*), 할례는 세례와 동일한 종류의 것이다. 그리고 어린 아이들이 할례 받았던 것처럼, 그들도 세례를 받아야 한다.[23] 이 논점에 나타난 강조점은 하나님이 타락한 아담과 첫 번째로 맺은 단일하고도 통합된 언약의 개념이었다.[24] 이 언약은 그 내용이 더욱 분명해졌을 때 노아와 아브라함과 함께 새로워졌다.[25] 그 후에 이스라엘은 이 언약을 받아들였다. 이스라엘은 언약으로 들어갔으며, 그의 언약의 표시를 주었던 하나님의 백성들이었다. 그들은 하나님의 백성이었으며 하나님의 교회였다.[26] 그리고 나서 츠빙글리는 하나님이 우리와 함께 동일한 언약 안으로 들어오셨으며, "우리는 그들(즉 이스라엘인)과 함께 한 백성 한 교회가 될 것이요, 또한 한 언약을 가지게 될 것이다"라고 말함으로써 이 역사적인 이야기를 결론지었다.[27]

요약하자면, 1524년에서 1525년까지 츠빙글리는 세례를 인간이 하나님과 맺는 언약이라고 말함으로써 세례가 인간의 반응이라는 사상을

---

23 Z.W. 6/1.48.5-15. Cf. *Reply to Hubmaier*, Z.W. 4.629.1-7: "이제 그것 [할례]가 아이에게 주어졌던 것처럼, 이제 또한 세례가 아이에게 주어져야 한다"(4.629.6-7).
24 Z.W. 6/1.155.27-156.34.
25 Z.W. 6/1.156.34-42; 156.41-157.34.
26 Z.W. 6/1. 162.21-24.
27 "Ut unus essemus cum eis populos, una ecclesia, et unum foedus quoque haberemus," Z.W. 6/1.163.8-10.

강조했다. 그의 시도는 소위 믿는 자의 주관적인 신앙고백에서 떠나 기독교 공동체를 연합하기 위해서, 그리고 하나님의 객관적인 말씀에 의해 살고 자녀를 일으키는 객관적인 보증에 이르게 하기 위해서 격렬해지고 있는 재세례파 논쟁을 움직이는 것이었다.[28] 1525년 츠빙글리가 재세례파 논쟁에 반대하여 세례와 유아세례에 관한 그의 입장을 변호하는 것은 매우 분명했다.

그는 세례에 있어 믿는 자의 (심지어 주관적인) 보증에 관해서가 아니라 세례 자체의 본질에 관해 말해야 할 필요가 있었다.[29] 그러므로 그는 언약의 **일체성과 계속성**(unity and continuity)에 관하여 강하게 말했다. 제공된 하나님의 은혜는 표징자체와 관계없이 하나의 영원한 언약의 표징(sign)으로 제공된 것이다.[30] 이 방편은 어떤 가톨릭 학자가 제시한 것처럼, 보증표징(pledge sign)으로부터 세례 표시의 좀 더 성례적인 관점에 이르는 것이 아니라[31] 세례에 있어 주어진 인간의 반응보다는 하나님의 은혜 안에 입각한 세례를 시도하는 것이다.[32]

---

28 Cotrell, "Covenant and Baptism," 83-172; cf. Usteri, "Darstellung," 217-20; Hemmann, "Zwingli's Stellung," 29-31.
29 Schmidt-Clausing, "Kindertaufe"를 비교하라. 만약 세례가 표징을 보증한다면, 그리고 엄격히 말해서 세례가 구원을 위해 필요하지 않다면, 참된 영적인 세례가 하나님의 선물이기 때문에 유아세례는 "부차적인 것(adiaphora)과 같은 것"(7)이라고 그는 말하였다.
30 Cotrell, "Covenant and Baptism," 173-249; Schmidt-Clausing, "Kindertaufe," 8.
31 Alting von Geusau, *Die Lehre von der Kindertaufe bei Calvin*(Bilthoven: Uitgenerij H. Nelissen, 1963), 49-60.
32 Pollet은 Zwingli의 1525-27의 변화를 "적절하게 신학적인 개념에 이르는 세례 표징의 순수한 도덕적 개념으로부터 온 변천"이라고 묘사한다.

2. 마틴 루터(Martin Luther)

루터는 1483년 11월 10일에 아이스레벤(Eisleben)에서 태어났다. 그리고 몇 마일 떨어진 맨스필드(Mansfield)에서 자랐다. 그의 나이 1살 때 그의 가족들은 그곳으로 이사했다.[33] 거기서 그의 아버지는 구리를 채굴했다. 그리고 곧 자기 소유의 광산을 운영했다. 후에 자신이 운영하는 몇 개의 광산을 가지고 맨스필드의 지도적인 시민이 되었다. 상류사회로 이동하고자 하는 욕망은 부모들에 의해 그의 자녀들에게 심어졌다. 자녀들은 사랑, 극기, 미래를 내다보는 안목을 가지게 되었다.

아버지의 기업가적인 정신, 어머니 가계의 재산과 교육에 대한 열의를 본받아 루터는 에르푸르트(Erfurt)대학에서 인문학사와 1505년에 석사학위 과정을 마쳤다. 그의 장래는 의심할 여지없이 변호사가 되는 것이었다. 법률공부를 하기 위해 에르푸르트로 돌아가다가 쉬토테

---

[33] 루터전기에 관한 현재적 표준은 Martin Brecht의 세 권의 연구이다. 현재 영어로 완역되었다. Martin Luther: His Road to Reformation, 1483-1521, trans. James L. Schaaf(Philadelphia: Fortress Press, 1985); Martin Luther: Shaping and Defining the Reformation, 1521-1532, trans. James L. Schaaf(Minneapolis: Fortress Press, 1990). 많은 전기들 가운데 James Kittelson, Luther: The Story of the Man and His Career (Minneapolis: Augsburg Publishing House, 1986)는 생동적이며 연구를 시작하는 학생들을 위해 읽기에 편하다. Heiko Oberman의 Luther: Man between God and the Devil(New Haven, Conn.: Yale University Press, 1989)는 역사적인 상황의 복합성에서 Luther를 묘사해주는 훌륭한 단권의 전기 책이다. Roland Bainton의 Here I Stand! (New York: Abindon-Cokesbury Press, 1950)는 재미있는 고전으로 남아있다. Bernard Lose의 Martin Luther: An Introduction to His Life and Work, trans. Robert C. Schultz(Philadelphia: Fortress Press, 1986)은 Luther와 그를 둘러싼 학문적인 토론에 관한 훌륭한 입문서이다. 광범위한 전기와 함께 세부적인 전기 에세이를 위해서는 Mark U. Edward Jr., "Luther's Biography," in Reformation Europe: A Guide to Research II, ed. William S. Maltby(St. Louis: Center for Reformation Research, 1992), 5-20을 보라.

른하임(Stotternheim)의 계곡 근처에서 변칙적인 천둥을 만난 후로, 그는 그 시대 사람들이 보였던 전형적인 반응을 보였다. "성 안나여(St. Anne), 나를 도우소서. 수도사(monk)가 되겠나이다." 성 안나는 광부의 수호자였으며 폭풍우로 위협당하는 자들의 수호자였다. 안나에 대한 헌신은 이미 독일에서 널리 퍼져 있었다. 루터는 그 시대 사람들이 행했던 대로 반응했던 것이다.

루터는 에르푸르트에서 어거스틴파를 따르는 수도사(Observant)가 되기로 작정했다. 그의 학식과 영성은 점차적으로 성장하였으며, 그의 첫 번째 미사집례는 1507년에 이루어졌다. 루터의 아버지는 그의 친구들과 함께 미사에 참여했다. 그의 아버지는 수도원에 후한 선물을 제공했다. 루터는 에르푸르트에서 교육을 계속 받았다. 그곳에서 수도원을 대표하여 일했으며 1512년에 박사학위를 받았다. 그 후에 그가 머물고 있던 수도원의 총대리였으며, 과중한 업무로 인하여 부담을 가지고 있었던 요한 폰 슈타우피츠(Johann von Staupitz)가 루터에게 비텐베르크대학 성경신학의 교수자리를 넘겨주었다. 계속되는 10년 동안 루터는 두 번에 걸쳐 시편강의(1513-15년과 1518-21)를 했다. 또한 로마서(1515-16), 갈라디아서(1516-17), 히브리서(1517-18)를 강의했다. 이 기간 동안에 그는 학문적 발전(breakthrough)을 거듭했다.

이것은 중세 후기 형태로부터 발전하였으며, 그의 활동은 새로운 복음주의 관점에 뿌리를 두었다. 학자들은 루터의 이러한 발전에 대하여 단순한 계기보다는 복합적인 계기의 경과가 있었을 것으로 이해한다. 그럼에도 불구하고 어떤 통찰력이 이 과정의 정점을 특징지었는가에 대해서는 토론이 계속되고 있으며, 학문발전의 연대에 대한 연구가 계

속되고 있다.[34]

루터의 발전의 정확한 연대에 관계없이 공식적으로 개신교 종교개혁으로 알려졌던 정치적, 문화적, 교회적, 신학적으로 복합된 사건들이 독일 안에서 도미니칸 수도회 소속 존 테첼(John Tetzel)에 의해 주도된 면죄부 판매와 더불어 1517년에 시작되었다. 루터는 아우그스부르그에서 카에탄 추기경(Cardinal Cajetan)과의 논쟁(1518), 특히 라이프치히(Leipzig)에서 요한 에크(Johann Eck)와의 계속되는 논쟁 속에서 '신앙'(하나님을 신뢰함)과 '성경'을 교회를 위한 두 개의 개혁원리로 여기게 되었다. 그리고 루터는 열정적으로 교회개혁을 위해 전념했다. 1518년과 1520년 사이에 비텐베르크대학의 커리큘럼은 성경적이며 인문주의자들의 지침에 따라 개선되었다.[35] 또한 그는 16세기 가장 위대한 학문적 작품을 만들려고 시도했다.

루터가 큰 영향력이 있는 최고의 작품들을 쓴 연대 중의 하나가 1520년이었다. 그 해에 나온 중요한 작품들은 『선한 사역에 관한 설교』, 『독일 기독교 귀족에게 고함』, 『기독교인의 자유에 관하여』, 『교회의 바벨론 포로』 등이다. 『교회의 바벨론 포로』에서는 성례전이란 하나님의 은혜의 약속을 덧붙인 표징이라는 것을 논증함으로써 중세 후기 교회가

---

34 Luther가 종교개혁을 하려고 했던 날은 "일찍"(1517년 이전) 인가, 아니면 "늦게"(1517년 이후)인가? 이에 관한 저명한 연구나, 근대 개신교와 로마 가톨릭과의 논쟁에 관한 2차적인 연구는 거의 관찰할 수 없다. 이 연구의 입문을 위해서는 Edward의 "Luther's Biography," 10-12를 보라. 특히 중요한 전작물로는 Bernard Lohse, ed., *Der Durchbruch der reformatischen Erkenntnis bei Luther*(Darmstadt: Wissenschaftliche Buchgesellschaft, 1968)와 *Der Durchbruch der reformatischen Erkenntnis bei Luther-Neure Untersuchungen*(Stugart: F. Steiner Verlag Wiesbaden, 1988)을 주목하라.

35 2차 연구에 이르는 입구와 변화의 요약을 위해서는 Ozment의 *Age of Reform*, 309-14를 보라.

취했던 바로 그 성례적 본성을 공격하였다. 성례적인 체계, 은혜와 믿음의 균형 면에서 중세교회는 바벨론에 의해서가 아니라 성례전들의 남용을 행사했던 교황에 의해서 유랑의 길로 걸어간 것이었다.[36]

『교회의 바벨론 포로』의 주제는 성례들의 **적절한 사용**(proper appropriation)이었다. 루터는 주의 만찬에 관한 논의를 시작하면서 다음과 같이 주장했다.

> 하나님의 약속이 있는 곳에 모든 사람들은 그들 자신들의 자리에 서 있어야만 한다. 그들 자신의 개인적인 믿음이 요구된다. 모든 사람은 자기 자신을 위해 해명해야 할 것이다. 그리고 마가복음 마지막 장에서 "믿고 세례를 받는 사람은 구원을 얻을 것이요, 믿지 않는 사람은 정죄를 받으리라"고 언급하고 있는 것과 같이 그들 자신이 자신들의 짐을 져야만 한다.[37]

세례에 관하여 루터는 다음과 같이 말했다.

> 세례는 구원에 이르는 길로 돌아서는 일에 당신이 거절하여 절망하지 않는 한, 결코 헛된 것이 아니다. 참으로 당신은 당분간 세례의 표징으로부터 방황할 수 있다. 그러나 그 표징은 비효율적인 것이 아니다. 그래서 당신은 성례전적으로 한 번 세례 받는다. 그러나 당신은 계속적으로 죽고, 계속적으로 살면서 믿음으로 계속 세례를 받아야 한다.[38]

---

36 중세교회에 있어서 은혜와 성례에 대한 토론의 시작과 중세 성례제도에 대한 Luther의 반응에 대해서는 Ozment의 *Age of Reform*, 22-42, 231-39를 보라.
37 W.A. 6.497-573; 521.20-25; L.W. 36.49에 있는 『교회의 바벨론 포로』를 보라.
38 W.A. 6.535.8-11; L.W. 36.69.

또한 루터는 서품성사, 견진성사, 고해성사, 혼인성사, 종부성자 등을 통해 성례들 안에 포함되어 있는 복음의 약속들을 사용함으로써 어떻게 사람이 성례들을 사용하는가를 설명했다. 그는 "모든 성례들이 믿음을 제공하기 위해서 제정되었다"고 단언했다.[39]

『교회의 바벨론 포로』에서 올바른 성례전적 구조는 성례를 받고 있는 사람에 의해 신뢰받는 외적인 표지에 덧붙여져 하나님의 약속이 된다고 루터는 주장했다. 한편으로는 이 성례의 중요성이 하나님의 직접적인 약속의 말씀(direct word-of-promise)이 되었고, 또 다른 한 편으로는 믿음은 어떤 성례전적 개념들을 믿는다는 것보다 적절히 하나님을 신뢰하는 것이었음을 의미했다.[40] 루터가 『소 신앙교육서』(Small Catechism. 역주: 여기

---

39 "Omnia sacramenta ad fidem alendam instituta," W.A. 6.529.36; L.W. 36.61.

40 1519년 에세이 The Holy and Blessed Sacrament of Baptism에서 Luther는 주장했다. "그러므로 사람들은 거룩한 성례전에서 세 가지, 즉 표징, 의미, 그리고 믿음을 보아야 한다"(W.A. 2.727.23-25; L.W. 35.29-30). 의미-표징-믿음이라는 3원소(triad)를 유의하라. 의미는 믿기 위해 있는 것이다. 그리고 Luther는 이 의미를 "죄에 대해 죽고 하나님의 은혜 안에서 부활하는 복된 것이다. 그래서 죄 가운데 잉태되고 태어나는 옛 자아는 거기에 뽑혀지고, 은혜 가운데 태어난 새 자아는 나와서 일어난다"라는 것으로 묘사했다(W.A. 2.727.30-33; L.W. 35.30). 이것은 Babylon Capacity보다 1년 앞선 Luther의 세례신학의 단계였다. 엄격히 말해서 믿음의 목적은 하나님의 은혜의 결과를 묘사하는 복합적 개념이었다. Luther는 Babylon Capacity를 출판하면서 믿음의 객관성이 하나님의 은혜로 주시는 선물이었다는 것을 보았던 것이다.
Luther의 세례신학에 관한 에세이를 위해서는 Ernst Bitzer, "Die Entdeckung des Sakraments durch Luther," Evangelische Theologie 17(1957): 64-90; idem, Fides ex auditu: Eine Untersuchung über die Entdeckung der Gerichtigkeit Gottes durch Martin Luther, 2d ed. (Neukrichen Kreis Moers: Verlag der Buchhandlung des Erziehungsvereins, 1961); Martin Ferel, Gepredigte Taufe: Eine homilitische Untersuchung zur Taufpredigt bei Luther (Tübingen: J. C. B. Mohr[Paul Siebeck], 1969); Grönvik, Taufe; Werner Jetter, Die Taufe beim Jungen Luther (Tübingen: J. C. B. Mohr[Paul Siebeck], 1954); idem, review of Die Taufe Theologie Martin Luthers, by Lorenz Grönvik, in Luterische Rundschau 19(1969): 249 등을 보라.
Luther와 유아세례를 위해 Rudolf Lutterjohann, "Die Stellung Luthers zur Kindertaufe," Zeitschrift für systematische Theologie 11(1934): 188-224를 보라. Lutterjohann보다 앞선 2차 저자들에 관한 논의를 위해 Karl Brinkel, Die Lehre Luthers von der fides infantium

서 『소 교리문답』이라고 번역하지 않은 이유는 카테키즘의 본래 뜻은 교리문답이라는 뜻보다는 신앙교육서를 가리키기 때문임)를 썼을 때(1529), 주의 깊게 이런 모든 논제들을 식별했다. 이 책 제2부 세례에 관한 내용에서 그는 세례의 효과를 다루었다. 그리고 제3부에서는 이렇게 말했다.

이런 효과들을 산출하는 것은 물이 아니라 물과 연관된 하나님의 말씀이다. 하나님의 말씀에 기초한 우리의 믿음은 물과 연관되었다. 왜냐하면 하나님의 말씀이 없는 물은 세례가 아니라 단순히 물에 불과하기 때문이다.[41]

루터가 네 번째 부분과 마지막 부분과 함께 이 부분(제3부)을 따랐던 이유는, 매일 옛 아담을 없애고 매일 새로운 자아가 하나님의 앞에 살기 위해 "깨끗해지고 의롭게 일어서도록" 세례의 중요성을 묘사하기 위한 것이었다.

좀 더 상세한 것이기는 하지만 루터는 비슷한 방식으로 『대 신앙교육서』(Large Catechism)에서 세례의 이러한 관점들을 묘사했다. 그는 어거스틴을 인용하면서, "말씀이 물 또는 자연적인 요소에 더해졌다. 이것이 성례를 만드는 것이다"라고 말했다.[42] 그러므로 믿음만이 물에 부착된

---

bei der Kindertaufe (Berlin: Evangelische Verlagsanstalt, 1958), 9-14를 보라. 또한 Paul Althaus, "Martin Luther über die Kindertaufe," *Theologische Literaturzeitung* 3(1948): 705-14; P. Molwitz, "Luther's Lehre von der Kidertaufe," *New Kirchliche Zeitschrift* 38(1917): 359-72; Jaroslav J. Pelikan, "Luther's Defense of Infant Baptism," in *Luther for an Ecumenical Age*, ed. Carl S. Meyer(St. Louis: Concordia Publishing House, 1967), 200-218; von Geusau, *Lehre von der Kindertaufe*, 23-27, 39-49를 보라.

41 『소 신앙교육서』(*Der kleine Catechismus*, W.A. 30'.239.425); Theodore G. Tappert ed., *The Book of Concord: The Confessions of the Evangelical Luthern Church*(Philadelphia: Fortress Press, 1959), 4.9-14(349)에 주어진 것을 배치하고 번역했음.

42 "Accedat verbum ad elementum et fit sacramentum," 『대 신앙교육서』(*Deudsche*

말씀을 사용할 수 있다. 말씀에 대한 믿음의 반응은 물을 세례의 유익들 (benefits)과 함께 제공해 준다.[43]

하나님의 약속-표징-믿음, 이 삼자관계는 루터의 고전적인 성례 구조가 되었으며 거의 모든 종교개혁의 성례신학, 즉 루터교회와 개혁교회의 교회론에 의한 성례신학에 영향을 끼쳤다. 제1장에서는 루터의 1526년 세례예식과 그의 유명하고 영향력 있는 홍수기도(Flood Prayer)를 분석했다. 거기에는 지금 이 예식과 기도가 얼마나 분명히 루터의 세례신학을 반영하고 있는가를 정확히 알 수 있다. 그것의 구조와 내용을 통해 예식과 기도는 은혜의 하나님 앞에 설 수 있도록 해주는 삶이나 혹은 죽음을 선택하게 해주는 기독교인의 삶의 중심적인 자료(datum)를 보여 주고 있다. 여기에 하이코 오버만(Heiko Oberman)의 해석이 적절한 것으로 보인다.

> 루터가 바로 하나님에 대한 추상적인 질문을 사상과 행동, 영혼과 몸, 사랑과 고통을 통해 달성하는 전체 인류에 관계하는 전체적인 문제로 변형시킴으로써 널리 알려졌고 이해되었던 한 사람의 종교개혁자가 되었다는 것을 깨닫는 것은 중요한 문제이다.[44]

만약 세례가 표징(sign)에 부착된 하나님의 은혜의 약속에 따른 외부적인 표징이라면, 그 세례는 언제 믿음이 그 표징에 부여된 은혜의 약속을 이루었는가, 유아세례에 관하여 무엇을 이루었는가? 유아세례에 관한

Catechismus, Der Große Catechismus), W.A. 30'.123-238; Tappert, Book of Concord, 4.17-18(438).
43 Tappert, Book of Concord, 4.23-34(439-41).
44 Oberman, Luther, 151.

루터의 견해는 세 시기로 나누어 볼 수 있다.[45]

첫째, 그는 1518년부터 1520년까지 장고하게 알려진 중세교회의 개념을 유지했다. 유아는 "다른 사람의 믿음"(fides aliena)으로 세례를 받았다. 그것은 교회의 믿음과 유아의 부모들의 믿음을 의미했다. 그런 믿음은 세례의 시행을 보증하기에 충분했다. 그러나 유아 자체의 미래적인 믿음을 설명하기에는 충분하지 않았다. 재세례파의 강력한 도전이 1520년대 중반에 있었을 때, 루터의 세례에 관한 입장은 발전하기 시작했다.

둘째, 그는 1525년부터 1526년까지 유아 자신의 믿음과 그런 믿음으로 세례 받는 것에 대해 말하기 시작했다. 예를 들어, 세례 요한의 이야기는 유아들이 믿음을 가지고 있었음을 증명했다. 왜냐하면 마리아의 인사를 그 어머니 엘리자베스가 들었을 때 요한은 "그의 어머니의 태중에서 뛰놀았다"라고 했기 때문이다. 비록 유아들이 믿음을 가지고 있다고 하더라도, 그 부모의 믿음과 교회의 믿음은 아이들의 믿음을 성장시키도록 도와주었다.

셋째, 그는 1528년과 1529년에 유아세례에 대한 첫 번째 입장을 발전시켰다. 유아세례에 관한 예전의 입장을 부인하지 않고, 대신에 유아세례를 하나님의 은혜로운 약속에 기초를 두었는데, 이 약속은 그 표징으로 덧붙여진 것이다. 그리고 그 표징과 함께 세례 받도록 하신 하나님의 명령에 기초한 것이었다. 그는 세례 후보자의 믿음 때문에 세례 받아야만 한다는 것을 부정했다. 그는 재세례파와 같은 과격파 종교개혁자들이 믿음의 필요성을 요구했으며, 또한 믿음 없이 성례도 없다는 것을 선

---

45 Luther의 유아세례에 대한 발전된 입장에 대해서는 Brinkel, *Lehre Luthers*를 보라. 나의 토론은 Brinkel의 글 뒤에 나온다.

언했던 것을 본 후, 『대 신앙교육서』와 특히 『재세례에 관하여』(1530)에서 기본적인 입장을 언급했다.[46] 재세례파는 유아로 세례 받은 자들은 전혀 세례 받지 않은 것이며, 자신들의 신앙을 고백했을 때에만 세례를 받아야 한다고 주장했다.

루터는 『세례에 관하여』에서 재세례파의 오류를 지적했다. 즉 그들이 세례를 인간의 믿음 안에 기초하였다는 것이다. 믿음이 있어야만 한다는 것은 사실이었지만, 인간의 믿음이라는 실존에 기초한 믿음은 중대한 실수를 범하는 것이라고 지적했다.

첫째, 그는 "세례란 하나님의 행위이다"라고 말했다. 우리의 믿음은 흔들리기 쉬우며 견고하지 않다. 하지만 세례 받으라는 하나님의 약속과 명령은 항상 유효하게 남아 있다. 세례가 부정확하게 시행된다 할지라도, 세례는 여전히 세례이다. 왜냐하면 믿음이 이스라엘에 의해 그 약속을 부정하지 못하는 것 이상으로, 우리의 부정확함으로 인하여 하나님의 사역을 부정할 수 없기 때문이다.[47] 루터는 다음과 같은 학문적인 격언을 말했다. "남용은 본질을 없애지 못한다. 그보다는 본질을 세워준다."[48]

둘째, 루터는 믿음 그 자체는 증명될 수 없다고 주장했다. 그는 재세례파에 도전하면서 "지금 그들은 자신들이 믿고 있는지, 그렇지 않은지를 사람의 마음으로 볼 수 있는 신들처럼 되어가고 있다"라고 했다. 그는 다음과 같이 말했다. 어떤 사람의 고백을 받는다는 것은 "이것도 아니고 저것도 아니다."

---

46 *Concerning Rebaptism*, W.A. 26.144-74; L.W. 40.229-62.
47 W.A. 26.159.25-166.8; L.W. 40.246-54.
48 "Abusus non tollit subatantiam, imo confirmat substantiam," W.A. 26.159.36-37; L.W. 40.246.

왜냐하면, 그 본문은 "신앙고백하는 누구든지"라고 하지 않고 "믿는 사람은 누구든지"라고 하기 때문이다. 어떤 사람이 신앙고백을 하는 것은 그들의 믿음을 알 수 있게 하는 것이 아니다. 그러므로 세례 받은 사람의 믿음 안에다가 세례에 기초를 두는 사람 누구나 세례를 베풀 수 없다. 심지어 당신이 하루에 백 번 세례를 베푼다고 하더라도 결코 당신이 세례 받는 그나 그녀가 믿고 있다는 것을 알아서가 아니다.[49]

로렌츠 그뢴빅(Lorenz Grönvik)은 루터의 세례신학을 분석하는 데 도움 되는 내용을 대화극으로 다양한 반대의견들과 함께 내 놓았다. 그뢴빅은 루터에게는 하나님의 약속의 말씀과 인간의 믿음은 그의 세례사상에 밀접하게 연관이 되어 있다고 보여주고 있으며, 또한 하나님의 약속인 그 약속은 약속의 제도화된 표징(sign)임에 틀림없다는 점을 보여주고 있다. 그러므로 루터의 세례신학에는 이중적인 관점이 있다. 표지는 한 관점이며, 그리고 그 약속을 붙잡고 있는 인간의 믿음은 표징이란 다른 관점이라는 점을 통해 제공했다.[50]

심지어 직면한 의문점이 다양하다 할지라도, 루터는 항상 이 이중적인 관점을 유지했다. 『교회의 바벨론 포로』(1520)에 나타난 주제는 사람의 삶을 통한 세례언약을 정당하게 사용하는 것이다. 그래서 그는 신앙고백, 고해성사(penance), 그리고 수도원의 서약 등을 제2의 세례로 논의했다. 5년이 지나고 토마스 뮌처, 안드레아스 칼스타트, 예언자 츠비카우(Zwickau prophets), 그리고 츠빙글리 등으로부터 도전을 받은 후, 그 질문은 세례의 올바른 사용으로부터 세례자체의 본질로 옮겨졌다. 어느

---

49 W.A. 26.154.17-25; L.W. 40.239-40.
50 Grönvik, *Taufe*, 94-102.

시점에서도 루터는 다른 것을 희생해서 세례의 한 관점을 유지하지는 않았다. 그는 『교회의 바벨론 포로』에서 표징을 부정하지 않고 믿음-약속의 관계를 유지했다. 그리고 후기 루터는 성례전에서 신앙-약속의 관계를 너그럽게 보아주는 대가로 외적인 표징을 유지하지 않았다. 그가 주의 깊게 유지했던 이중적인 관점은 『대 신앙교육서』에 분명히 볼 수 있다. 거기에서 두 관점은 주의를 받고 있다. 그러므로 『교회의 바벨론 포로』(1520)와 『대 신앙교육서』(1529) 사이에 근본적인 변화 없이 심지어 1520년 이후의 작품을 통해서라 할지라도 그가 다룬 의문점 때문에 외적인 표징이 더욱 강조되었다.[51]

간략히 말하면, 1520년 로마교회에 대한 의문점은 어떻게 올바로 세례를 승인하는가(appropriate)하는 것이었다. 1527년에 이 의문에 대하여 루터는 재세례파와 대화하는 가운데 세례자체의 본질에 관한 것이라고 답변했다. 초기 루터가 표징에 의해 대표되는 하나님의 약속 안에서 믿음을 강조했던 반면에(예를 들어, 『교회의 바벨론 포로』), 후기 루터는 하나님의 불변하신 약속의 운반자로서 표징자체를 강조했다(예를 들어 『재세례에 관하여』).[52]

---

51 Ibid., 101-31, esp. 101-6, 130-31, 127-29, 240.
52 Ibid., 102. "1520년 Luther의 토론에서 중요한 질문은 어떻게 사람이 성례전을 올바로 사용할 수 있는가에 대한 것이었다. 1525년과 그 이후에, 광신자의 출현은 Luther에게 성례전이란 무엇인가를 가장 중요한 논쟁점으로 삼게 했다." 동일한 관점이 Luther의 설교에 나타난 세례를 연구했던 Ferel에 의해 다뤄진다. Ferel은 Luther가 다양한 반대자들과 대항하여 포괄적으로 말하고 있었다는 것을 보여준다. 그 과제는 특별한 상황에 관하여 전체를 이해해야 한다는 것이다. Luther는 근본적으로 하나님의 일과 우리의 일을 구분하였다. 하나님의 일이란 성례와 말씀에 있어서 중심에 놓여 있어야 하며, 매일 새로운 삶으로 부활을 가져다주는 것이었다. 이에 반하여 우리의 일이란 매일의 응답으로서 하나님의 일을 따라야만 하는 것이다. 세례에 관하여, (우리는 누구나) 세례에 이르는 한 요소(element)로써 신앙의 필요성과 올바른 세례를 위한

3. 마틴 부처(Martin Bucer)

부처는 1491년 알사스(Alsace)에 있는 셀레스타트(Sélestat, Schlettstadt)라는 도시에서 가난한 노동자 가정에서 태어났다.[53] 그는 그 도시의 라틴어학교에서 배우기 시작했던 교육을 계속하기 원하면서 도미니칸 수도회에 입회했다. 그는 하이델베르크대학에서 연구하였는데, 그것은 그의 신학과 인문주의의 관심을 더해주었다. 그는 거기서 유명한 1518년 논쟁에 참여했다. 그는 자신이 루터에 동의하고 있음을 발견했다. 하이델베르그대학을 마친 후, 부처는 교구로 돌아가 교구 성직자(secular priest)가 되었으며 결혼을 했다. 비센부르크(Wissenbourg)에서 그의 종교개혁 노력이 그의 출교로 결말나자, 그는 1523년에 스트라스부르크(Strasbourg)로 이주했다. 그곳은 전에 아버지가 수년 동안 이주하여 살았던 곳이었다.

그 해에 부처는 성 아우렐리언(St. Aurelien) 교회의 목사로 임명되었다.

본질적(constitution)요소로서 신앙의 부적당함(inappre priateness)을 구분해야만 한다. 신앙이 없는 곳에는 "세례의 무익"보다는 "올바른 세례"가 없다. 이와 관련하여 제세례파의 실수는 인간 믿음의 잘못된 보증, 즉 "의로운 행위들"의 행위 안에 세례의 기초를 둔 것이었다. Ferel, *Gepredigte Taufe*, 218-41.

53 Bucer의 전기를 위해 *Martin Greschat, Martin Bucer: Ein Reformator und seine Zeit*(Munich: Verlag C. H. Beck, 1990); Hasting Eells, *Martin Bucer*(New Haven, Conn,: Yale University Press, 1931)를 보라. 도서목록 자료에 관한 개론을 위해 Brian G. Armstrong, "Calvin and Calvinism," in Maltby, ed., *Reformation Europe*, 92-93을 보라. Bucer에 대한 짧은 개론을 위해서는 Martin Greschat, "Das Profil Martin Bucers," 9-17 in *Martin Bucer and Sixteenth Century Europe*, 2 vols. ed. Christian Krieger and Marc Lienhard (Leiden: e. j. Brill, 1993), 9-16을 보라. Bucer의 스트라스부르크 사역을 위해서는 Miriam Usher Chrisman, *Strasbourg and the Reform: A Study in the Process of Change*(New Haven, Conn.: Yale University Press, 1967)을 보라. 영국에서의 그의 사역을 위해서는 Constantin Hopf, *Martin Bucer and the English Reformation*(Oxford: Basil Blackwell, 1946)을 보라. Krieger와 Lienhard 안에 있는 넓은 범위의 모음집 eds., *Martin Bucer*, 특별히 Bucer가 다른 개혁자들과 관계를 맺었던 것에 관한 에세이들을 보라(1;343-470).

그리고 십여 년 동안 그는 스트라스부르크에서 종교개혁의 진척을 위해 일했다. 1530년대에 그는 유럽대륙 두루 신학논쟁과 정치적 조언에 적극적으로 참여했다. 스트라스부르크에서의 그의 노력은 스트라스부르크 교회의 조직과 훈육에 초점을 두었다. 1540년대에 그는 신학과 정치적인 영향력을 널리 발휘함으로써 지도적인 개신교 신학자와 정치인의 한 사람이 되었다. 1549년에는 스트라스부르크에서 찰스 5세가 군사적인 힘으로 아우그스부르크 임시신조(Augsburg Interim)를 강제로 통과시키자, 부처는 잉글랜드로 떠났다. 거기에서 그의 중재기질과 신학에 대한 접근이 토마스 크랜머(Thomas Cranmer)와 니콜라스 리들리(Nicholas Ridley)의 개혁노력과 잘 어울렸다. 부처는 캠브리지대학에서 신학교수가 되었다. 그는 『공동기도서』(Book of Common Prayer)를 만들었다. 그리고 『그리스도의 왕국에 관하여』라는 책을 썼는데, 이 책은 복음에 따라 신학적이며 사회적인 개혁을 위한 절차를 약술한 것이었다.

기이하게도 스트라스부르크의 종교적, 정치적 위상은 부처 자신의 신학적인 노력과 같았다. 그는 일반적으로 츠빙글리와 남쪽의 스위스, 그리고 루터와 북쪽에 이르는 독일지역 사이의 중재적인 위치를 차지하고 있었다. 20세기 후반부 동안에 "부처 르네상스"에 나타난 그에 관한 2차 문헌은 전형적으로 중재적이며, 실용적이며, 평화주의적이며, 교회의 교화에 목적을 둔 것으로 그의 신학적 접근을 극진히 칭찬했으며, 진정한 교회연합적이며 보편적 교회에 방향설정이 되어 있었다.[54] 더욱 최근

---

54 예를 들어, Eells, *Martin Bucer*, 415-22; W. P. Stephens, *The Holy Spirit in the Theology of Mantin Bucer*(London: Cambridge University Press, 1970), 5-10; Chrisman, *Strasbourg*, 85-88을 보라. Reinhold Friedrich, "Martin Bucer-Ökumene im 16.257.68. Jahrhundert," in Krieger and Lienhard, eds., *Martin Bucer*, 257-68의 균형 잡힌 평가와 비교하라.

에 그레샤트(Greschat)는 부처의 교회적이며 신학적인 생각이 그의 대화적인 접근에 근거를 두고 있다는 점을 논증했다. 신학, 윤리학, 그리고 교회와 시민사회의 유익을 위해 신학적인 통찰력이 상호간의 지지, 도전, 대화 속에 서있는 곳에 나타났다.[55]

젊은 부처가 스트라스부르크에 이주했을 때, 대화와 공동체 교화를 위해 그의 신학적인 재능은 재빠르게 새로운 복음적인 신앙의 대표로서 사용되었다.[56] 그가 1523년 5월에 스트라스부르크에 들어왔지만, 1524년 12월 말경에 비로써 『기초와 이유』(Grund und Ursach)를 출판했다. 팔라티네이드(Palatinate)의 공작 프리드리히(Count Frederick)에 헌정한 이 문서는 스트라스부르크에 있는 복음적인 개혁을 위하여 몇 가지 목적을 가졌다. 이 문서의 마지막 부분에서 지도적인 스트라스부르크 종교개혁자들의 서명이 있었다. 여기에는 유명한 인문주의자들을 포함하여, 히브리어 학자 볼프강 카피토(Wolfgang Capito, 1478-1531), 그의 학생이며 지속적인 동료 카스파 헤디오(Caspar Hedio, 1494-1552), 그리고 대중적인 설교자 마티아스 첼(Mattias Zell, 1477-1548) 등이 있었다.

『기초와 이유』에서 그의 세례신학적인 관점은 루터와 츠빙글리의 초기 세례 저작에서 볼 수 있는 성례의 올바른 시행을 위해 동일한 관심을

Reinhold Friedrich는 에큐메니즘에 관한 Bucer의 영적인 영역을 주목하고 있다. 또한 이 실용주의적이고 에큐메니칼적인 Bucer의 관심을 성령의 사역이라는 현장 안에 두고 있는 Gottfried Hamman의 에세이, "La Démarche théologique de Bucer," in Krieger and Lienhard, eds., *Matin Bucer*, 71-81를 보라.

55 Greschat, Martin Bucher, 257-60.
56 1520년부터 1534년에 이르는 스트라스부르크 이야기에 대해서는 Chrisman, *Strasbourg*, 81-232를 보라.

보인다.[57] 예를 들어, 당시 세례는 구원을 산출하지 않았다. 그리고 아이들은 세례를 받지 않았다. 왜냐하면 "성유, 기름, 소금, 촛불들, 그리고 거룩해진 물" 등이 그들을 구원하기 때문이다. 이러한 중세 후기의 미신 행위는 모든 성화의 근원들이었던 그리스도의 희생을 모욕했다.[58] 이와는 다르게 아이들은 세례를 받아야만 하였다. 왜냐하면 그들은 이미 언약을 소유하였기 때문이며,[59] 하나님과 그리스도에 의해 사랑을 받았기 때문이다.[60] 세례는 단지 성령과 인간의 믿음을 통해 구원에 이르는 효능(effect)을 가진다.[61]

1530년대에 이르러, 부처는 성령과 인간의 믿음을 통한 세례의 효능(effect)보다는 세례의 성례적인 적법성(validity)을 위한 근거들을 강조하기 시작했다. 1530년 그와 카피토는 스트라스부르크, 콘스탄스, 메밍겐, 그리고 그 해에 아우그스부르크 국회에 출석했던 린다우의 시민들을 위해 신앙고백을 만들었다. 『네 도시의 신앙고백』(*Tetrapolitan Confession*)은 성찬에 있어서 성례전적인 임재에 관해 루터파와 츠빙글리파의 입장 사이에 타협을 시도했다. 결국 이것은 이 문제에 관해 어느 쪽도 만족하

---

57 길게 살펴본 대로, 여기서 Bucer는 Zwingli가 자주 그런 것처럼 성령세례와 물세례를 날카롭게 구분하였다. Johann Martin Usteri, "Die Stellung der Strassburger Reformatoren Bucer and Capito zur Tauffrage," *Theologische Studien und Kritiken* 3(1884): 456-63, 487-90, 517, 521을 보라. 또한 René Bornert, La Réforme protestante du culte a *Strasbourg au XVI siècle*(1523-1598) (Leiden: E. J. Brill, 1981), 339-49를 보라. René Bornert는 Zwingli의 이원론(dualism)으로부터 통합된 표징-실제 세례신학에 이르기까지 Bucer의 운동에 관해 좋은 분석을 해주었다. 또한 Stephens의 *Holy Spirit*, 221-37도 그렇다.
58 Martin Bucer, *Martin Bucers Deutsche Schriften*(Gütersloh: Gütersloher Verlaghaus Gerd Mohn, 1960), 1.254.16-20, 1.256.39-257.31(이후에는 이 참고를 BDS, 권수, 페이지, 인용줄 순서로 표기함).
59 BDS 1.254.23-30.
60 BDS 1.254.30-38.
61 BDS 1.260.31-39.

지 않았다. 더욱 넓게 이 신앙고백은 성례들의 합법성에 관하여 고전적인 어거스틴주의의 입장을 취했다.[62] 성례는 "어거스틴이 말한 바와 같이 불가시적 은혜에 대한 가시적 표징"이었다.[63] 세례는 참으로 구원할 수 있다. 왜냐하면 세례는 하나님의 구원하는 계약의 표징이기 때문이었다. 즉 아브라함과 함께 맺었으며 그의 씨를 통해 확대되었으며, 그리고 모세로부터 기독교인 유아들을 통해 모든 하나님의 백성들과 언약하는 그 안에 포함하고 있는 것이다.[64] 마찬가지로, 그는 『변증』에서 어거스틴의 견해에 동의하면서, 말로써 같은 복음을 제공하는 것은 역시 표징들을 통해 가시적으로 제공하는 것이라고 말했다.[65] 부처가 성례의 적절한 사용의 문제에 대해 말하는 것과 성례가 무엇을 말하지 않는 것을 논의하기를 더 이상 필요로 하지 않았을 때, 그는 성례적 합법성의 오랜 전통에서 있었으며 하나님의 은혜가 외적인 표징에 포함되어 있었다고 주장했다.

3년 후, 부처는 그의 소책자 『유아세례에 관하여』에서 같은 논쟁을 이어갔다. 거기에는 유아세례를 옹호하는 내용이 적혀 있었다.[66] 부처의 신학적 반대자는 베르나르드 로트만(Bernard Rothman)이었다. 부처는 그

---

62 『네 도시의 신앙고백』(*Tetrapolitan Confession*)의 독일어판과 라틴판의 비평본문은 BDS 3.13-185에서 찾아볼 수 있다. Bucer의 신앙고백을 위한 변론은 BDS 3.186-318에서 찾아볼 수 있다.
63 BDS 3.121.6-8.
64 BDS 3.120-23.
65 BDS 3.272.38-273.3; 또한 3.273.26-274.10에 있는 세례에 관한 그의 해설을 보라.
66 *Quid de baptismate infantium iuxta scripturas Dei Sentiendum*(Strasbourg: Matthias Apiarius, 1533). 나는 이 텍스트를 불행하게도 입수할 수 없었다. 이 저작이 인용되고 라틴어 부분이 주어진 것은 Stephens, *Holy Spirit*, 229-30; Old, *Reformed Baptismal Rite*, 128-29; Bornert, *Réforme protestante*, 346-47에 있는 내용이다.

를 결코 만난 적이 없었으나, 그의 신학적인 재능을 존중했다. 로트만은 아직 그곳에 거하고 있는 카스파 슈벵크펠트(Caspar Schwenkfeld))뿐만 아니라 재세례파 공동체를 스트라스부르크에 결집시켰다. 로트만이 설교했던 그 교회를 제외하고는 모든 교회가 닫혀져 있었던 뮌스터에서 로트만이 유아세례에 관해서 그렇게 날카롭게 의문을 제시했을 때, 부처는 뮌스터 시에 제출했던 그 자신의 『세례 소책자』를 가지고 중재했다. 로트만은 무명의 사람으로 남아 있었다.[67] 부처는 "성령을 통한 우리의 중생과 새로움은 우리에게 말씀과 물로 씻음을 통해 계시해 주고 제공하며 보여준다"라고 주장했다.[68] 세례 그 자체는 "하나님의 선하신 뜻의 약속의 표징이다." 그것은 아브라함(창 17장)과 그의 씨, 이제 교회(창 3장)와 그의 자녀들을 포함하여 이들에게 주신 언약 안에서 주어졌다.[69]

부처는 뮌스터에서 그의 짧은 에세이가 그곳에서 일어났던 질문들을 다루는 데 매우 부적절했다는 사실을 깨달았다. 그래서 처음부터 그는 세례와 성례들에 관한 보다 상세한 답변을 하려고 했다. 1534년에 그는 뮌스터에 필요한 상세한 답변을 제공하기 위해서 『성경의 답변』을 출판했다.[70] 거기에서 그는 은혜의 언약, 그리고 기독교인의 세례와 함께 할례(창 17장)의 표징을 밀접히 연결하였다. 세례가 그런 것처럼, 할례는 죄에 대해 죽는 것을 의미했다. 이 두 가지는 하나님에 의해 이미 주어

---

67 BDS 5.111-17에 있는 서론적인 에세이를 보라.
68 Bornert, *Réforme protestante*, 346를 보라. 또한 Stephenes, *Holy Spirit*, 229를 보라.
69 "Esse signum promissionis diuinae benevolentiae…," Old, *Reformed Baptismal Rite*, 128n50을 보라.
70 *Bericht auß der heyligen geschrift von der recht gottseligen anstellung und haußhaltung Christlicher gemeyn, Eynsatzung der diener des worts, Haltung und brauch der heyligen Sacramenten*(Strasbourg: Matthias Apiarius, 1534). BDS 5.109-258에 있는 비평본과 이에 관한 배경에 대해서는 BDS 5.111-17에 있는 서론적인 에세이를 보라.

진 은혜의 언약으로 들어갔다.[71]

곧 이어 스트라스부르크에서 목회자들이 공동체의 형성과 재세례파의 침입에 대항하여 방어하는 새로운 신앙의 가르침을 정리하기를 원했다. 1534년 부처는 첫 신앙교육서(catechism)를 출판했다. 이 책은 스트라스부르크를 위해 신앙교육적인 관심으로 10년 간의 전통을 유지했다.[72] 그는 다시 한 번 그의 신앙교육서에서 성례전들과 세례의 합법성을 주장했다. 성례에 관해 질문("왜 그것들아 성례들이라고 불리우는가?")에 대한 그 대답은 다음과 같다. "이런 가시적 표징들 안에서(in) 그리고 함께(with) 하나님은 불가시적이며 감추어진 은혜와 그리스도 안에서 구속을 인도하시고 주신다." 조금 더 나아가 다음과 같이 질문한다. "세례가 어떻게 시행되고 있는 물과 외적인 말씀으로 성령과 함께 회복시켜줄 수 있으며, 그리스도 안에서 결합시킬 수 있고, 그리스도와 더불어 옷 입을 수 있으며, 그의 죽으심 안에서 참여하게 할 수 있는가?" 이에 대해 그는 다음과 같이 대답한다.

우리 주 예수, 우리의 대제사장이시며 구원주이신 분은 그분의 성령을 통하여 모든 것을 행하시고 이루신다. 그는 이 사역을 위해 외적인 말씀과 표징으로 교회의 목회사역을 사용하신다. 그래서 그것은 성례전 등과 거룩한 신비들(mysteria)이라고 불린다. 하나는 내적으로 그리스도의

---

[71] BDS 5.173.29-34.
[72] BDS 6/3.19-22. 이 시기 교회 권징(discipline)에 대한 Bucer의 노력에 관하여는 Amy Nelson Burnett, *The Yoke of Christ: Martin Bucer and Christian Discipline*, vol 26 of Sixteenth Century Essays & Studies(Kirksville, Mo.: Sixteenth Century Journal Publishers, 1994), 55-86을 보라; 또한 Chrisman, Strasbourg, 201-32를 보라. Bucer의 1534년 『소신앙교육서』(*Short Catechism*)의 비평본문에 대해서는 BDS 6/3.51-173을 보라.

능력을 통해서 일어나는가 하면, 다른 하나는 외부적으로 교회의 목회 안에서 나타나고 일어난다.[73]

그 후 10여 년 동안, 부처는 대체로 세례에 대해서 거의 변함없이 일관된 입장을 취했다.[74] 세례의 외적인 표징은 목회자에 의해 집례되었고, 성령을 통해 하나님에 의해 성취된 내적인 은혜로운 행위를 가리킨 것이었다. 세례 받는 사람의 믿음은 그 성례(세례)를 위해 효능을 발휘하기 위하여 필요했다. 이것이 1520년대 동안 그가 강조한 것이었다. 그러나 그 성례(세례)는 그 합법성을 위해 인간의 믿음에 의존하는 것이 아니라 은혜의 수단으로 남아있었다. 왜냐하면 세례는 하나님의 변함없으신 은혜의 약속을 의미하고 있었기 때문이다. 이것은 1530년대의 재세례파와 신령주의자에 대한 부처의 논증이었다. 하나님의 약속은 아브라함과 그의 씨(창 17장)에게 주어졌던 언약의 약속으로 주어졌다. 그것은 마치 구약의 세대의 자녀들이 언약표징(할례)을 받은 것처럼 새로운 세대에서 그들의 자녀들이 언약표징(세례)을 받도록 그들을 포함시켰다.

부처의 사상 속에 선택의 문제는 세례와 관계를 맺고 있으므로 간략히 논평할 가치가 있다. 스테반(W. P. Stephens)은 오랫동안 부처의 사상 속에 예정론이라는 주제를 연구하는 데 전념하고 있다. 그는 서론 부분에서 다음과 같이 주장한다.

> 예정 혹은 선택의 교리는 부처 신학의 전체를 형성하고 있는 주제 중 하나이다. 어느 곳에 명백히 나타나 있지 않다 하더라도 이 주제의 흔적은

---

73 BDS 6/3.72.2-4, 13-20.
74 Bornert, *Réforme protestante*, 347-49; Stephenes, Holy Spirit, 234-37을 보라.

분명히 나타난다. 부처는 한편으로 루터의 입장, 다른 한편으로 로마 가톨릭과 급진적인 반대자들과 구별되게 이 교리의 중심성과 방법을 해석한다.[75]

스데반은 예정론이 부처 신학의 "전체를 구성하며", 그래서 그의 사상에 있어서 "중심적이다"라고 말한 경우는 분명히 나타나지 않는다. 하지만 거기에는 부처의 저작들의 연구방향을 통해 예정론에 관한 참조구절이 많이 나타난다. 스데반은 부처 연구를 통해 그것을 보여주고자 했다. 예정론은 하나님의 은혜의 선물뿐만 아니라 하나님의 영광에 이르는 인간의 성화를 보증하는 것이다. 그러나 어떻게 예정론이 기독론, 교회론, 성례론, 세례론, 그리고 교회와 시민왕국 사이의 관계성을 **형성(shape)했는가**? 스데반은 이런 질문들에 대해서는 답변하지 않았다.

또한 요한네스 뮐러(Johannes Müller)는 부처의 영적인 해석학의 논의에 대한 접근방법의 배경으로 예정론 교리의 중요성과 그 교리의 존재에 한 장을 할애하고 있다.[76] 그는 부처에게 있어서 적절한 성경적 이해가 성령의 내적 선물로부터, 그리고 선택 받았던 자들로부터 주어지고 있었음을 보여주고 있다. 이러한 성경의 의미에 대한 내적이며 영적인 계발은 거듭난 자아를 위해 만들어졌다. 그래서 예정론이 성화 과정의 이 부분을 기초해 주었다. 그러나 뮐러는 스데반이 부처의 사상에서 예정론에 관하여 말하고 있는 것을 명확히 주장하지 않는다.

---

75 *Holy Spirit*, 23. 특별하게 Stephenes 저서의 첫 장 "예정"(23-41)과 제4장 "성화와 영화"(71-100)를 보라.

76 Johannes Müller, "Die prädestinatianische Bezogenheit der Exegese," in *Martin Bucers Hermeneutik*(Gütersloh: Gütersloher Verlagshaus Gerd Mohn, 1965), 184-99.

요약하자면, 부처의 사상에서 예정론에 관한 작업은 기독교인의 삶을 위한 종교적인(religious) 중요성을 지적한다. 즉 예정론이 기독교인의 삶의 시작과 끝에 근거를 두고 있으며, 영적 성장의 양육을 도와준다.[77] 어느 정도까지 부처가 신학적으로 그리스도를 위한 유기적 원리로서 예정론을 통합했는가. 교회와 성례전들은 다른 문제들이다. 아직 그런 작업은 개혁주의 전통 내에서 시도되지 않았다.

4. 요약

첫째, 츠빙글리, 루터 그리고 부처의 세례신학은 특별한 정황(contexts) 속에서 상세히 다루어졌다는 것이다. 종교개혁자들은 로마 가톨릭과 재세례파의 견해들과는 구분되게 세례의 일관된 입장을 보여주었다. 이들은 모두 다른 방법으로 은혜를 표징으로 나타내는 주관적인 인가(認可)로부터 하나님의 은혜의 제도적인 표징을 구분했다. 성례의 합법성과 효능성의 구분이 중요한 것으로 증명된 것은 어거스틴에 의해 이루어진 것이었다.

둘째, 언약 세례신학은 츠빙글리와 부처에게 중심사상이 되었다. 언

---

[77] Karl Koch, *Studium Pietatis: Martin Bucher als Ethiker*(Neukirchen-Vluyn: Neukirchen Verlag, 1962), 81-87, 특히 83쪽에 있는 해설을 비교해보라. 또한 Greschat's comments on *De Regno Christi in Martin Bucer*, 246-48을 보라. 약간의 논쟁 속에서도 Jaques Courvoisier는 *La Notion d'église chez Bucer*(Paris: Librairie Félix Alcan, 1932), 61-62에서 부처신학의 예정론 교리의 실제적인 암시를 언급하며, 바울과 어거스틴 신학이 예정론이라고 주장한다. 그래서 개혁주의 신학을 만드는 것은 근본적으로 처음부터 예정론이라고 말한다.

약 세례신학은 언약과 선택의 문제들이 세례와의 관계된 것으로 하인리히 불링거와 존 칼빈에 의해 좀 더 주의를 끌었다. 다음의 두 장에서는 두 명의 제2세대 종교개혁자들인 불링거와 칼빈의 세례사상을 연구하고자 한다. 제2장에서는 언약과 선택, 그리고 두 명의 개혁자들의 사상에서 나타난 세례에 대해 논의하고자 한다. 그리고 제3장에서는 칼빈의 목회에서 나중에 일어났던 문제와 그의 신학에서 풀리지 않은 긴장들을 나타냈던 문제점들을 살펴보고자 한다.

Baptism in the Reformed Tradition

제 2 장

종교개혁 제2세대: 불링거와 칼빈

제1장에서는 츠빙글리, 루터, 부처의 세례신학을 살펴보았다. 이들은 제1세대 종교개혁자들로서 다음 세대의 개혁자들에게 큰 영향을 끼쳤다. 이미 앞 장에서 다음을 살펴보았다.

첫째, 로마 가톨릭, 재세례파와 행한 토론에서 성례의 합법성과 효능성 사이에 구분하는 것과, 성례의 올바른 집례와 기독교인의 삶을 위한 유용성을 구분했다는 것은 중요한 작업이었다.

둘째, 역사적인 배경은 무엇이 종교개혁자들의 가르침이었는가를 정확히 분류하는 데 결정적인 것이었다. 예를 들어, 루터가 1520년에 『교회의 바벨론 포로』에서 성례들이 가지고 있던 효능의 상태에 관해 로마교회와 논쟁했다는 사실을 아는 것이 중요한 일이었다. 그는 1530년에 재세례파와 다른 과격한 개혁자들과 무엇이 성례를 합법적이게 하는가를 논쟁했다. 효능성과 합법성에 관한 유사한 논쟁이 츠빙글리와 부처, 두 사람의 세례신학에서 나타났다.

셋째, 성례신학을 살핌에 있어서 구분되지만 모순되지 않는 두 개의 방법, 특별히 세례신학을 살펴보았다. 루터는 하나님의 용서의 약속이 그 외부적 표시에 나타났다고 하는 표징-약속 신학(sign-promise theology)을 선호했다. 이에 반해 재세례파와 직접적인 접촉을 했던 츠빙글리와 부처는 언약 세례신학(covenant baptismal theology)을 선호했다. 그것은 구약언약의 자녀들을 위했던 것인 것처럼 또한 신약의 자녀들에게도 해당된다.

넷째, 거기에는 성례들과 성례들의 정의에 있어서 인간의 책임성에 관한 토론이 있었다. 성례를 집례 하는데 있어서 신실한 수용 혹은 적어도 공적으로 충성스러운 수용은 어떤 역할을 하였는가?

이 장은 두 개의 키, 제2세대 종교개혁자들에게 눈을 돌리고자 한다. 그들은 츠빙글리와 부처를 따라 개혁주의 전통의 상류에 서 있다. 첫째로는 하인리히 불링거(1504-75)의 세례사상을 연구하며, 둘째로는 존 칼빈(1509-64)의 세례신학를 연구하고자 한다.

1. 하인리히 불링거(Heinrich Bullinger)

불링거는 브렘가르텐(Bremgarten, 취리히의 서쪽)의 사제(priest)인 아버지 하인리히 불링거의 다섯 아들 가운데 막내로 태어났다. 그의 어머니 안나 비더켈(Anna Wiederkehr)은 브렘가르텐의 제분업자의 딸이었다.[1] 그는 쾰른(Cologne)에서 학사학위(1519)와 석사학위를 받았다(1922).

---

[1] Bullinger에 대한 다년간의 전기는 Carl Pestalozzi, *Heinrich Bullinger: Leben und ausgewählte Schriften*(Elberfeld: R. L. Fridrechs, 1858)이다. 이 작품을 이어서 Fritz

그는 신학에 관심을 기울였고 초대교회 교부들뿐만 아니라 루터와 필립 멜랑히톤의 저작들을 읽었다. 학위 취득 즈음에 불링거는 이신칭의 (justification by faith)에 대해 새로운 이해를 하게 되었다. 인문학 석사학위를 취득한 다음 해에, 그는 카펠(Kappel)에 있는 기독교인 수도원에서 수석교사로 직업을 얻게 되었다. 그곳에서 그는 신약성경을 가르쳤다. 2년 안에 그 수도원은 미사를 폐지했다. 그리고 1526년에 주의 만찬은 종교개혁의 방식대로 거행되었다.

불링거는 1523년에 취리히로 갔다. 그곳에서 츠빙글리를 만났다. 두 사람은 시상을 공유했던 모임을 가졌는데, 이 모임에서 서로의 공통성을 충분히 발견했다. 이것은 1531년 츠빙글리가 죽을 때까지 지속되었다. 불링거는 1525년에 있었던 첫 번째 취리히 논쟁에 참여했으며, 두 번째와 세 번째 취리히 논쟁에서 서기로 봉사했다.

1531년 10월 가톨릭 군대가 스위스 카펠에서 승리한 후, 불링거와 그의 가족들은 브렘가르텐으로 피난을 갔다. 그곳에서 11월 취리히에 이르기까지 목사로 있었다. 한 달 안에 그는 취리히교회의 수석목사가 되었다. 그리고 카펠의 패배로 황폐되었던 도시를 안정시키고 생기를 불어넣는 일에 착수했다. 이후 40년 동안 불링거는 취리히 시의 수석목사와 신학자로서 활동하면서 종교적이고 신학적인 삶을 감독했다.

마지막 40년 동안의 불링거는 자신과 츠빙글리 간의 신학적 차이를 밝혀주었으며, 자신의 신학적 통찰력을 명확히 했다.[2] 학자들은 불링거

Blanke와 Immanuel Leuschner의 *Heinrich Bullinger: Vater der reformierten Kirche* (Zürich: Theologische Verlag, 1990)라는 연구가 있다.

2 영어로 된 최근 전기 에세이에 관해서는 J. Wayne Baker, "The Reformation at Zurich in the Thought and Theology of Huldrych Zwingli and Heinrich Bullinger," in Maltby, ed.,

에게 "츠빙글리의 계승자"의 지위를 회복시켜 주었으며, 불링거가 개혁주의 언약신학의 원류에 서 있다고 주장했다.[3]

1) 성례들과 세례

불링거의 사상에 있어서 언약은 세례와 예정을 밀접하게 연결하고 있다. 그리고 한 주제를 토론하는 것은 다른 두 주제에 대해 토론하는 것을 수반하는 것과 같다. 아마도 시작하는 가장 좋은 방법은 그가 정의한 성례전과 세례의 정의를 가지고 시작하는 것이다.[4]

그는 1559년 『신앙교육』(Catechesis)에서 성례를 다음과 같이 주장했다.

> 성례란 말씀, 표시, 그리고 사물들을 통해 하나님에 의해 제정된 거룩한 상징, 혹은 거룩한 예식, 거룩한 행위이다. 성례에 의해 하나님은

Reformation Europe, 47-73가 있다.

[3] Ernst Koch, Die Theologie der Confessio Helvetica Posterior(Neukirchen Vluyn: Neukirchener Verlag des Erziehungsvereins, 1968), 387-408; idem, "Paulusexegese und Bundestheologie: Bullingers Auslegung von Gal 3:17-26," in Historie de l'exégèse au XVIe siècle, ed. Oliver Fatio와 Pierre Frankel(Geneva: Droz, 1979), 342-50; J. Wayne Baker, Heinrich Bullinger and the Covenant: the Other Reformed Tradition(Athens: Ohio University Press, 1980); Charles S. McCoy와 J. Wayne Baker, Fountainhead of Federalism: Heinrich Bullinger and the Covenant Tradition(Louisville, Ky.: Westminster/John Knox Press, 1991)을 보라. Ernst Koch, review of Heinrich Bullinger and the Covenant: The Other Reformed Tradition, by J. Wayne Baker, in Theologisches Literaturezeitung 109(1984): 43-44. 모든 학자들이 Bullinger를 언약신학자로 보지는 않는다. 예를 들어, Edward A. Dowey Jr.은 "Heinrich Bullinger's Theology: Thematic, Comprehensive, Schematic," in Calvin Studies V, ed. John Leith(Richmond: Union Theological Seminary in Virginia, 1991), 41-60에서 Baker와 Koch, 두 사람의 저서를 비평한다. 또한 Cornelis P. Venema, "Heinrich Bullinger's Correspondence of Calvin's Doctrine of Predestination, 1551-1553," Sixteenth Century Journal 17(1986): 449를 보라.

[4] Bullinger와 세례에 관한 더 자세한 것은 『제2헬베틱(스위스) 신앙고백』 제4장 제1절 아래를 보라.

가장 위대하신 복을 교회의 기억 안에 유지하신다. 그리고 하나님은 계속적으로 그것을 새롭게 하신다. 또한 하나님은 무엇을 우리를 위해 실행하시며 무엇을 우리에게 차례로 요구하시는가를 성례을 통해 인치시고 표현하신다.[5]

성례는 하나님이 우리를 대신하여 행하셨던 것을 우리에게 인치시고 표현한 것이다. 동시에 성례는 하나님의 행위에 응하여 우리의 의무가 무엇인가를 우리에게 가리켰다. 불링거의 세례개념은 이 구조에 매우 적절하다. 그리고 이것은 그의 초기 저술들에서 시작해서 마지막 저술들에 이르기까지 지속적으로 남아있었다. 예를 들이, 지금 달력으로 보아서 1525년 11월 5일과 12월 10일 사이에[6] 베른의 하인리히 짐러(Heinrich Simler)에게 보낸 편지에서 불링거는 이렇게 말하면서 결론짓고 있다.

나의 친애하는 하인리히, 당신은 두 성경으로부터 세례를 위한 진정한 기초에 관하여 들어왔습니다. 어떻게 인류가 하나님과의 언약을 맺게

---

5 Heinrich Bullinger, *Catechesis*(Zürich: Forschauer, 1561), 60b. Bullinger의 설교, "그리스도의 거룩한 세례에 관하여"(114v)에 표징과 표징된 것에 관한 그의 주석을 보라. 또한 이 설교에서 그는 세례의 "효능"(virtue), "효과"(efficacy)로부터 "본질"(nature)을 구분하였다. 세례의 본질은 하나님의 말씀과 이에 반응하며 표시하는 예식(rite)으로 구성되어 있다(114r). 또한 세례의 효능과 효과는 죄의 용서, 하나님의 백성 안에서의 친교, 교회에 들어옴, 그리스도로 접붙임, 성령에 의한 중생 등과 같은 주제로 이루어져 있다(128r-129r). Heinrich Bullinger, "Concerning the Holy Baptism of Christ," *Sermonum Decasquinta*. Tomus Tertius(Zürich: Froschouer, 1551), 3.114b-129r을 보라.

6 이 편지의 날짜를 파악하는 문제에 관한 요약으로는 "Von dem Touff," in Heinrich Bullinger, *Heinrich Bullinger Theologische Schriften*, Ser. 3, Vol. 2, ed. Hans-Georg vom Berg, Bernhard Schneider, and Endre Zsindely(Zürich: Theologischser Verlag, 1991), 66-67을 보라.

되었는가, 높으신 하나님이 비참한 인간에게 우리의 최고선이시며 우리의 완전함이시며 우리의 충분함 되시는 그 자신을 의무로 주셨습니다. 그러므로 하나님은 그의 아들과 함께 견고한 기초를 우리에게 주시기를 원하십니다. 그의 아들은 그의 피로 약속 혹은 언약을 젊은이들과 나이 든 이들에게 맺어야만 합니다. 그리고 어떻게 이 약속이 차이가 없는지, 우리를 위해 그리스도께서 그들에게 약속하신 바를 이루셨는지, 그리고 또한 이 언약이 새로운 백성을 만드셨는지, 그리고 모든 피흘림이 멈춰졌는지…처음에는 할례가 외부적으로 요람으로부터 하나님에 이르기까지 우리를 묶어주었듯이, 이제 세례가 하나님의 아들을 통해 은혜로 받아주시는 하나님의 능력으로 우리를 묶는 것입니다.[7]

여기에서 불링거의 이력을 통해 반복되는 주제들이 나타난다. 거기에는 옛 언약에서 새 언약까지 이르는 언약의 연속성이 있었다. 그 언약의 특성은 그리스도 안에서 약속되었으며 성취된 하나님의 은혜였다. 할례의 언약의 표징은 피 없는 표징인 세례로 넘겨졌다. 그리고 두 표시는 언약 안에서 태어난 유아들에게도 주어졌다.

불링거는 1556년 『신학대전』(Summa)의 성례에 관한 조항(제8조)에서[8] 다시 성례전을 "거룩한 행위"로 불렀다. 성례는 우리에게 언약을 생각나게 했다. 그래서 우리에게 언약의 두 측면, 즉 구원은 우리에게 주어졌고, 우리의 의무는 "하나님께 향한 것이다."라는 점을 생각나게 해 주었다.[9] 1559년 신앙교육서(catechism)의 세례부분에서 불링거는 마치 "어른의 자녀들이" "하나님의 영원한 언약 안에서" 그들 구성원을 주의

---

7 Ibid., 84.
8 Heinrich Bullinger, *Summa Christenlicher Religion*(Zürich: Froschauer, 1556), 137b-57; 5장 "Von dem Christenlichen Touff," 145-47b.
9 Ibid., 137b-38.

(remark)하기 위하여 할례를 받았던 것처럼, 기독교인 유아들은 하나님의 가족으로 입양되었다는 표징으로 세례를 받아들여야 한다고 말했다.[10] 1561년 "재세례파에 대하여"에서 불링거는 할례에서 세례로 언약 표징(covenant sign)을 바꿈과 더불어 언약 일치(covenant unity)의 주제에 관해 자세히 말했다.[11] 거기에는 아브라함(창 17장)으로부터 그리스도에 이르는 영원한 언약이 있었다. 새 세대의 언약의 표징은 세례요한으로부터 통과하여 그리스도를 통해 교회에 이르렀다.[12] 그래서 불링거는 『제2스위스 신앙고백』을 1561년에 썼고 1566년에 출판했다. 여기에서 그리스도의 이름으로 세례를 받는다는 것은 그의 언약 안으로 그리고 가족으로, 그래서 하나님의 자녀의 상속자로 가입하는 것이고 들어오는 것이며 받아들이는 것이라고 주장했다.[13]

2) 언약, 예정론 그리고 세례

다른 점에서 보면, 불링거의 세례에 관한 바른 가르침은 그의 언약의 개념이라는 문맥으로 비추어 생각해 보았을 때 아마도 더욱 복잡해지고 유연한 것이 된다. 언약이 아담으로부터 시작하였다는 그의 주장은 언

---

10 Catechesis, 63-65b에 있는 "De sancto baptismo"와 "in aetem dei foedere" 64b를 보라.
11 내가 취득한 판본은 Josiah Simler가 라틴어로 번역한 것이었다(1530-76). *Adversus Anabaptistas*(Zürich: Froschauer, 1560)[*Heinrich Bullinger Werke* Abt. 1, Bd. 1, no. 396], book 6, "De sacrosancto Baptismo," 202b-37.
12 Ibid., 203, 216.
13 "제2헬베틱 신앙고백"의 본문을 위해 *Die Bekenntnisschriften der reformieten Kirche* ed. E. F. Karl Müller (Leipzig: A. Deichert[Georg Böhme], 1903; reprint, Waltrop: Spenner, 1999), 170-221; 209.4-6을 보라. 『제2헬베틱 신앙고백』(*Confessio Helvetica Posterior*)에 관한 좀 더 세부사항과 세례에 관한 관점들에 대해서는 이 책의 제4장 제1절을 보라.

약의 매혹적인 관점 가운데 하나이다. 셈러(Semler)에게 보낸 편지에서 불링거는 언약을 만드셨던 하나님의 자비하심을 주장하기 시작했다. 그 언약은 아담과 함께 시작되었고 노아, 에녹, 그리고 아브라함에 계속되었으며 이삭, 야곱, 모세, 여호수아, 기드온, 사무엘, 다윗, 솔로몬, 요시아, 히스기야, 그리고 유다 마카비까지 이어졌다.[14] 같은 편지에서 불링거는 셈러에게 "어린 아이가 어려서 요람에 있을 때에 그것은 상속권을 박탈하는 것이 아니다. 그러나 만약 자라면서 기록된 뜻에 표현되어 있는 아버지의 뜻에 위반하여 행동한다면 그것은 박탈되는 것이다"라고 말했다.[15]

이러한 사상들은 적어도 제한된 의미에서 불링거의 언약사상의 개념에서 보편주의(universalism)를 암시한다. 하나님은 인간의 구원을 바라면서 또한 하나님-인간관계에 있어서 인간의 측면을 책임성 있게 다루시기를 바라면서 친절하게 모든 인간을 대하신다.[16] 만약 우리가 언약에 대한 인간의 책임성을 바라본다면, 불링거는 어떤 사람에게 요구되는 그 무엇이 하나님의 계명들을 순종하는 것, 즉 우리 이웃을 사랑하며 언약의 인간에게 주어진 의무들 가운데 일생동안 기뻐하는 것을 언급했던 것이다.[17] 이를 요약하면 다음과 같다.

---

14 "Von dem Touff," 72-73. Bullinger의 사상에서 아담의 언약에 관한 논의에 대해서는 Koch, Confessio Helvetica Posterior, 395-401을 보라.

15 "Von dem Touff," 73.

16 Koch의 수사학적 질문에 유의하라. "누가 인간적인 측면에서 아담의 실제적인 언약 파트너인가?"라는 질문에 Koch는 그들이 언약을 성취하는 한, 그 대답은 어느 인간이라고 대답한다(『제2헬베틱 신앙고백』, Confessio Helvetica Posterior, 397).

17 Summa, 158-158b.

세례는 하나님의 백성에 소속되었다는 표징(sign)이었으며, 의롭다함을 얻은 인침(seal)이다. 이 언약표징(covenant sign)을 받고서 개인은 그리스도 안에서 믿음을 통해 하나님을 사랑하고 신뢰해야 하며, 이웃을 사랑하고 섬겨야 했다. 이것은 언약의 인간적 조건이다. 만약 개인이 그들을 만나면, 그 사람은 선택된 사람 중 하나일 것이다. 선택은 포괄과 보증의 적극적인 문제였다.[18]

우리는 네덜란드계 미국인들이 왜 그렇게 자주 불링거의 저술에 호소하는가를 쉽게 이해할 수 있을 것이다. 알미니안들(Arminians)은 칼빈주의자들의 동료였다. 그들은 1603년에서 1609년 죽기까지 라이덴대학에서 교수로 재직했던 야콥 알미니우스(Jacob Arminius)에 의해 제공되었던 것을 따랐다. 그들은 하나님의 완전한 전능하심, 구원과 유기에 있어 절대적인 하나님의 선택, 단지 선택된 자들만을 위한 효과적인 것으로서의 그리스도의 기름 부으심에 대해 반대했다. 알미니안적 칼빈주의자들은 대신에 그리스도는 모든 사람을 위해 죽으셨으며, 하나님의 효과 있는 은혜는 비록 인간의 의지가 그런 은혜에 대항하며 반항하고 그리스도를 반대할지라도 죄인들을 그리스도에게로 돌이키기에 충분한 것이었다고 주장했다. 불링거의 신학에서 그들은 모든 사람을 포함하는 단일한 은혜로운 언약의 분명한 함축성을 들었다. 그것은 사람들 자신이 이 언약에서 주어진 효과적인 구원을 얻게 되었음을 알게 되었던 때이다.

동시에 불링거는 하나님은 어떤 사람들을 선택하기로 예정하셨다고 분명히 주장했다.[19] 그리고 때때로 그는 심지어 하나님이 진정으로 어떤

---

18 Baker, *Heinrich Bullinger*, 52.
19 예를 들어, *Adversus Anabaptistas*, 209-10을 보라.

사람을 생명으로, 어떤 사람은 죽음으로 택하신 하나님의 선택이 영원한 것이라는 이중 예정주의자로 보였다.[20] 그래서 아무도 도르트 총회(Synod of Dort, 1618-1619)를 옹호하는 어떤 사람이 불링거에게 호소한다는 사실을 의심하지 않는다. 도르트 총회는 명백히 알미니안적 칼빈주의자들을 거부했다. 그것은 하나님의 이중 예정, 저항할 수 없는 하나님의 은혜, 단지 선택 자들을 위해 효과적인 그리스도의 속죄와 같은 사상들을 지지했다. 비록 그 사상이 이 연구의 범위를 넘어서는 것이라고 할지라도 어떤 관점에서 매우 분명하다.[21]

---

20 "Iam et electio Dei qua quidem alios ad vitam elegit, alios ad interitum." In "Henrici Bullengeri epistola ad Bartholomaeum Trahernum Anglum de providentia Dei eiusdemque praedestinatione electione ac reprobatione," C.O. 14.487.

21 1957년에 있었던 Bullinger와 예정론에 관한 2차적인 학문연구의 상황을 위해 Peter Walser, *Die Prädestination bei Heinrich Bullinger im Zusammenhang mit seiner Gotteslehre*(Zürich: Zwingli-Verlag, 1957), 9-22를 보라. 개관과 최근 문헌을 위해 Venema, "Bulliger's Correspondance," 435-37nn 1-12를 보라. 문제는 젊은 Bullinger의 실천적이며 목회적인 관점이 제네바에서 있었던(Calvin과 Jerome Bolsec 간의), 또는 취리히에서 있었던(Peter Martyr Vermigli와 Theodor Bibliander 간의) 예정에 관한 논쟁에 의해 변화되었는가 아닌가에 따라 일반적으로 정해진다. 여기에 Bullinger는 응답을 했었다. 개혁주의 신학에서 예정에 관한 Bullinger의 학문적인 연구에 있어서 Alexander Schweizer는 Bullinger에게 끼친 Vermigli의 영향을 주장했다. *Die protestantischen Centraldogmen in ihrer Entwicklung innerhalb der reformierten Kirche*, 2 vols. (Zürich: Orell, Fuessli, and Co., 1854), 1:285-92를 보라. Joachim Staedtke는 Bullinger의 변화를 Vermigli와 Bibliander 간의 논쟁 가운데 있었던 것으로 보았다. 이 논쟁으로 Bibliander는 취리히 아카데미에서 구약성경 교수직에서 물러나게 되었다. "Die Züricher Prädestiationsstreit von 1560," *Zwingliana* 9(1953): 536-46을 보라. Walser는 *Prädestiation*, 130-55에서 비록 Bullinger의 사상 안에서 선택교리와 병행하여 유기(reprobation)교리를 발견할 수 없다고 말하고 있기는 하지만(135), Bullinger의 1550년대 동안에 다가온 변화를 보고 있다. Bullinger가 단일하고 자비로운 선택을 확고히 붙잡고 있었다는 Baker의 주장은 설득력 있는 것으로 남아있다(*Heinrich Bullinger*, 27-54). Baker의 해설, 즉 "Bullinger는 마지막 수년 동안에 매년 더 교리적이 되어가고 있었던 시기에 비교리적인 모습을 가지고 그의 나이보다 오래 살았던 사람들을 점차 보았다"라고 말한 것에 유의하라 (27-28). 또한 Venema, "Bullinger's Correspondence"를 보라. Venema는 언약, 그리고 Calvin과 Bullinger의 엄격한 차이에 관하여 Baker의 견해에 약간 동의하지 않은 점을 가지고 있다 (449-50). 그러나 Venema는 Bullinger의 예정과 인간의 자유에 관한 문제에 대하여 Baker와 본질적인

한편으로, 불링거는 하나님의 선택의 단일한 예정을 주장했다. 하나님의 자유로운 긍휼로부터 하나님은 구원할 자들을 택하셨다. 불링거는 이것을 오직 은혜(sola gratia)의 확고한 사상이라고 생각했다. 하나님의 은혜는 절대적인 자유 안에 주어진 것이다. 또한 그는 성경이 이 관점을 지지한다고 생각했다.

다른 한편으로는, 교회의 생활에서 나타난 실용적인 관점에서 말하자면 한 남자와 여자가 인간 역사의 과정에서 그들의 삶을 살아가면서 언약의 기능들은 위에서 언급한 보편주의(universalism)의 한 측면보다 한층 더 많이 있을 것이다. 하나님의 언약은 모든 사람을 감싸주었다. 그들은 하나님의 구원의 제공을 받아들였으며, 그들 자신들이 언약의 의무들을 취했던 것이며 또한 올바로 선택된 자 가운데 헤아림을 받았던 것이다.[22]

이렇게 세례는 개인적인 의무감에서 이미 인류를 감싸고 있는 언약으로 우리 자신을 세우는 것을 의미했다. 그래서 인간적인 측면으로부터 세례는 우리를 언약 안으로 들어가게 했으며 하나님의 측면에서부터 우리는 이미 그 언약 안에 포함된 것이었다.

일치를 발견한다(438-49): 하나님이 구원을 위해 자유롭게 어떤 사람들을 선택하시며, 그리고 그의 은혜의 탁월하심은 나타난다. 인간의 역사에서 하나님은-친절하게 인간을 향해-모두 구원받기를 원하시면서 인간을 사랑하신다(philanthropos). Bullinger는 "제한적인 의미"에서 "만인구원론자"(universalist)이다. 그러한 하나님의 은혜에 응하여 인간은 하나님과 이웃에 관하여 자유롭고 책임 있는 결정을 한다.

22 Richard A. Muller, *Christ and the Decree: Christology and Predestination in Reformed Theology from Calvin to Perkins*(Durham, N.C.: Labyrinth Press, 1986), 39-47에 나타나는 토론을 비교하라.

2. 존 칼빈(John Calvin)

존 칼빈은 1509년 7월 10일 프랑스 노용(Noyon)에서 아버지 제랄드와 어머니 잔느 코뱅(Gérard and Jeanne Cauvin) 사이에 넷째 혹은 다섯째 아들로 태어났다.[23] 칼빈의 어머니는 그가 어렸을 때 사망했으며 그의 아버지는 재혼했다. 새어머니는 두 딸을 낳았다. 그는 그의 어린 시절을 장래성 있게 자랐으며, 지역 귀족인 몽트모르(Montmor) 가족의 세 아들들과 함께 개인교수를 받았다. 칼빈의 아버지는 대성당 참사회원의 책임적인 위치에 있었기 때문에, 존과 그의 형 찰스(Charles)를 위해 대성당에서의 지위를 획득할 수 있었다. 그는 그들의 교육을 위해 힘썼다. 1523년에 칼빈과 세 명의 몽트모르 아들들은 파리에 있는 대학에 공부하러 갔다.

---

23 Calvin의 전기들은 C.O. 21.21-50에 있는 Calvin의 『여호수아서 주석』(1564)에 붙인 Theodore Beza의 서문만큼 일찍 이루어졌다. Emil Doumergue의 *Jean Calvin. Les Hommes et les choses de son temps*, 7 vols(Lausanne: Georges Bridel, 1899-1924)는 가끔 약간의 성인전과 같은 냄새를 풍기기는 하지만 많은 정보를 주고 있다. 영어 전기로는 Williston Walker의 *John Calvin: The Organizer of Reformed Protestantism*, 1509-1564 (New York: G. P. Putnam's Sons, 1906)는 견고히 남아있다. Walker의 작품과 함께 읽을 책은 T. H. L. Parker, *John Calvin: A Biography* (Philadelphia: Westminster Press, 1975)와 Ronald S. Wallace, *Geneva and Reformation: A Study of Calvin as Social Reformer, Churchman, Pastor, and Theologian*(Grand Rapids: Baker Book House, 1988)이다. 필독서는 William Bouwsma의 *John Calvin: A Sixteenth Century Portrait*(New York: Oxford University Press, 1988)이다. 이 책은 Calvin을 그 시대 그 문화의 한 복판의 인간으로서 인식하고 있다. Bouwsma의 중요한 이 책은 칼빈 연구가들 가운데서 아주 큰 명성을 안겨다 주었다. 토론의 시작을 위해 John Hesselink, "Reaction to Bouwsma's 'Potrait' of John Calvin," in *Calvinus Sacrae Scripturae Professor*, ed. Wilhelm Neuser(Grand Rapids: Wm. B. Eerdmans Publishing Co., 1994), 209-13을 보라. 전반적인 도서목록에 관한 에세이로는 David C. Steinmetz, "The Theology of Calvin and Calvinism," in Ozment, ed., *Reformation Europe* 211-32와 Amstrong, "Calvin and Calvinism," 75-103을 보라 또한 매해 주제들에 따라 조직화하고 총망라한 Calvin의 전기 연구로부터 1971년 『칼빈 신학저널』(*Calvin Theological Journal*) 가을 논단을 살펴보라. 이 작업은 Wilhelm Niesel의 『칼빈 전기』(*Calvin Bibliographie*), 1901-1959(Munich: Chr. Kaiser Verlag, 1961)을 확장하고 있다.

마르세대학(Collège de la Marche)에서 칼빈은 뛰어난 학습능력을 발휘하여 라틴어 문법과 문장론을 충분히 습득하면서 기초적인 교양과목 훈련을 마쳤다. 그는 저명한 마투린 코르디어(Mathurine Cordier)에게 라틴어를 배웠다. 코르디어의 경건은 디보티오 모데르나(devotio moderna, 오늘의 헌신) 운동에 속하였으며, 그가 사용한 라틴 교과서는 300여 년 동안 사용되어 오던 고전이었다. 코르디어는 제네바에 있는 아카데미에서 라틴어 교사로서 수고하다가 85세의 생애를 마쳤다. 칼빈은 몽테뉴대학(Collège de Montaigu)으로 공부하기 위해 갔는데, 그곳은 엄격한 훈련과 절제된 음식으로 익히 알려진 곳이었다. 1314년에 설립된 그 학교는 약간 쇠퇴일로에 있었으며, 근래에 성직자 교육과 발전을 위한 중심지로 좀 더 새로워지고 있었다. 그 기풍은 디보티오 모데르나의 기풍이었으며 영성은 헤르트 후르트(Geert Groote)와 토마스 아 켐피스(Thomas à Kempis)의 영성을 따랐다. 그러나 칼빈 당시에 이 학교의 원래 전도적이며 마음 속 깊은 곳에 우러나오는 열의는 완전한 훈련과 필수적인 구성을 강조하면서 축소되어 있었다.[24]

몽테규의 교육은 두 부분으로 나눠져 있었다. 인문학부는 문법과 인문학을 가르쳤으며, 신학부는 신학을 가르쳤다. 칼빈은 인문학부 과정을 공부했다. 그곳에서 4년 동안 "논리학, 형이상학, 윤리학, 수학, 자연과학, 천문학, 심리학" 등이 포함된 과목들을 공부했다. 비록 그가 이 기

---

24 Parker는 몽테규대학의 리더십을 이같이 묘사한다. "Calvin이 다니고 있었을 때 몬테규의 두 교사들이 있었다. 효과적으로 잘 다스리는 Bédier와 유명무실한 Tempête였다. 전자는 가장 반동적인 사람이었으며, 후자는 가장 화를 잘 내는 사람이었다. Bédier는 보수적인 파리 신학자들의 리더로 수년 동안 지냈다…Calvin이 그 대학에 학생으로 있던 때에 교장이었던 Tempête는…몽테규대학에서 학생들을 대단히 잘 채찍질하는 사람이었다"(John Calvin, 7).

간 동안에 학문적인 신학에 있어서 정규적인 과정을 배우지 않았다고 할지라도-그의 『기독교 강요』 초판은 단지 학문적인 저자들에 대한 지식을 보여주고 있다-젊은 칼빈은 지식적이며 문화적인 환경에서 교육받았다. 중세후기의 자료들은 그 자신의 신학적인 계획을 용이하게 해 주었던 경건과 학문성을 제공해주었다.[25] 파리에서 공부하는 동안에 그는 또한 에라스무스의 복음적인 인문주의, 프랑스 본국의 기독교인 인문주의자인 자크 르페브르(Jacqes Lefèvre), 나바르의 마구에리트(Marguerite of Navarre, 프랑스 왕 프란시스 1세의 가장 나이 많은 누이)의 영적인 조언자인 브리송(Briçonnet)과 친밀한 관계를 가졌다.[26]

인문학으로 학사와 석사학위 과정을 마친 후, 3년 동안 더 많은 연구를 하면서 칼빈이 법률, 의학, 신학과정을 추구하지 않았겠는가? 그의 아버지는 항상 칼빈에게 신학공부를 말해 왔었으나 법률이 더 안정되고 경제적으로 현명한 수단임을 믿고서 법률을 공부하도록 제안했다. 그래서 그는 1528년 아버지의 권유로 법률 학위를 따기 위해 먼저 오르

---

25 Alexandre Ganoczy, *The Young Calvin*, trans. David Foxgrover and Wade Provo(Philadelphia, Westminster Press, 1987), 173, 57-63, 168-78; Heiko Obermanm "*Initia Calvini*: The Matrix of Calvin's Reformation," in Neuser, ed., *Calvinus*, 117-27; Alistairs E. McGrath, "John Calvin and Late Medieval Thought," *Archiv für Reformationsgeschichte* 77(1986): 58-78; Thomas F. Torrance, T*he Hermeneutics of John Calvin*(Edinburgh: Scottish Academic Press, 1988), 3-57, 73-95를 보라. 또한 Richard C. Gamble, "Current Trends in Calvin Research, 1982-1990," in Neuser, ed., *Calvinus*, 96-108을 보라.

26 인문주의(humanism)와 칼빈신학의 관계는 이 입문서를 넘어선다. Willian Bouwsma의 저작은 설명되어야만 한다. 그러나 그의 칼빈 "portrait"(초상)은 가끔 역사적인 것보다 더 도해적인(iconographic) 것으로 보인다. Bouwsma의 이전에 인용했던 Calvin에 관한 책뿐만 아니라 그의 에세이, "Calvin and the Renaissance Crisis of Knowing," *Calvin Theological Journal* 17(1982): 190-211을 보라. Mary Potter Engel는 타당한 관점을 주장한다. 그것은 나에게 그녀가 Calvin을 위해 그것을 주장할 때 인간의 예술은 항상 하나님으로부터 선물로 주어진 것이었다…(*John Calvin's Perspectival Anthropology* [Atlanta: Scholars Press, 1988], 199-205). 또한 Gamble, "Current Trends," 97-101.

레앙(Orléans)대학에, 이후에 부르쥬(Bourges)대학에 전학하게 되었다. 그는 1528년과 1532년 사이에 법률을 공부했으며 1532년에 시민법 자격증을 받았다. 부르쥬에 있을 동안 그는 복음적인 독일학자 멜키오르 볼만(Melchior Wolman)에게 헬라어를 배웠다. 같은 기간에 칼빈은 인문주의 학문을 계속했다. 그는 1532년 세네카(Seneca)의 에세이『관용론 주석』이라는 학문적인 책을 발행했다. 그는 프랑스 인문주의 거장인 기욤 뷰데(Guillaume Budé)의 전통에서 자신을 보았다. 그의 책은 학문적인 업적을 남겼으나 금전상으로는 실패였다.

칼빈의 생애에 있어서 중요한 정치적인 사건은 1533년 만성절(All Saints' Day)에 발생했다. 그의 친구요, 파리대학의 총장인 니콜라스 콥(Nicholas Cop)이 팔복(Beatitudes)을 내용으로 개혁적인 설교를 했다. 콥의 설교는 에라스무스로부터 나온 사상들을 되풀이 한 것이었다. 콥은 체포되지 않도록 파리를 떠나도록 강요당했으며 바젤(Basel)로 떠났다. 칼빈이 그 설교를 작성했을 것이라고하여 연류되면서 그 역시 아마도 노용으로 피신하게 되었다. 다음 해에 칼빈의 여정은 추적하기 어려웠다. 1534년 5월에 그는 다시 노용에 가 있었다. 왜냐하면 그때 그는 자신의 교회 성직록을 포기했기 때문이었다.[27] 10월에 벽보사건이 일어났다. 그

---

[27] 언제 Calvin이 새로운 복음적인 신앙으로 "회심"(convert)했는가? Calvin은 자신의 『시편주석』의 단일문구에서 그가 갑작스런 회심(conversio subita)을 갖게 되었다고 말한다. 학자들은 Calvin의 "회심"의 날짜들에 대해 1527년에서 1534년의 범위에 이르게까지 다양하게 생각하였다. 아마도 우리는 Oberman에게서 단서를 얻어야 할 것이다. 그는 subita(회심)라는 단어가 갑작스런 방법을 표시하는 것이라는 점에 대해 유의한다. 그런 방법으로 하나님은 일하셨으며 이것은 인간의 노력들과 비교되는 것이었다. subita는 지상적이거나 장소적인 단일 측량의 것이 아니라, 하나님의 조정과 중재에 관계된다. Heiko A. Oberman, *The Dawn of the Reformation* (Edinburgh: T. & T. Clark, 1986), 261-64; idem, "Initia Calvini," 114-15n3. Calvin의 회심은 확실히 시간의 과정을 넘어서서 일어났다. 그는 1520년대에 프랑스어로 번역되었던 Luther의

때 미사를 공격했던 포스터들이 프랑스 전역에 확대되었다. 체포와 처형이 뒤따랐다. 그는 1535년 1월에 바젤로 피신했다.

1536년 대략 칼빈의 27살 생일 즈음 여름에 『기독교 강요』의 초판이 출판되었을 때, 그는 남동생과 배다른 여동생과 함께 파리에서 스트라스부르크로 여행 중에 있었다. 제네바에서 한 밤을 머물고 있을 때 칼빈은 기욤 파렐(Guillaume Farel)에 의해 그의 여행길이 가로 막히게 되었다. 파렐은 불같은 성격의 종교개혁자였다. 그는 새로운 복음적인 신앙을 받아들이기 위해 제네바를 지도하고 있었다. 그는 만약 칼빈이 머무르면서 이 도시의 종교개혁을 지도하지 않는다면 그에게 하나님의 저주가 임할 것을 외쳤다. 칼빈은 목사요 교사로서 머물게 되었다. 하지만 곧이어 그와 파렐은 교회 권징(Church discipline)에 대하여 제네바 행정장관과 충돌했다. 그리고 그들은 1538년 4월 추방당했다.

칼빈은 그의 친구 파렐이 제네바 인근에서 목회를 하고 있었을 때 스트라스부르크로 갔다. 스트라스부르크에서 칼빈은 매우 신뢰할 만한 지도자로 여기고 있었던 마틴 부처를 만났다. 부처는 그에게 큰 영향을 끼쳤다. 칼빈은 결혼하게 되었으며 공적인 소명의 실현을 위한 세 가지 영역에서 전념했다. 첫째, 그는 목사(pastor)가 되었다. 왜냐하면 스트라스부르크에 피난 온 프랑스인들은 그들의 교회를 위해 목회자가 필요했기

초기 작품들을 읽었음에 틀림없다. 또한 Calvin은 프랑스 인문주의자들을 복음적이고 개혁하는 일에 결합시켰다. 실제적인 연표와 상관없이, Calvin에 대한 결정적인 관점은 하나님이 그 회심(metanoia)에 영향을 주셨던 분이시라는 점이다. 하나님은 그의 마음을 다스리셨으며, 돌아서서 하나님을 잘 섬기며 말씀을 잘 들을 수 있도록 쉽게 가르치는 제자로 만드셨다. 이 회심은 확실히 1534년 봄에 완성되었다. Calvin은 그의 아버지가 Calvin의 나이 12살 때 그를 위해 마련했던 교회 성직록(church benefice)을 포기하였다. 그 이후로 성직록을 결코 받지 않았다.

때문이었다. 그는 설교하였으며 성례전들(역주: 세례와 성찬)을 거행했다. 예배를 위해 그는 개혁주의 예전을 사용했다. 그 예배는 스트라스부르크에서 오랫동안 유용하게 사용되고 있었다. 또한 그는 시편을 프랑스어 운율로 노래할 수 있도록 번역했다. 둘째, 그는 교사가 되었다. 유명한 학자 존 슈투름(John Sturm, 1507-1589)이 한 학교를 발견했는데, 거기에서 칼빈은 성경 강해자로 있었다. 마지막으로, 그는 개신교회를 위한 저술가였다. 그는 『기독교 강요』를 완전히 개정하였으며, 그것은 지금도 완전히 특이한 모델이다. 『기독교 강요』 1539년판은 이후 20년 동안 유지되었다.

칼빈은 스트라스부르크에서 보낸 3년 동안 전 생애 가운데 가장 행복했다. 그 후 제네바가 다시 그에게 되돌아오도록 요청했다. 그는 "백 번의 다른 죽음을 당하는 것이 더 낫다"라고 하며 다시 "큰 구렁텅이"(great abyss)로 가는 것에 대해 거절했다. 그러자 부처와 다른 친구들이 칼빈을 설득했다. 결국 그는 1541년 9월에 제네바로 돌아갔다. 그는 강단으로 첫 번 복귀하면서 3년 전에 그만 두었던 성경의 장과 절을 펼쳐 다시 설교하기 시작했다.

이와 같은 제네바에서의 제2기 사역 동안, 두 개의 중요한 투쟁영역이 이 도시에서 나타났다. 첫째, 주민들은 계속적으로 목회자들의 권징(discipline)을 반대했다. 주의하라는 글들(notes)이 교회문에 걸려 있었다. 설교는 항의하는 자들에 의해 방해받았다. 둘째, 프랑스인 피난민이 제네바로 유입된 사실이었다. 그 곳은 경제활동에 대해 세금을 부과했다. 스위스인, 특히 제네바인들은 외국인에 대해 정치적인 포괄성을 인정하지 않았다. 그들은 프랑스인들에 대해서 정치적이며 경제적인 짐으로 여겼다. 제네바에서 14년간 사회적인 혼란이 계속되었다. 이 혼란은 반칼빈 세력이 자신들의 세력을 과대평가하고 이 도시에서 정치적인 성공을 이끌었던 1555년의 일련의 사건 때까지 계속되었다. 하지만 칼빈의 힘은 너무 강해졌다. 그리고 그 해로부터 점진적으로 그의 정치적인 삶이 평탄하게 되었다.

1) 칼빈의 세례신학: 1536년

칼빈은 제네바, 스트라스부르크, 그리고 다시금 제네바에서의 목회활동 동안에 있었던 종교개혁의 노력 중에 루터가 종교개혁의 시작 시기에 선언했던 신학적인 성찰을 향상시키면서 그 자신을 루터의 추종자라고 생각했다.[28] 칼빈은 1536년 『기독교 강요』의 가장 가까운 모델로 루터의 『소 신앙교육서』를 취했을 뿐만·아니라 그의 초기 성례논쟁과 세례논쟁도 역시 루터의 사상을 반영한 것이었다.[29] 우리가 살펴본 대로,

---

[28] 상세한 논의를 위하여 대륙과 앵글로-아메리칸 학자들을 포함하여 B. A. Gerrish, "The Pathfinder: Calvin's Image of Martin Luther," in *The Old Protestantism and the New: Essays on the Reformation Heritage*(Chicago: University of Cichago Press, 1982), 27-48을 보라. 또한 Torrance, Hermeneutics를 보라. Gerrish는 Calvin이 Luther에 대한 부채의식이 있으며 동시에 두 성경 사이의 관계에 관한 Luther와 Calvin의 차이점이 없음에 유의한다(159). 이런 칼빈 분야의 연구는 교회 역사에 있는 수필에 있는 것으로 처음 나타났다. Riggs, "Emerging Ecclesiology," 29-43을 보라.

[29] Willem Balke, *Calvin and the Anabaptists*, trans. William Heynen(Grand Rapids: Wm. B. Eerdmans Publishing Co., 1981), 40; Jacques Courvoisier, "Bucer et Calvin," in *Calvin a` Strasbourg, 1538-1541*, Jean-Daniel Benoit, Jacques Courvoisier, Pierre Scherding, D. A. Kuntz(Strasbourg: Editions Fides, 1938), 40; Ganoczy, *Young Calvin*, 137-81; Gerrish, "Pathfinder," 31; August Lang, "Luther und Calvin," in *Reformation und Gegenwart: Gesammelte Aufsätze*(Detmold: Meyersche Hofbuchhandlung, 1918), 76-77; idem, "Die Quellen der Institutio von 1536," *Evangelische Theologie* 3(1936): 104-5; Peter Meinhold, "Calvin und Luther," *Lutherische Monatshefte* 3(1964): 265; Doede Nauta, "Calvin and Luther," *Free Unisersity Quarterly* 2(1952-53): 11; François Wendel, *Calvin: Sources et*

루터가 1520년에 『교회의 바벨론 포로』를 썼을 때, 그는 교황권이 서방 교회의 성례전을 남용하게 했다고 논박했다. 그는 교정책으로 성례들의 적절한 인가(認可)를 강조했다. 이것은 성례적인 표징(sign)이 상징해 준 하나님의 약속을 믿음으로 붙잡을 때 나타났다.

제1장은 루터의 반대자들이 1520년대 10년 동안에 교체되었다는 사실을 상세히 언급했다. 1520년 루터가 성례들의 신실한 인가로 로마와 투쟁했던 것에 반해서, 1529년 그는 인간의 믿음 위에 성례를 기초하는 어떤 시도들에 대항하여 성례들을 변호했다.[30] 재세례파의 관점에 따르면, 신앙 없이는 성례가 아니며, 따라서 유아세례는 세례가 아닌 것이다. 이런 도전에 반응하면서 루터는 『재세례에 관하여』라는 글을 썼다. 그 글에서 그는 세례는 인간의 믿음 때문이 아니라 하나님의 약속의 표징이기 때문에 바른 성례라고 주장했다. 세례를 베풀라는 하나님의 명령에 따른 것처럼, 세례는 하나님의 용서하심의 약속에 따른 것이다. 그리고 하나님이 시내산에서 주신 언약을 이스라엘의 믿음이 부정할 수 없었던 그 이상으로 우리의 연약한 믿음으로 하나님의 약속을 부정할 수 없다는 것이다.[31]

1536년 『기독교 강요』에서 칼빈은 다음과 같이 주장함으로써 성례들에 관해 토론을 시작했다.

성례가 무엇인가에 대하여 첫 번째로 생각하는 것은 온당한 것이다. 이것은 외부적인 표징이다. 성례에 의해 주님은 우리 믿음의 연약함을

évolution de sa pensée religieuse(Paris: Presses Universitaires de France, 1950), 96을 보라.
30 제1장을 보라.
31 W.A. 26.159.25-161.34; L.W. 40.246-48.

북돋아 주시기 위해서 우리를 향한 하나님의 선하신 뜻을 우리에게 상징해 주시며 증거해 주신다. 사람은 또한 외부적인 상징으로 우리에게 선언해 준 하나님의 은혜의 증거로 성례를 생각함으로써 다른 방식으로 정의한다. 또한 그 이유로 우리는 **성례란 선행하는 약속 없이 존재하는 것이 아니라, 인치며 약속 자체를 따르게 하는 목적을 위한 부가물**로 이해한다. 말하자면 약속을 더 잘 증거하는 것으로 만들기 위한 것이다.[32]

루터의 성례전에 대하여 칼빈의 입장이 취하고 있는 유사성은 우리를 놀라게 하지 않는다. 그러나 칼빈은 성례의 다른 정의를 알았다. 그 하나는 아마도 츠빙글리로부터 배운 것이요, 다른 하나는 제1세대 종교개혁자들로부터 배운 것이다. 칼빈은 이런 입장을 아래와 같이 요약했다.

저명한 저자들 가운데 이 성례가 여러 의미로 사용된다 할지라도, 성례란 단지 "표징들"(signs)과 일치하는 하나의 의미를 가지고 있다고 한다. 즉 이것은 군인이 군대에 들어올 때 그의 지휘관에게 맹세하는 그 진지한 서약을 표징한다. 마치 새로운 군인들이 그들의 믿음을 군대 표징에 의해 지휘관에게 서약하고 병역을 선언하는 것처럼, 우리의 표징으로써 우리가 그의 표징 아래 섬기고 있는 지휘관과 증인으로 그리스도를 공적으로 선언한다.[33]

---

32 John Calvin, *Ioannis Calvini opera selecta*, ed. Peter Barth, Wilhelm Niesel, and Dora Scheuner, 5 vols. (Munich: Chr. Kaiser Verlag, 1926-52), 1.118 (여기서부터 O.S. 그리고 권과 페이지 수를 함께 인용함). 1975년에 Ford Lewis Battles는 1536년 판 『기독교 강요』(*Institutes*)의 번역과 주해 및 네 개의 부록과 함께 발행하였다. 그 책은 1536년 판 『기독교 강요』의 450주년 기념일을 인식하기 위하여 1986년에 개정되었으며 재발행되었다. John Calvin, *Institutes of the Christian Religion, 1536 Edition*, trans. and annotated by Ford Lewis Battles, rev. ed. (Grand Rapids: Wm. B. Eerdmans Publishing Co., 1986)를 보라.

33 O.S. 1.122. Zwingli의 『참되고 거짓된 종교에 관한 주석』, Z.W. 3.758-59, 763과 비교하라. Calvin은 아마도 Bucer에게 영향을 받았을 것이다. Bornert, *Réforme protestante*를 보라. Bornert는 1536년에 이르러 Bucer가 세례에 대해 다음과 같이

칼빈은 논쟁에 나온 그들(예를 들어, 츠빙글리)에 의해 놓쳐 버린 미묘한 구별을 지적함으로써 이의를 제기했다.[34] 그러나 그는 이 정의에 제한된 역할을 인정했다.

> 그들이 앞에 내어 놓은 비교들을 우리는 인정한다. 그러나 우리는 이것이 성례에 있어 그들이 성례에 세운 2차적 의미를, 1차적이고 실로 성례의 단 하나의 의미라고 하지 않는다. 즉 1차적인 것이란, 성례들이 하나님 앞에서 우리의 믿음에 봉사해야 함을 의미한다. 이후에 성례들이 다른 사람들 앞에서 우리의 신앙고백을 증거해야 한다. 이 후자의 논쟁에 관한 한, 그들의 비교는 유용하다.[35]

이것은 왜 칼빈이 루터처럼 하나님의 약속에 관하여 말하면서 성례들에 관해 논의를 시작했는지 명백하다. 하나님이 "우리에게 믿음을 주신다."는 약속이 가장 중요한 것이다. 따라서 칼빈은 성례를 받았을 때 주어지는 2차적인, 즉 공적인 신앙고백을 언급할 필요가 없는 것으로 보았다.

칼빈은 1536년『기독교 강요』에서 성례론들에 관하여 그가 다루었던 것과 전혀 다른 방식으로 세례론 부분을 소개하였다. "세례는 하나

생각했다고 주장한다. (1) 교회에 들어와서 교회에 의해 교육받는 것으로서(342-43), (2) 하나님의 표징을 받고 우리의 믿음을 드리는 시간으로서(345-47), (3) 유아세례 받은 자들이 공적으로 그들의 믿음을 증거하도록 입교(견신례)의 형식을 필요로 하는 것으로서(345-47). Bucer가 Calvin에게 세례에 관한 사상에 영향을 주었는지에 관한 질문은 좀 더 복잡한 문제이다. 왜냐하면 Bucer는 원래 그의 사상을 Zwingli 계열을 따라 그의 사상을 발전시켰기 때문이다. 이 점에 관하여 Usteri, "Stellung," 456-63; Bornert, *Réforme protestante*, 341, 356-57을 보라.

34 O.S. 1.122.
35 O.S. 1.122.

님에 의해 우리에게 주어진 것이다. 첫째, 하나님 앞에서 우리의 믿음을 섬기도록 하기 위함이요, 그 다음으로, 다른 사람들 앞에서 우리의 신앙고백을 섬기도록 하기 위함이다."[36] 세례 논의에 있어서 성례의 2차적인 의미를 소개했던 그는 종합적인 입장에서 이해했다. 신앙의 고백과 함께하는 세례는 2차적인 의미에서 적합하다. 그리고 세례는 츠빙글리 역시 이 의미를 적용했던 상황에 있었다. 그러나 칼빈은 1536년 공적인 인가 개념을 아주 적게 표현했다. 그가 참조한 두 가지는 본성에 있어서 명목상이었다.[37] 그곳에서 그는 거의 헌신할 겨를이 없었던 이 사상을 토의했다.[38] 그가 훨씬 큰 관심을 보인 것은 하나님의 불변의 약속의 표징으로 세례를 베푸는 것이었다. 이 약속은 심지어 우리의 믿음이 하나님이 제공하셨던 약속을 붙잡지 못했다고 하더라도 확고히 남아있는 것이다.[39]

아직도 우리는 약속 자체가 지나간 것이 아니라고 믿는다. 사실상, 우리는 다른 방법으로 판단한다. 하나님은 세례를 통하여 우리에게 죄의 용서를 약속하신다. 그리고 의심할 것 없이 그분은 모든 믿는 이에게 그의 약속을 이루실 것이다. 이 약속이 세례에서 우리에게 주어진 것처럼, 그렇게

---

36 O.S. 1.127.

37 O.S. 1.127, 135

38 Calvin은 이 논의를 위해서 단지 16줄을 사용했다(O.S. 1.132). 이것은 세례에 관한 첫 번 국면을 위한 논의를 위해서 206줄을 사용한 것과 비교된다(O.S. 1.127-32).

39 또한 Calvin은 금욕(mortification)과 그리스도 안의 새 삶으로서 세례를 묘사했다(O.S. 1.128-29). 그것은 그리스도 안의 접붙임뿐만 아니라 중생적인 씻음이었다(O.S. 1.129-30). 그 안에서 모든 세 가지 유익(죄용서, 중생, 접붙임)이 발견된다(O.S. 1.132). 그래서 Calvin은 하나님의 용서의 약속(O.S. 1.134), 금욕과 중생에 대한 하나님의 약속(O.S. 1.131), 그리고 그리스도를 주시는 하나님의 제안(O.S. 1.123-24, 119-20)으로서 하나님의 신성한 성례적인 행위를 묘사했다.

우리가 믿음으로 그 약속을 사용하도록 하신다.[40]

이 정의는 젊은 칼빈의 필요에 일치한 것이었다. 그는 1536년에 로마 가톨릭교회와 좀 더 과격한 종교개혁자들, 예를 들어 프란시스 1세와 같은 절대군주가 보기에는 선동적으로 보이는 재세례파와 같은 사람들을 프랑스 복음적인 정당과 구분하기를 시도했다.[41]

루터가 『교회의 바벨론 포로』에서 그렇게 성공적으로 사용했던 표징-약속 신학(sign-promise theology)은 하나님의 인격적이고 가시적인 은혜의 약속, 즉 오직 믿음을 통해서만 인가되는 것으로서 성례를 다루었다. 칼빈에게 이 정의는 미신적 행위, 예전적인 첨가행위들, 그리고 중세 후대 교회의 성례신학 등을 배제시키는 것이었다. 동시에 표징-약속 신학은 교회의 삶을 위해 제정된 우선적인 하나님의 은혜의 행위로서 성례들을 주장했다. 따라서 칼빈은 성례들의 힘을 약화시키거나 그 인가를 완전히 폐지했던 사람들을 반대했다.[42]

로마 가톨릭주의자들과 과격한 개혁운동들로부터 프랑스 복음적인 정당성을 구분하는 동일한 관심은 칼빈의 교회론적인 논의에서 나타난다.[43] 1536년 『기독교 강요』에서 교회에 대한 탁월한 개념은 하나님에

---

40 O.S. 1.134.
41 Battles, *Institutes, 1536 Edition*, 17-59; Ganoczy, *Young Calvin*, 225-38.
42 O.S. 1.123. 예를 들어, 성례전에 관한 장에서 확장된 논의를 보라(O.S. 1.122-24); 그리고 Battles의 *Institutes, 1536 Edition*, ⅹⅹⅱ-ⅹⅹⅴ, ⅼⅰ-ⅼⅳ의 해설을 유의하라.
43 Battles, *Institutes, 1536 Edition*, ⅹⅼⅴ-ⅼⅸ. Calvin의 교회론에 관해 다음의 글들을 보라. Balke, *Calvin*, 39-7, 97-122, 155-68, 209-11; Peter Barth, "Calvins Verständnis der Kirche," *Zwischen den Zeiten* 8(1930): 216-33; Doumergue, *Jean Calvin*, 5:3-67; Alexandre Ganoczy, *Calvin théologien et du ministère* (Paris: Éditions du Cerf, 1964), 183-222; Harro Höpfl, *The Christian Polity of John Calvin*(Cambridge: Cambridge University Press, 1985); J. T. McNeill, "The Church in Sixteenth-Century Reformed Theology, " *Journal of Religion*

의해 선택된 믿는 이들의 완전한 교제이었다. 이것은 어거스틴뿐 아니라 부처와 루터와 조화된 것이다. 칼빈은 교회가 시간과 공간을 초월하여 그리스도의 손으로부터 존재했으며, 보이는 외관 없이 존재할 수 있었다는 것을 그의 헌정의 글에서 썼다.[44] 그래서 그는 중세교회의 위대한 선조들에 대해 익살맞게 하는 기도를 인정하지 않았을 뿐만 아니라, 진정한 교회는 가톨릭의 주장에도 불구하고 역사적으로 전개되었던 중세 후기 교회를 인정하는 것이 아니었다.[45] 게다가 진정한 교회의 외적인 표시들(marks)은 적절히 집례된 성례들과 합당하게 선포되고 들려진 하나님의 말씀이었다.[46] 이와 같이 진정한 성례들과 거짓 성례들에 대해 확대된 칼빈의 논의(3장, 4장 아래)는 프랑스 복음적 정당성을 로마교회로부터 더욱 구분시켰다. 칼빈은 적절한 신앙고백, 생활양식, 그리고 성례에 참여하는 모든 사람들로서의 "선택된 자들과 교회의 회원들"을 동일시했을 때 하나님의 선택에 대한 개념과 1536년 교회의 중요한 표지인

22(1942): 251-69; Willam Mueller, *Church and State in Luther and Calvin: A Coparative Study* (Nashiville: Broadman Press, 1954), 73-163; Ray C. Petry, "Calvin's Conception of the 'Communio Sanctorum,'" *Church History* 5(1936): 227-38; Heinrich Quistorp, "Sichtbare und unsichtbare Kirche bei Calvin," *Evangelische Theologie* 9(1949): 83-101; H. Strohl, "La Notion d'église chez les Réformateurs," *Reuve d'histoire et de philosophie religieuses* 16(1936): 265-319, esp. 296-311; J. S. Whale, T*he Protestant Tradition: An Essay in Interpretation*(Cambridge: Cambridge University Press, 1955), 145-62.

44 O.S. 1.31. Balke, *Calvin*, 48-49; Ganoczy, *Calvin théologien*, 184-85; Höpfl, *Christian Polity*, 19-55; Strohl, "Notion d'église." 296-303; Whale, *Protestant Tradition*, 146-51을 보라. Ganoczy가 Bucer와 Calvin 사이를 묘사한(*Young Calvin*, 168-71) 유사점을 유의하라.

45 교회 밖의 사람들에 대하여 "거기에는 구원이 없다"라는 Calvin의 논의에서 Cyprian에 관련된 무명의 사람에 주의하라(O.S. 1.92). *The Ante-Nicene Fathers*, ed. Alexander Roberts and James Donaldson(Edinburgh, 1885-; reprint, Grand Rapids: T. &. T Clark, 1990), 5.384에 있는 Cyprian의 *Epistle* 72[73]을 비교하라.

46 O.S. 1.91.

권징을 제외하는 것을 신중하도록 요구했다.[47] 여기에 그는 진정으로 기독교인이 아닌 자들을 "너무 열정적으로" 배제했던 종교개혁자들(신원미상의)의 열심을 비판했다.[48]

2) 칼빈의 세례신학: 1536-1539년

칼빈은 1536년부터 1539년까지의 3년간 중요한 시기를 보냈다.[49] 제네바 시민들은 1536년 5월 23일 "복음에 따라" 살기 위해 투표로 결정했다. 같은 해 8월 칼빈이 파리를 떠나 스트라스부르크로 가는 여행길에 제네바를 우회하고 있었을 때, 파렐은 제네바를 위해 봉사하도록 그를 압박했다. 5개월 후 1537년 1월 16일 그들은 제네바 시의회에 『제네바 교회와 예배 조직에 관한 조항들』을 제출했다. 도덕과 신앙고백을 위한 권징(discipline)은 이 문서의 중요한 부분이었다. 왜냐하면 이것은 교회의 생활에 결정적인 것으로 여겨졌기 때문이었다. 도덕에 있어서 느슨한 사람들과 이 신앙고백을 공적으로 서명하지 않은 사람들은 추방되었으며 성찬에서 제외되었다. 그들은 이 권징을 강력히 주장하기 위해 투쟁하였으며, 도덕적 시행을 분개했던 자유주의자들의 연합전선과 교회 문제에 있어서 시의 간섭을 분개했던 재세례파들에 의해 반대를 받았

---

47 Luther의 1522년 *Personal Prayer* 안의 강한 표현, 즉 "나는 이 공동체에서 평시에 동일한 믿음, 말씀, 성례들, 그리고 사랑을 가지고 있지 않은 사람은 구원받을 수 없다는 것을 믿는다"와 비교하라(W.A. 10². 394; L.W. 43.28).

48 O.S. 1.88-91에 있는 논의를 보라. 그리고 Battles의 *Institutes, 1536 Edition*, 265-66에 있는 해석을 주목하라.

49 Balke, *Calvin*, 73-96; Ganoczy, *Young Calvin*, 106-31; Parker, *John Calvin*, 51-66; Walker, *John Calvin*, 182-215.

다. 다양한 교회론적인 입장과 정치적인 투쟁을 따라 이루어진 교회 권징에 대한 논쟁은 결국 칼빈과 파렐의 추방으로 끝이 났다. 이들은 1538년 부활절 이후 잠깐 동안 제네바에서 추방되었다.

1538년 9월 칼빈은 부처의 제의에 따라 스트라스부르크에 있는 프랑스 피난민 회중의 목사로 부름 받았다. 스크라스부르크는 재세례파들에게 "의로운 피난처"라는 도시로 불리우는 피난처가 되어 왔다. 칼빈 사역의 중요한 부분은 프랑스 개신교도들을 위해 목회하는 것이었다. 그들 중에 많은 사람들이 재세례파에서 개종했다. 바꾸어 말하면, 칼빈은 재세례파 가운데 상당한 영향력을 가지고 있는 것으로 보였다. 왜냐하면 그들은 칼빈이 프랑스 회중의 교회 권징에 대해 강력한 호소력이 있음을 발견했기 때문이었다.[50]

칼빈이 스트라스부르크 사역을 시작했을 때, 마틴 부처와 스트라스부르크 시는 과격한 종교개혁자들(미가엘 세르베투스, 세바스티안 프랑크, 카스파 쉐벵크펠트)을 상대로 10년간의 교회론적 투쟁을 끝내고 있었다.[51] 재

---

50 Balke, *Calvin*, 123-53; Parker, *John Calvin*, 67-81; Walker, *John Calvin*, 216-44.
51 스트라스부르크와 Bucer의 저작에 관하여 Greschat, *Martin Bucer*, 127-38, 153-61; Gottfried Hammann, *Entre la secte et la cité: Le Prject d'église du réformateur Martin Bucer*(Geneva: Labor et Fides, 1984), 특히 43-68, 175-249, 258-62; Eelle, *Martin Bucer*, 127-65; François Wendel, *L'Eglise de Straabourg, sa constitution et son organization, 1532-1535*(Paris: Presses Universitaires de France, 1942)를 보라. 스트라스부르크에서 활동한 종교개혁 급진파들에 관해서는 Klaus Deppermann, *Melchior Hoffman. Soziale Unruhen und apokalyptische Visionen im Zeitalter der Reformation*(Göttingen: Vandenhoeck & Ruprecht, 1979), 149-93; 그리고 George H. Williams, *The Radical Reformation*, 3d ed. Sixteenth Century Essays & Studies 15(Kirksville, Mo.: Sixteenth Century Journal Publishers, 1992), 363-431을 보라. 스트라스부르크의 시민들과 젊은이들의 영적 돌봄에 관한 Bucer의 노력에 대해서는 Amy Nelson Burnett, "Church Disciple and Moral Reformation in the Thought of Martin Bucer," *Sixteenth Century Journal* 22, 3(1991): 438-56; idem, "Martin Bucer and the Anabaptist Context of Evangelical Confirmation," *Mennonite Quarterly Review* 68(1994): 95-122: idem *Yoke of Christ*를 보라.

세례파들 가운데 이 지역 활동가였던 필그램 마펙, 미가엘 재틀러, 그리고 멜키오르 호프만은 끊임없이 스트라스부르크교회에 대해 도전했다. 이들 종교개혁자들은 신앙고백과 성인세례에 의해 교회에 들어온 믿는 자들의 진정한 교회를 모델로 삼았다. 이 진정한 교회는 단지 그리스도에게만 순종하였으며 사랑과 상호간에 도움을 주었고 공식적으로 시의 규율을 폐지했다.[52] 재세례파들은 그리스도에게만 충성하는 대신에 시의 행정관들에게 충성하는 것, 그리고 그 도시의 도덕과 영적인 느슨함 때문에 스트라스부르크교회를 비판했다. 이에 대해 부처는 교회의 외직이며 내직인 조직체를 고찰하면서 비판적으로 반응했다. 그 결과 새로운 교회의 규례들, 몇 개의 신앙교육서(catechisms), 아이들의 견진(confirmation)을 위한 체계, 그리고 영향력 있는 『진정한 목회돌봄에 관하여』(Von der waren Seelsorge, 1538)가 출간되었다. 『진정한 목회돌봄에 관하여』는 교리, 교회 권징, 목양적인 돌봄과 감독의 비전으로의 섬김 등과 관련되어 있었다.

칼빈이 1539년 그의 저작 『기독교 강요』 개정판을 마쳤을 때 세례의 인가를 강조했던 것은 놀라운 일이 아니었다. 그는 다른 사람 앞에서 자신의 신앙을 공적으로 선언하는 것으로 성례들과 세례에 관한 네 가지 참고사항을 추가했다. 이 네 개의 추가물 중에 세 개는 후에 성례 일반에 관한 장의 19절에 잘 나타났다. 칼빈은 하나님의 말씀에 기초하지 않은 의식들(ceremonies) 혹은 진리는 더 이상 언급할 가치를 필요로 하지 않다는

---

52 Robert Friedmann, *The Theology of Anabaptism*(Scottdale, Pa.: Herald Press, 1973), 115-57; William Klassen, *Anabaptism in Outline*(Kitchener, Ont., and Scottdale, Pa.: Herald Press, 1981), 101-17; Franklin H. Littell, *The Anabaptist View of the Church* (Boston: Starr King Press, 1958), 79-108.

것을 언급한 후에, 진정한 성례들의 본질을 묘사하였다.

첫째, 그가 개정했던 1536년 자료들에 추가한 것으로, 성례들은 "우리가 믿음을 돌이켜 그에게 묶어서 하나님의 이름에 공적으로 충성을 서약하는 선언의 표시들(marks)이다"라는 것이다.[53]

둘째, 그는 존 크리소스톰이 제기했던 성례들에 관한 질문을 포함시켰다.[54] 그리고 칼빈은 "성례들에서처럼, 하나님은 나쁜 일을 행함으로 빠졌던 죄와 징벌을 지우시기를 약속하셨다. 그래서 우리는 이 선언에 의해 경건하고 순수히 우리 자신들을 공동으로 서약한다"라고 말했다.[55]

셋째, 칼빈은 이 성례부분을 1536년 『기독교 강요』에서 확장하였으며 성례의 정의에 대한 인간의 반응을 포함하면서 글을 마쳤다. 이렇게 그는 단지 3년 먼저 비평을 받았던 츠빙글리의 개념을 인정했다. 『기독교 강요』의 2판에서 성례를 결론짓는 정의를 비교해보라.

1536년판	1539년판
따라서 당신은 예식이 되는 이 형식의 성례를 정의할 수 있다. 그것에 의해 주님은 그의 백성들의 신앙을 훈련하며 굳세게 하시기를 원하신다.[56]	따라서 당신은 예식이 되는 이 형식의 성례를 정의할 수 있다. 그것에 의해 주님은 그의 백성들을 훈련시키기를 원하신다. 첫째로, 그 안에서 용기를 주시며, 영감을 주시며, 신앙을 견고케 하신다. **둘째로, 다른 사람들의 면전에서 신앙을 증명하신다.**[57]

---

53 Calvin, *Institutes of the Christian Religion*, 1559 ed., 4.14.19 (이후 Inst.로 인용하며 그 뒤에 권, 장, 절이 뒤 따른다); O.S. 5.227.26-7; Inst. 4.14.19.
54 스트라스부르크에 머무는 동안 Calvin은 교부들, 특히 Chrysostom과 Augustine의 글 읽기를 계속하였다. Hughes Oliphant Old, *The Patristic Roots of Reformed Worship*, Züricher Beiträge zur Reformationsgeschichte, 5(Zürich: Theologischer Verlag, 1975), 144-55를 보라.
55 O.S. 5.277.31-278.2; *Inst.* 4.14.19.

추가적인 증거로는 1539년 칼빈은 어떻게 세례를 인가해야 하는지에 더 많은 흥미를 가지고 있었음을 보여주고 있다. 이 시기에 그는 프랑스인을 위한 세례 소책자를 작성했다. 그것은 1539년 『기독교 강요』 안에 포함되었다. 그리고 후에 1559년 『기독교 강요』에서는 단독의 장(4.16)으로 할애하여 정리했다.[58] 유아세례는 본질적으로 세례의 인가라는 문제를 일으켰다. 칼빈은 1539년 이에 관하여 점차 관심을 가졌다. 그의 『세례예식』(order for Baptism)을 생각해보라.[59] 즉시 어린 아이들을 적절하며 올바르게 기르는 부모들과 그들의 신앙고백에 대해 질문을 한 뒤에, 스드라스부르그의 『세례를 위한 순서』에서는 파렐의 『예식』(La Maniere)을 따랐으며, 마태복음 19:13-15의 말씀을 본문으로 삼았다. 그리고 아이들의 이름을 부르고 세례를 주었다. 『세례를 위한 순서』가 제네바에 적용되었을 때(1542) 성경의 삽화는 생략되었다. 그 대신 전에 나왔던 적이 있었던 세례 권고에 설명부분이 들어있다.[60] 유아세례를 위한 성경의 근거는 성인세례를 위해 강력한 재세례파의 압력이 있었던 곳에서 필요했다. 그러나 그것은 재세례파의 압력이 감소되었던 곳에서 권고 부분으로 바꾸어 말할 수 있었다.[61]

---

56 O.S. 1.125.
57 O.S. 5.278.2-6; *Inst.* 4.14.19.
58 O.S.의 판본들은 프랑스어 소책자와 구별되는 것으로서 유아세례의 실제를 방어하기 위해 유아세례에 관한 설득력 있는 설명을 준다(O.S. 5.303.41, 304.16-30). 이 "소책자"(traicte)는 개정된 형태로 두 곳, 1539년 (라틴어) *Institutes*와 1541년 (프랑스어) *Institutes* 안에 나타난다.
59 *Order for Baptism*의 비평본문을 위해 O.S. 2.30.21-38.36을 보라. O.S. 2.1-10은 Calvin의 세례순서를 찾을 수 있는 *La Forme des prieres et chantz ecclesiastiques*의 개요와 비평본문의 학문적인 역사를 보여주고 있다.
60 O.S. 2.37.5-16.
61 Balke, *Calvin*, 169-208.

1539년 칼빈의 교회론에서 성례신학은 두 가지 방법으로 기여하였다는 것은 명백하다.

첫째, 성례와 세례의 공적인 인가에 관한 칼빈의 점증적인 강조점이 가견적 교회에 관한 점증하는 강조점을 뒷받침했다. 1539년 그는 어거스틴을 따라서 "교회를 믿는 것"에서와 "교회 안에서의 믿음"을 구분했다. 칼빈은 전자가 구원을 교회에 돌리고 하나님께 돌리지 않는 반면에, 후자는 교회가 구원의 방편이 된다는 것을 정확하게 보여준다고 주장했다.[62] 이 시기에 칼빈은 긍정적인 의미에서 "가견적 교회"라는 표현을 처음으로 사용했다. 그는 교회를 신자들의 "어머니"로 묘사했다. 교회를 통해 사람은 거듭나고 구원을 받는다.[63] 또한 그는 공적인 목회와 교회의 권징(discipline)을 강조했다.[64] 가견적 교회의 논의가 아직 세부적 정치형태에 부족한 면이 있었지만, 강조점이 불가견적 교회에서 가견적 교회로 바뀐 것은 분명했다.[65]

둘째, 칼빈의 세례논의에서 1539년에 더 미묘한 변화가 그의 1543년의 성례신학과 교회론에 함축되었다. 그는 그리스도 안에서 그 의미가 발견되는 것들(죄 용서, 금욕, 중생, 그리스도 안에서 접붙임 등)이 무엇이든 유

---

62 O.S. 5.2.5-5.3.10; *Inst*. 4.1.2.
63 예를 들어 O.S. 5.7.5-24; *Inst*. 4.1.4.
64 Balke, *Calvin*, 112-15; Doumergue, *Jean Calvin*, 5:29-37; Ganoczy, *Calvin théologien*, 193-200; Höpfl, *Christian Polity*, 56-90; Quistrop, "Sichtbare," 86-92; Whale, *Protestant Tradition*, 152-53.
65 Höpfl, *Christian Polity*, 84-85에서는 다음과 같이 날카롭게 말했다. "Calvin이 교회론적 경험이나 책임성에 대해 간략하게 완성되었던 초판 『기독교 강요』는 철회되어야 한다. 그리고 단지 세부적이고 실천적인 문제에 있어서 관련되어 있는 추상성은 고려되어야 한다. 1539년 저서에서는 Calvin의 불가해한 요소들이 나타난다." 확실히, "이러한 불가해한 것"은 Calvin의 경력으로 봐서는 너무 지나친 표현이다.

익한 것은 세례에 돌려야 한다는 것을 주장하기 시작했다.

> 그래서 우리는 세례의 완성이 그리스도 안에 있다는 것을 안다. 참으로 이런 이유로 그분을 세례의 진정한 목적으로 부른다…하나님의 선물은 무엇이든지 세례 안에서 주어진다. 그것은 단지 그리스도 안에서만 얻어진다.[66]

칼빈은 지금 하나님이 제공하시는 그리스도의 틀 안에서 표징-약속 신학을 명확히 붙잡고 있었다. 그리고 오직 그리스도 안에서 접붙임 받는 것은 세례의 두 가지 유익, 즉 죄용서와 중생으로 인한 금욕(고행, mortification)을 포괄한 것이었다는 1536년 주장을 확장한 것이었다. 그러나 하나님의 기독론적인 체제 안에서 하나님의 약속에 대한 루터의 언어를 에워싸고 있는 움직임이 좀 더 직접적으로 가견적 교회와의 연결을 도와주었다. 이 가견적 교회는 그리스도의 제안으로 선택된 자들이 포함되었고 그리스도 안에 접붙임 받았고 홀로 하나님 한 분에 의해 알려진 불가견적 교회와 연결된 것이다.

3) 칼빈의 세례신학: 1539-1545년

세례의 공적 인가에 관한 칼빈의 강조는 1543년 『기독교 강요』에서 그 절정에 이르렀다. 첫째, 주의할 점은 칼빈이 1539년 『기독교 강요』에서 성례의 정의를 결론 내리면서 첨가한 성례의 인간적인 인가(認可)관점이다. 이것은 지금 온전한 성례 토론을 시작하는 절의 중요한 부분이

---

66 O.S. 5.89.14-20; *Inst.* 4.15.6.

다. 이 절에 대한 1543년판 『기독교 강요』와 이전 판들의 서론 부분을 비교해 보라.

1536년과 1539년판 『기독교 강요』	1543년판 『기독교 강요』
성례란 무엇인가를 우선 생각한다는 것은 타당하다(appropriate). 그리고 성례는 외적 상징이다. 이것에 의해 주님은 우리에게 우리 믿음의 연약함을 견디어 낼 수 있도록 하기 위해 우리를 향한 그의 선하신 뜻을 우리에게 상징해 나타내시며 증거하신다. 사람들은 또한 그것을 우리에게 외부적인 상징으로 공표하신 하나님 은혜의 증거로 부르시는 다른 방식으로 정의할 수 있다. 성례에 대해 분명히 다른 더 간략한 정의를 내릴 수 있다. 성례란 약속 자체를 날인하거나 따르게 할 목적으로 하는 하나의 부가물로서 맞추어진 것이다. 그리고 말하자면 그것을 더 잘 증거하기 위한 것이다.[67]	성례란 무엇인가를 우선 생각한다는 것은 타당하다. 우리 믿음의 연약함을 견디기위해 우리를 향하여 주신 주님의 친절하신 약속들을 우리의 양심에 각인시키기 위해 주신 외적인 상징이라고 말할 때 그것은 단순하고 적절한 정의라고 볼 수 있다. 그리고 바꾸어 말하면, 우리는 우리의 헌신을 사람들 앞에서 그분을 향해 증명한다. 이 같은 이유로 우리는 성례가 결코 앞서 있는 약속 없이 존재하지 않는다는 것을 역시 이해한다. **오히려 그분을 향해 우리의 존경을 상호적으로 증명하는** 외적인 표징으로 따르는, 우리에게 향하신 하나님의 은혜의 증거로 말할 수 있다.[68]

앞에서 언급했듯이 1536년 칼빈은 이 관점이 두 번째 중요성에 속한다고 생각하면서 이 성례가 공적인 선언이었다는 견해를 비평했다. 그는 1539년 성례의 공적 인가(認可)에 더 많은 강조를 두기 시작했다. 그러나 그는 성례에 관한 서론적인 의견들 안에 그것을 언급하지 않았다. 1543년 그는 1536년과 1539년판의 서론적인 성례의 정의에 성례의 인

---

67 O.S. 1.118.
68 O.S. 5,259.2-10; *Inst.* 4.14; 볼드체를 추가함.

가(認可)를 추가했다. 칼빈이 서론적인 성례의 정의에 관심을 돌렸을 때, 이 공적 인가(認可)관점에 강조점을 두었을 뿐만 아니라 1539년『기독교 강요』에 부족했던 구체적인 용어들을 정확하게 표현했다.

1536년과 1539년판『기독교 강요』	1543년판『기독교 강요』
세례는 하나님에 의해 주어진 것이었다. 첫째로 그분 앞에서 우리의 믿음으로 섬기게 하기 위함이요, 다음으로 다른 사람들 앞에서 우리의 신앙고백으로 섬기게 하기 위함이다.[69]	**세례는 우리가 교회 공동체로 받아들여지는 입문의 표징이다. 그래서 우리는 그리스도 안에 접붙임 받는 것이며 하나님의 자녀로 간주되는 것이다.** 다시, 세례는 하나님에 의해 이런 목적으로 우리가 받아들여지는 것이다. (나는 이것이 모든 성례들에 있어 공통적이라고 생각해왔다.) 첫째, 그 분 앞에서 우리의 믿음으로 섬기게 하기 위함이요, 다음으로 다른 사람들 앞에서 우리의 신앙고백으로 섬기게 하기 위함이다.[70]

1536년과 1539년『기독교 강요』에 나온 세례의 정의는 칼빈이 공식적으로 공적인 세례 인가에 관한 견해를 비평했을 때 나온 것이었다. 그것은 츠빙글리로부터 빌려 온 것이었다. 1543년 세례에 관한 배경은 그런 탁월한 입장을 가정해왔다. 그것은 가시적 교회 안에 들어오는 것을 가리키는 세례의 정의를 시작하면서 사용되어 왔다. 그러나 칼빈은 역시 1536년에 기독론적 배경을 표현하는 근거 본문에서 이러한 인가(認可)관점의 표현을 바꾼 것이었으며, 그리스도 안에서 접붙임 받았다는 언급을 1539년에 강조한 것이었다. 이러한 기독론적 배경에 관심을 돌리기

---

69 O.S. 1.127.
70 O.S. 5.285.12-16; Inst. 4.15.1.

전에 성례의 공적인 인가에 관한 칼빈의 증가하는 강조에 관하여 마지막 설명이 필요하다.

성례들의 공적 인가(認可)관점이 점점 중심부에 도달했을 때, 칼빈은 그리스도에 대한 하나님의 제안으로 근본적인 본질의 유해에 이르는 성례결과(사건)의 관점을 강조하지 않는 것에 주의했다. 후자의 느슨한 관점은 전에 언급한 것처럼 실수에 이르렀다. 칼빈은 츠빙글리가 과실, 즉 성례에 있어서 첫째 관점에서부터 하나님의 약속을 이동하는 실수를 범했었다고 믿었다. 그는 더욱이 공적 인가(認可)는 하나님이 허락하신 것에 근거하기 보다는 인간의 반응에 근거하는 것으로 보이는 세례신학을 지나치게 강조했다. 이것은 확실히 유아세례의 논쟁 중에 칼빈이 재세례파와의 문제를 일으킨 원인을 이해하게 해준다.

그러므로 스크라스부르크에 머무는 동안 칼빈은 성례의 적법성(validity)을 위한 인간의 반응에 기초되지 않았던 성례의 첫째 관점으로 하나님의 제안을 재강조했다. 이것은 스트라스부르크에서 머문 수년 동안 읽은 교부들의 저작을 다시 반영한 것이었다. 그는 성례의 본성(substantia) 또는 본질(natura)의 문제를 신앙에 의한 본질의 사용으로부터 구분했다.

> 그러므로 당신은 질문할 것이다. 배은망덕으로 인해 악한 자들은 하나님의 명령이 무가치하다고 할 수 있을까? 나는 대답한다. 내가 말했던 것을 성례 받은 사람의 내적인 조건에 기초해 있는 성례의 권세와 진리를 통한 것으로 이해하지 말기를 바란다. 왜냐하면 하나님이 제정하신 것은 고정된 채로 남아 있으며 그 자신의 **본질**에 그대로 남아있기 때문이다. 그러나 사람은 바꾸어진다. 한편으로 제공하시고 다른 한편으로는 받기

때문에, 아무도 주님의 말씀에 의해 거룩하게 된 상징(symbol)을 그것이 불리워지는 진정한 존재로부터, 그리고 그 능력을 유지하는 것으로부터 막을 수 없다.[71]

『제네바 신앙교육서』(1545)에서 칼빈은 또한 세례의 은혜가 모든 사람에게 차별 없이 주어지는지 아닌지의 문제에 대해 씨름했다. 이 점에 관하여 목회자들의 질문에 대한 답변에서 어린 아이들의 대답은 세례의 인가(認可)로부터 세례 자체의 본질을 차별화하였음을 말했다.

많은 사람들은 그들의 사악함으로 그 방법을 자세히 행한다. 그리고 그것을 스스로를 위해 가치 없게 만든다. 그래서 그 열매는 단지 믿는 자들에게만 도달된다. 아직 성례의 **본질**이 전혀 사라지지 않는 것이다.[72]

칼빈의 교회론이 관계되어 있는 한, 1543년 『기독교 강요』는 가견적 교회의 개념을 더 발전시켰다.[73] 그때 스트라스부르크에서 발견되었던 것처럼, 4중 목회를 구성했고 조직했다.[74] 이 교회로부터 사람들은 틀림

---

[71] O.S. 5.273.26-274.1, 볼드체는 첨가하였음. *Inst.* 4.14.16. 또한 Calvin의 1540년의 로마서 주석 4:10-12를 보라. 거기에서 그는 성례들은 스스로 아무 것도 행하지 못할 뿐만 아니라 유기자(reprobate)에게도 유용하지 않다. 그러나 불신앙이 하나님의 진리를 폐지하지 못하기 때문에 성례들은 여전히 힘을 가지고 있다고 주장했다(*Ioannis Calvini opera quae supersunt omnia*, ed. Wilhelm Baum, Edward Cunitz, 그리고 Edward Reuss, 59 vols., vols. 29-87 of *Corpus Reformatorum* [Bruswick: C. A. Schwetsschke and Son(M. Bruhn), 1863-1900], 49.74; 지금부터는 권과 페이지 수와 함께 C.O.으로 인용한다). 1548년 갈라디아 주석 5:3을 비교하라. 그곳에서 Calvin은 "불경건한 자들의 남용이 있다 할지라도, 그럼에도 불구하고 하나님의 거룩한 뜻(decree)을 제거하지 못한다"라는 것을 수사학적으로 인정했다(C.O. 50.245).
[72] "Multi dum liil sua pravitate viam praecludunt, efficiunt ut sibi sit inanis. Ita non nisi ad fideles solos pervenit fructus. Verum, inde nihil sacramenti *naturae* decedit" O.S. 2.134.21-24; no. 329(볼드체는 필자가 강조하기 위해 사용함).
[73] Balke, *Calvin*, 155-60; Doumergue, *Jean Calvin*, 5:37-40; Ganoczy, *Calvin théologien*, 202-11; Höpfl, *Christian Polity*, 89-127; Whale, *Protestant Tradition*, 155-60.
[74] O.S. 5.42.20-57.29. 거의 모든 것이 1543판에서 이뤄진다. *Inst.* 4.3.1-16.

없이 분리되지 않을 것이다.

> 그러므로 교회가 홀로 하나님의 눈에 가견적인 것은 우리에게 불가견적이라는 사실을 믿는 것은 필수적인 것이다. 그래서 이것이 사람들에게 존경심을 가지고 교회라 불리운다. 우리는 겸손할 것을 명령받는다. 그리고 성찬(communion)을 거행한다.[75]

칼빈은 불가견적 교회를 하나님 앞에서 선택된 자의 전체로서 하나의 "참된" 교회로 생각했다. 또한 그는 가견적 교회를 "참된" 교회로 생각했다. 왜냐하면, 가견적 교회는 그리스도 안에서 선택받은 사람들을 명시했으며 가입시켰던 진정한 기구이기 때문이었다. 그래서 거기에는 두 개의 다른 교회가 존재하지 않는다. 오히려 보이는 두 부분을 가진 교회라기보다는 두 교회가 병행하여 존재하는 교회, 즉 한 부분은 오직 하나님을 보는 것이요, 또 다른 부분은 인간을 보는 부분이다.[76] 이 기본적인 구조는 칼빈이 스트라스부르크에서 목회할 때 명확해졌다. 그때 그는 로마서 주석을 썼다.[77] 그는 선택과 이스라엘과 맺은 하나님의 언약에

---

[75] O.S. 5.12.24-27; *Inst.* 4.17.

[76] 이 문구에 관하여 Werner Krusche, *Das Wirken des Heiligen Geistes nach Calvin*(Göttingen: Vandenhoeck & Ruprecht, 1957), 311-16을 보라. 또한 Josef Bohatec, *Calvins Lehre von Staat und Kirche mit besonderer Berücksichtigung des Organismusgedankens* (Breslau: M. and H. Marcus, 1937; reprient, Alan: Scientia, 1961), 285-86; Ganoczy, *Calvin théologien*, 202-6; Wilhelm Niesel, *Die Theologie Calvins*(Munich: Chr. Kaiser Verlag, 1938 [English translation as *The Theology of Calvin*, trans. Harold Knight (Philadelphia: Westminster Press, 1956)], 191-92; Quistrop, "Sichtbare," 96-99를 보라. Calvin의 로마서 주석 9:6-7(C.O. 49.175-76)과 9:8-11, 15-16(C.O. 49.175-79, 181-83)을 비교하라.

[77] Calvin은 스트라스부르크에 도착한 지 1년 후 1539년 10월 18일에 로마서의 헌정사를 썼다. 그는 제네바에서 1536-37년 동안 로마서를 강의했었기 때문에, 아마도 제네바와 스트라스부르크에서 그의 목회와 구분되었던 기간, 즉 바젤에 머무는 동안(1538년 6-9월) 로마서에 관해 작업했다. 그는 이미 수년 동안 이런 아이디어를 생각했다.

관한 주석을 하면서 다음과 같이 주장했다.

> 하나님은 자신을 위해 이스라엘 백성의 보편적인(universal) 선택을 멈추지 않으신다. 그는 그의 비밀스런 계획으로 선택하신다. 그리고 사실, 이것은 명백히 자유로운 자비를 거울로 보여준다. 왜냐하면 하나님은 그것이 한 나라와 함께 한 언약생활을 영위하는 데 보람 있는 일이라고 생각 하셨기 때문이다. 그러나 그의 숨겨진 은혜는 제2의 선택에 높이 솟아있다. 그것은 국가의 단일 한 부분에 제한되어 있다…하나님의 은밀한 선택은 외적인 부르심을 지배한다. 그리고 이것은 결코 그것을 부정하지 않는다. 그러나 보다 그것을 완성하고 따르게 하는 경향이 있다.[78]

교회의 이중 본성(double nature), 즉 하나이지만 구분되는 것으로서 가견적이며 불가견적인 면이 유지되었다. 이것은 칼빈이 행한 성례와 세례의 논의에 의해 강화되었다. 그는 성례전적으로 성례들의 본질 혹은 본성으로서 하나님이 그리스도를 제공해주셨음을 재강조했다. 이 제공은 항상 하나의 참된 교회를 지시하였다. 성례들을 통하여 가견적 교회에서 명백하게 그들 스스로 그리스도 안에서 접붙임 되는 제안을 말씀의 한 형태로,[79] 그리고 불가견적 교회에서 은연 중에 선택이 그리스도 안에서 선택받고 접붙임 되는 것이기 때문이다.[80] 마찬가지로 1543년 세

---

[78] 로마서 9:6(C.O. 49.175); 로마서 9:7(C.O. 49.176). 로마서 9:8-11, 15-16을 보라. 여기에서 Calvin은 하나님의 선택을 논의한다. 그리고 언약 안에 구분되는 세 그룹을 논의한다. (1) 출생으로 언약 안에 있으며 그 언약에 신실하게 남아있는 자, (2) 출생에 의해 언약 안에 있으면서 진실로 불신앙적인 자, (3) 언약 밖에 있는 자로서 믿음에 의해 들어온 자(C.O. 49.175-79, 181-83).

[79] 1546년 Calvin은 고린도전서 1:9에 관련하여 "이것은 복음의 목적이다. 그리스도는 우리의 것이 되어야 한다. 그리고 우리는 그의 몸으로 접붙임 받아야 한다"라는 것을 언급하면서 가시적 교회에 관해 주석하였다(C.O. 49.313).

[80] *Inst.* 3.22.7; 3.24.5-10.

례재료(material)는 이런 이중 구조를 보여 준다. 세례는 가견적 교회 공동체 안으로 들어옴을 나타내었다. 이것은 1545년판을 시작하면서 칼빈의 불어판 『기독교 강요』에 잘 나타나고 있다.[81] 여기에서 하나님은 그리스도를 제공하셨다. 그리고 세례는 그리스도 안에 기초되어 있는 교회의 표지(mark)로 봉사했다. 동시에, 선택받은 자를 위해 세례는 또한 "그리스도 안에 접붙임 받은" 것을 의미했으며 "하나님의 자녀"로서 여겨졌다.

4) 칼빈의 발전에 관한 요약

우리는 1536년 칼빈이 이미 루터와 츠빙글리로부터 배워 온 성례 개념들을 함께 주장해왔다는 사실을 살펴보았다. 칼빈은 성례의 본질을 논의하면서 하나님의 약속이 외적인 표징(sign)에 첨부된 것이라는 루터의 성례의미를 동의했다. 세례에 관하여는 비록 칼빈이 이 관점을 표징-약속 신학에서 2차적이라는 것을 확실히 해 두었지만, 성례를 공적 담보로서 주장했던 츠빙글리의 개념을 추가했다. 같은 시기 동안에, 칼빈의 교회론은 거의 온전히 불가견적 교회와 선택된 자에 대한 하나님의 활동에 머물렀다. 성례신학과 교회론은 젊은 칼빈의 일관된 주장이었다. 이때 그는 아직 제네바와 스트라스부르크에서 교회 지도자가 아니었으며, 로마 가톨릭 신학으로부터 새로운 믿음을 구별하는 일에 여전히 관계하고 있었다.

---

81 John Calvin, *Institution de la religion chrestienne*, ed. Jean Daniel Benoit(Paris: J. Vrin, 1961), 2:318.

1539년 칼빈의 성례신학과 세례신학이 세례의 공적 담보관점을 발전시키기 위해 두드러지게 시작되었다. 그는 가치 있는 주의 만찬(성찬)의 고백과 교회권징에 관한 제네바 논쟁에 결정적인 부분을 담당했다. 그리고 부처가 기울였던 교회구조를 위한 노력과 교회권징에서 중요한 시기에, 칼빈은 스트라스부르크 목회에 들어갔다. 비록 구체적이지는 않았지만 그의 교회론에서 가견적인 교회 관점이 완전한 견해에 이르렀다.

칼빈이 1541년 9월 제네바에 귀환한 후, 그리고 1543년『기독교 강요』가 완성되기 몇 달 전에, 그는 가견적 교회에 대한 논의와 함께 성례의 인간의 인가(認可)관점에 대해 탁월한 생각을 하게 되었다. 그는 역시 1536년『기독교 강요』에 처음 나타난 주제들과 함께 제기되었던 문제들, 즉 좀 더 통합된 성례, 세례, 교회관을 발전시켰다. 그리스도는 가시적 교회를 통해 모든 사람에게 제시되었다. 그리고 그 제공은 말씀과 성례의 표징을 통해 하나의 참된 교회의 존재로 표시되었다(mark). 세례성례는 교회 안으로의 편입을 위한 가견적인 도구로서 기능했다. 그러나 오직 어떤 사람들은 진정으로 그리스도께서 제공해 주심을 받아들인다. 그래서 선택된 자들은 단지 하나님에게만 알려졌다. 1536년 칼빈은 이런 진정한 신자를 "그리스도의 신비로운 몸"으로 묘사했다.[82] 그리고 그는 1539년『기독교 강요』에서 그들을 광의적으로 그리스도 안에서 선택된 자들로 언급했다.[83]

우리는 1543년『기독교 강요』에 있는 칼빈의 통합된 세례와 교회론적 견해의 중요한 관점이 그의 세례신학을 위해 명백한 기독론적인 용어

---

82 "이것이 그리스도의 신비로운 몸인 보편적(catholic) 교회이다"(O.S. 1.92).
83 *Inst*. 3.22.7; 3.24.5-10.

에 의존되어 있었다는 것을 보았다. 그는 1539년 『기독교 강요』에서 기독론적인 구조 안에 있는 루터의 표징-약속 세례신학을 집어넣었다. 마찬가지로 선택의 기독론적인 배경에 관해 『기독교 강요』에 있는 대부분의 문구들은 1539년판에 처음으로 나타났다.[84] 이러한 기독론적인 발전은 칼빈에게 1543년 『기독교 강요』에서 직렬식으로 움직이는 세례신학과 교회론의 구성을 허용했다. 참된 교회는 오직 하나님에게만 가견적이다. 그리고 참된 교회는 그리스도 안에서 선택된 자들만으로 이루어져 있다. 이러한 개인들은 세례를 위한 하나님의 약속들 중 하나와 일치되어 그리스도 안에서 접붙인 바 되었다. 참된 교회는 또한 가견적 교회이다. 그 교회는 그리스도를 나타내며(말씀과 성례를 통해), 그래서 세례를 통해 교회의 공동체 안으로 사람을 가입시킨다.

---

84 *Inst.* 3.22.7; 3.24.5-10 같은 문구들은 1559년 *Institutes*에도 비교적 변하지 않고 남아있다. 거기에서 Calvin은 하나님의 섭리에 관한 절로부터 즉시 교회에 관한 토론을 앞서가는 성령의 사역에 관한 절까지 예정론의 토론을 요구하고 있다.

제 3 장

칼빈: 세례와 하나님의 능력

　칼빈은 루터와 츠빙글리에 이어서 복음주의 종교개혁자들의 세대였다. 그의 『기독교 강요』는 츠빙글리의 사망 5년 후에, 그리고 루터의 사망 10년 전인 1536년에 출판되었다. 칼빈은 새로운 복음주의 진영의 분열로 인해 어려움이 있었지만, 위대한 독일 종교개혁자(루터)와 스위스 종교개혁자(츠빙글리) 간에 다리를 놓기 원하며 성찬신학을 시도했다. 이미 앞 장에서 언급한 것처럼, 칼빈의 세례신학에서도 비슷하게 발전되었음을 논했다.[1]

　루터와 츠빙글리가 직면했던 세례논쟁들 안에서 그들은 성례에 대한 인간의 인가(認可)로부터 세례를 뒷받침하고 있었던 하나님의 행위를 구분하는 것에 대해 알았다. 종교개혁자 각자는 이런 형식적인 구별을 만드는 특징적인 방법을 가지고 있었다(제1장). 루터에게는 하나님의 약속의 말씀이 표징에 친근히 접근했다. 그리고 성례는 하나님의 약속 안에

---

[1] 이 장의 내용은 1999년 10월 31일 미조리주 세인트 루이스에서 열렸던 회의에서 Calvin과 16세기 칼빈주의를 소개한 것이다.

서 신실한 신뢰에 의해 사용되어졌다. 하지만 츠빙글리는 하나님이 그의 백성들의 충성에 대한 서약의 반응으로 단일한 은혜언약을 강조했다.

칼빈은 루터의 표징신학(sign theology)에 근거하여 세례신학을 출발했다. 성례는 하나님의 약속을 날인하고 굳세게 하기 위해 항상 이미 앞서 말씀하신 하나님의 약속에 따른 것이다. 그래서 약속은 모두 더 좋은 증거이다. 세례란 마치 군인들이 그들의 지휘관에게 충성을 보여주는 것처럼, 기독교인이 그리스도에게 그들의 충성을 보여주는 공적인 서약이었다는 츠빙글리의 개념은 세례의 제2관점이었다. 칼빈은 스트라스부르크에서 목사로 봉직했을 때, 그리고 마틴 부처의 영향 아래 가견적 교회에 관한 그의 개념들을 발전시켰을 때, 세례의 공적 인가(認可)관점을 점증적으로 강조했다.

칼빈은 또한 스트라스부르크에서 목회하는 동안에 유아세례를 옹호하는 소논문을 작성했다. 이것은 마침내 1559년 『기독교 강요』에서 하나의 장이 되었다(4.16). 그는 품위 있게 유아세례의 언약 방어(covenant defense)를 접목했다. 이것은 아마도 루터로부터 배웠으며, 부처와 츠빙글리로부터 배웠던 표징-약속 신학이었다(4.16.2-6). 옛 언약과 새 언약인 이 두 언약은 그리스도 안에 기초한 하나님의 동일한 약속이었다. 그리고 이 두 언약은 약속에 부착된 외적인 표징을 가지고 있었다. 다른 모든 점은 외적인 표징의 양식에 있었다. 세례에 있어서 칼빈의 궁극적인 기독론적인 태도는 그의 전체적인 세례신학(표징신학, 언약보증, 그리고 유아세례 언약방어)과 그의 교회론(불가견적, 가견적 교회) 안으로 통합된다.

요약하면, 『제네바 신앙교육서』(Geneva Catechism)는 1536년에서 1545년에 이르는 10년 동안 칼빈의 세례신학과 교회론에서 뛰어난 신학적 구조를 보여주고 있었다(제2장) 그는 성례의 표징신학, 언약신학, 그리고 선택과 연관되어 있는 기독론을 중심으로 다음과 같이 통합했다. 즉 (1) 1세대 종교개혁자들인 루터, 츠빙글리, 그리고 부처로부터 온 영향력, (2) 첫 제네바 사역과 3년간의 스트라스부르크에서의 목회경험, (3) 복음적인 교회들이 나눠지는 동안 교회연합의 관심 등이다. 여기서 두 가지 단정할 수 있는 결과들이 나왔다.

첫째, 1545년부터『기독교 강요』최종판(1559)때까지 칼빈의 세례신학 안에 본질적인 변화가 없었음을 보여준다. 젊은 칼빈에 있어서 신학형성의 능력과 그 결과로써 생긴 복합적인 종합력은 본질적으로 변화하기 어려웠다. 이 장의 첫 부분은 점진적으로 발전하는 그의 강조점을 살펴본다. 그리고 또한 칼빈의 세례신학에 있어서 세 가지 요소들을 살펴보고자 한다. 즉 (1) 인간의 믿음을 일으키는 하나님의 은혜에 의한 약속의 보증으로서의 표징, (2) 그러나 연약하지만 하나님의 약속을 제 것으로 삼는 인간의 믿음, (3) 하나님의 언약 안에 있는 이들에 대한 그리스도 안에서의 하나님의 선택이다.

둘째, 칼빈의 세례신학은 세심하고 엄밀한 조사와 비평 아래서 나왔다. 칼빈은 츠빙글리의 죽음(1531), 요한네스 오이콜람파디우스의 죽음(1531), 그의 계승자인 오스왈드 미코니우스의 죽음(1552), 카피토의 죽음(1541), 루터의 죽음(1546), 부처의 죽음(1551), 크랜머의 죽음(1556), 그리고 허약한 건강과 죽음에 임박한 멜랑히톤(1560)으로 인해 초기 위대한 종교개혁자들 중에 홀로 남아 있었다. 단지 1560년까지 불링거만이 생존했다. 그는 칼빈의 동료였으며 다섯 살 연상이었으며 11년 더 살았다. 개신교와 개혁파 계열에 대한 비평은 개신교의 실제적(de facto) 지도자의 세례신학과 교회론을 주의 깊게 살폈다. 이 장의 제2절에서는 칼빈의 반대자들에 의해 퍼부어졌던 비평에 관한 두 가지 주요 영역을 검토해보고자 한다. (1) 유기로 예정된 자들에 대한 세례, (2) 이미 은혜언약 안에서 태어난 유아들의 세례이다. 그리고 마지막 절에서는 칼빈의 세례신학이었던 복합적인 종합력에 있어서 원리적인 어려움들을 평가하고자 한다.

1. 표징, 믿음 그리고 선택

칼빈은 1545년과 1559년 사이에 세례신학의 세 가지 중요 요소들인 성례의 표징, 인간의 믿음, 하나님의 선택을 점차 강조했으며 미묘한 차이(nuance)를 언급하였다.

1) 성례의 표징

칼빈에 대한 제네바의 반대, 제네바에서 있었던 음모, 그리고 제네바와 프랑스 간의 정치적인 음모는 1547년부터 1553년에 이르기까지 지속되었다.[2] 멜랑히톤, 불링거, 파렐 등과 같은 친구들에게 보낸 칼빈의 편지는 자신에 대하여 가하고 있던 반대자들의 정치적이고 개인적인 소동을 계속 언급했다. 그는 멜랑히톤이 보낸 편지에 대한 답변으로 1552년

---

2 영어로 된 짧은 요약을 위해서는 Parker, *John Calvin*, 107-16을 보라. 또한 Walker, *John Calvin*, 281-324를 보라.

10월에 쓴 편지에서 다음과 같이 기록하였다.

> 정직하게 말해서, 아주 심하게 나를 소멸시키는 방대한 문제들에 더하여 어떤 새로운 고통과 걱정이 더하지 않은 날이 거의 없습니다. 그래서 주님이 자신의 치료로 그들의 가혹한 것을 누그러뜨리는 것이 없다면 나는 나를 압도하는 다량의 짐들 아래서 너무 힘을 소진했을 것입니다. 이런 것들 가운데, 당신의 노년과 신체적 허약에도 불구하고 당신은 상당히 건강하다는 것을 아는 것과 그리고 나를 향한 당신의 사랑이 변하지 않는다는 것을 당신의 편지에서 확신할 수 있었다는 것은 작은 일이 아니었습니다.[3]

다음 해 중반쯤에 자유주의자(*Libertine*)들은 소위원회를 열어서, 목회자들이 대위원회에서 봉사하는 것을 금지시켰다. 칼빈은 1553년 7월 24일의 제네바 논쟁으로 인해 지쳤으며, 위원회에 자신이 은퇴하는 것을 허락하도록 요청했다.[4]

같은 기간에, 칼빈은 자신의 고국에서 새로운 복음적 신앙을 견고케 하는 일에 열심이었다.[5] 1550년대 말에 프랑스는 50번의 개혁주의 집회를 가졌고, 칼빈의 작품에 영향을 받았던 많은 사람들을 보냈거나 백 명 또는 그 이상의 목회자들을 제네바로 보냈다.[6] 프랑스 교회를 새롭게 시

---

3 "Calvin에서 Melanchton까지"(November, 28[4. Calend. Decemb.]1552); C.O. 14.416, no. 1676.
4 C.O. 21.547.
5 Walker, *John Calvin*, 380-87; Parker, *John Calvin*, 145-49.
6 E. William Monter, *Calvin's Geneva* (New York: John Wiley & Sons, 1967), 134-5. 또한 Robert M. Kingdom, *Geneva and the Coming of the Religious Wars in France, 1555-1563*(Geneva: Librarie E. Droz, 1956), 1-53에서 제네바교회의 목회자들을 부르심, 훈련, 그리고 보내심에 대한 매혹적인 설명을 보라.

작했던 많은 이들이 1559년 파리노회(the Synod of Paris)를 열었을 때, 그들은 칼빈의 제네바 신앙고백에 기초하여 신앙고백서를 작성했다. 이 10년 기간 중 초기에(1552년 5월) 칼빈이 자유주의자들과 투쟁하고 있던 그 때에, 5명의 젊은 목회자들, 즉 로잔에서 테오도레 베자와 피에로 비레의 후학들이자 새로운 복음적인 신앙의 새 목회자들이 리옹에서 체포되었다. 1553년 5월 그들이 감옥에 수감되어 화형으로 죽기 이전에, 칼빈은 예수 그리스도 안에서 하나님의 한결같으신 현존을 통해 용기를 주면서 일련의 편지들을 썼다.[7]

이 투쟁의 기간 동안에 칼빈은 신약성경 주석들을 썼다. 1549년으로부터 1554년까지 그는 사도행전을 189번에 걸쳐 설교했다.[8] 그리고 두 권의 사도행전 주석 중 첫 번째 책이 1552년에 나왔다. 두 번째 책은 2년 뒤에 출판되었다. 그는 첫 번째 세례의 장면과 베드로가 오순절에 설교하는 본문이 있는 사도행전 주석에서, 거룩하게 약속된 구원의 확실성에 관하여 하나님 자신이 말씀하시는 것을 전적으로 확신할 필요에 관하여 썼다. 오순절 세례 강화의 역사적 본문보다도 1552년 동안 제네바와 프랑스의 상황에 더 존재론적으로 빚을 지면서 칼빈은 격렬히 다음과 같이 주장했다.

확실한 믿음을 위해서 각 사람이 영혼에 결심해야 한다는 것이 필연적으로 요구된다. 그 혹은 그녀는 하나님이 다루시는 그것들의 수에 매어있다. 왜냐하면 이것은 진실로 믿는 규칙이기 때문이다. 나는 이와

---

7 C.O. 14.331, 423, 469, 491, 544.

8 Bernard Gagnebin, "L'Incroyable Historie des sermons de Calvin," *Bulletin de la société d'historie et d'archeologie de Genève* 10, 4(1955): 330.

같이 나에게 관계된 구원을 주신 약속 때문에 내가 구원받았다는 것을 추구한다.⁹

이 10년 동안에 칼빈은 일반적인 성례들과 특별한 세례가 하나님이 믿는 자 각자의 마음속에 약속의 말씀을 하셨다는 절대적인 보증을 갖다 주어야 한다는 점을 재강조했다. 예를 들어, 그는 1559년 『기독교 강요』에서 성례에 관한 절의 제목을 재고했다. 1534년부터 1554년까지 성례에 관한 장에 붙은 제목은 "성례들의 이해에 관하여"라는 이름으로 남아있었다. 『기독교 강요』 1559년판에서 그는 성례들에 관한 이 열려있는 절을 좀 더 명확하게 "복음의 설교에 관계된 성례들 안에서 우리의 믿음에 도움이 되는 것"이라는 제목을 붙였다.¹⁰

이와 마찬가지로 그는 제13절에서 성례가 군대에 들어갈 때 군인이 맹세했던 공적인 맹세와 관련이 있었다는 츠빙글리의 견해를 논의했다. 칼빈이 1536년보다 더 일찍이 인정했던 개념은 하나님의 약속으로서의 성례의 개념에 대해 그보다 이차적인 위치에 두었다. 그는 1559년에 이런 결론을 덧붙였다.

> 동시에 첫 관점을 유지하라. 그렇지 않으면, 우리가 보아 온 대로, 신비들(성례들)이 같은 사용과 목적에 우리의 믿음을 돕고 우리 교리를 보충하지 않는다면 신비들(성례들)은 생명 없는 것이 될 것이다.¹¹

---

9 C.O. 48.54-55.
10 O.S. 5.258.33-34; *Inst.* 4.14.1. 또한 Calvin의 사도행전 2:38 주석(C.O. 48.53)과 디도서 3:5(C.O. 52.430)를 보라.
11 "Maneat interea prius illud: quia alioqui frigerent mysteria(ut visum est) nisi fidei nostrae adminicula essent, doctrinaeque appendices in eundem usum et finem destinatae"(O.S. 5.271.6-8; *Inst.* 4.14.13).

제2장에서 자세히 살펴보았듯이 칼빈은 수년 동안에 걸쳐 중요성을 부각시킨 2차적인 관점을 따랐다. 그러나 1559년『기독교 강요』의 출간이 가까워진 해에 그는 성례들이 하나님으로부터 우리의 믿음을 돕기 위한 약속이었다는 1차적인 관점을 거듭 주장하는 필요를 발견했다. 『기독교 강요』의 두 판이 출간된 사이의 15년은 칼빈에게 인간의 확신은 인간의 믿음으로부터 오는 것이 아니라 하나님의 은혜의 약속으로부터 온다는 것을 생각나게 해 주었다.

칼빈이 세례의 역할을 묘사했을 때, 똑같이 세례가 1차적으로 믿음을 더해주었다는 사실을 강조하는 변화를 만들었다. 그는 표징과 실제 사이의 관계를 논의한 세례에 관한 절에서 1536년 이후로 세례가 믿음을 풍성하게 하고 굳게 하기 위해 주어진 것이라는 것을 주장했다. 1559년 그는 세례가 믿음을 풍성하게 하고 굳게 해 줄 뿐만 아니라 믿음을 "일으키기" 위해 주어진 것이라고 말했다. 그는 나중에 믿음을 풍성하게 해 줄 뿐만 아니라 믿음을 일깨워 준 세례의 창조적인 특성을 주장했다.[12] 그래서 유아세례를 논의하면서 칼빈은 1539년에서 1554년에 이르는 동안에 유아세례를 반대하는 적들이 "우리의 요새를 습격했다"고 주장했다. 1559년 그는 "이 습격은 우리 믿음의 요새"에서 행해진 것이라고 선언했다. 그는 믿음을 더해주는 유아세례의 기능에 호소하면서 유아세례의 제정을 옹호했다.[13]

칼빈은 복음적 신앙의 신학자로서 초기부터 성례의 표징을 하나님이 인간의 믿음을 도와주시는 중요한 방식이라고 주장했다. 1536년『기독

---

12 O.S. 5.295.9-10; *Inst*. 4.15.14.
13 O.S. 5.327.20-21; *Inst*. 4.16.22.

교 강요』에서 서술한 성례의 정의는 다음과 같다.

> 성례가 무엇인가를 첫째로 생각하는 것은 마땅한 일이다. 성례는 하나의 외적인 표징이다. 그것에 의해 주님은 **우리 믿음의 연약성을 견디게 하기 위하여** 우리에게 향하신 그의 선하신 뜻을 나타내 보이시며 증거하신다. 사람들은 역시 성례를 다른 방식으로, 즉 성례는 우리에게 외적인 상징으로 선언하신 하나님의 은혜의 증거로 부름으로 정의할 수 있다. 우리가 이해할 수 있는 그 이유는 성례란 선행하는 약속 없이 전혀 있을 수 없다는 것이다. 오히려 부속물로서 **약속 자체를 인치며 굳건히 하는 목적으로, 그리고 그 약속을 좀 더 증언하기 위하여** 약속에 연합되어 있는 것이나.[11]

1550년대에 칼빈이 인간의 믿음을 더해주는 것으로 성찬의 표징에 관하여 강조점을 더 두고 있었을 때 다양한 은유들을 사용했다. 그는 1536년부터 1554년 사이에 말씀과 표징으로서의 성례에 대한 토론에서 하나님이 "우리를 육체 자체 가운데서 영적인 것을 숙고하게 하신다"고 주장했다. 그는 1559년 이것을 좀 더 강하게 읽도록 하기 위해 하나님이 "영적인 축복들의 거울을 우리 육체 가운데 우리들 앞에 마련하신다"라고 개정했다.[15] 성례의 표징은 더 이상 단순히 인간에게 영적인 것들을 명

---

14 O.S. 1.118. 볼드체는 첨가한 것임.
15 O.S. 5.260.28-29; *Inst.* 4.14.3. 마찬가지로 성례가 하나님의 선한 뜻과 인간을 향한 사랑을 입증했던 1536년 묘사에서("et bonam suam erga nos voluntatem testificatur") Calvin은 "말보다 표징이 더 풍부하게"라는 문구를 덧붙였다("suamque erga nos benevolentiam et amorem expressius quam verbo tes-tatur"). O.S. 5.263.26-27; *Inst.* 4.14.6을 보라. 성례에 관하여 서투른 1536년판의 잠정적 문구, 즉 우리의 믿음이 양육되었던 "선한 의지를 증명하는 동안에"(while)라는 것과 1559년판의 원인을 나타내는 문구, 즉 우리 믿음이 양육되었던 "선한 의지를 증명함에 의해서"(by)를 비교하라. O.S. 5.264.28-32과 Inst. 4.14.7을 보라. 또한 Inst. 4.14.20을 보라. 그곳에서 Calvin은 1536년부터 1554년까지 외부적인 비유가 성례를 설명하는 좋은 규칙이라는

상하도록 도와주는 것이 아니라, 모든 인간이 우리에게 베풀어 주셨던 하나님의 은혜를 직접적으로 바라볼 수 있게 하는 것이다.

또한 칼빈은 성례의 표징들은 하나님의 약속하신 은혜의 단순한 표징 이상으로 작용한다고 주장했다. 성례의 표징들은 그러한 은혜의 보이는 보증들이었다. 그가 1536년 행했던 논쟁에서 첨가하여 1539년에 개정한 1559년 『기독교 강요』의 구절을 기억하라.

그것들은 스스로 어떤 은혜를 주지 않는다. 다만 그런 일들이 하나님의 자비하심에 의해 우리에게 주어진다는 것을 알려주고 말해 준다.	그것들은 스스로 어떤 은혜를 주지 않는다. 다만 우리에게 알려주고 말해 준다. 그리고 **그것들은 보증이며 표시로서** 하나님의 자비하심에 의해 우리에게 주어진 것들을 **우리 가운데 승인해주는 것이다.**
(1536년과 1539년판 『기독교 강요』)	(1559년판 『기독교 강요』[16])

우리는 후에 같은 절에서 성례들의 임무에 관해 확인했다. 칼빈은 1559년 성례전들이 성례들의 외적인 표징에 따라 확실한 효과를 가지고 있다는 것을 추가했다. 하나님이 진실로 이것들을 이행하신다.

그러므로 하나님은 그의 표징 안에 약속하시고 대표하신 것들을 진실로

것을 말했다. 그는 "그래서 우리는 물질적인 것 아래서 영적인 것들을 보고 깊이 생각해야 한다"고 말했다("ut in rebus corporis spirituales conspiciamus ac cogitemus"). 1559년 Calvin은 "우리는 바로 우리 눈앞에 놓여있는 것처럼 물질적인 것 아래서 영적인 사물을 보아야 한다"("ut in rebus corporis spirituales conspiciamus, perinde acsi coram oculis nostris subiectae forent")고 말함으로써 이것을 더욱 공고히 하였다. O.S. 295.21-22를 보라.

16 "Atque(ut sunt arrhae et tesserae) rata apud nos faciant," O.S.5.275.2-3; *Inst*. 4.14.17; 볼드체는 첨가하였음. 또한 이전에 나왔던 문구들, 즉 성례들이 "좋은 소식의 메신저"로 말한 것을 보라. 그러나 1559년판에는 성례들이 "좋은 소식의 메신저 혹은 언약의 승인에 대한 보증"이라고 말한 것을 보라; O.S. 5.274.36-275.1; *Inst*. 4.14.17.

이행하신다. 성례들의 저자가 신실하고 진실하다는 것을 증명하기 위하여 성례 자체의 효능(effect) 없는 표징도 없다.[17]

세례의 구성 물질에 대해서 칼빈은 표징 그 자체와 동일한 중요성을 주장했다. 그는 1536년에서 1559년까지 주요 개정판에서 거의 제기되지 않았던 세례의 표징과 실제에 관한 논의에서 다음과 같은 종결을 추가했다.

그가 우리의 눈에 단지 벌거벗은 광경만을 공급하지 않고 우리에게 현재의 실체를 공급해준다. 그리고 그것은 그가 동시에 효과적으로 집행하시는 것을 대표한다.[18]

그리고 세례와 믿음에 관한 다음 절에서 칼빈은 다음과 같이 자신을 변호했다.

그러나 세례의 능력을 고갈시키는 것-실체나 진리 없이 표징에 더하는 것-은 나의 목적이 아니다 왜냐하면 하나님은 외적인 수단을 통해서 일하시기 때문이다.[19]

---

17 O.S. 5.275.13-15; *Inst*. 4.14.17. 또한 이 부분의 끝말에 붙인 Calvin의 1559년 증보판은 성령을 통한 조명을 말하고 있다(O.S. 5.268.1-3; *Inst*. 4.14.10). Calvin의 창세기 3:22의 주석을 보라(C.O. 23.79). 또한 출애굽기 13:21을 보라(C.O. 24.145). 개혁주의 성찬신학을 분석한 Gerrisch를 비교하라. 그는 Zwingli와 Calvin, 그리고 Bullinger 사이를 구분했다. 즉 Zwingli에 대해서 "symbolic memorialism"(상징적 기념주의)라고 했으며, ("토마스적인") Calvin에 대해서는 "symbolic instrumentalim"(상징적 도구주의), 그리고 ("프란시스적인") Bullinger에 대해서는 "symbolic parallelism"(상징적 평행주의)라고 불렀다(Gerrisch, "Sign and Reality," 118-30).

18 "Neque tantum nudo spectaculo Pascit oculos: sed in rem praesentem nos adducit, et puod figurat, efficaciter simul implet,"O.S. 5.295.26-28; *Inst*. 4.15.14. 또한 Calvin의 사도행전 2:38 주석을 보라(C.O. 48.53).

19 "Quanquam mihi animus non est baptismi vim estenuare, quin signo accedat res et veritas,

그래서 칼빈이 세례의 물 자체의 특별한 질에 관해 말했다는 것은 우리에게 놀랄만한 것이 아니다. 1539년에서 1554년까지 그는 유아세례에 관한 절에 있어서 세례란 "세례 받는 유아들 자신들"에게 유익을 준다고 주장했으며, 1559년 『기독교 강요』에서는 세례란 "거룩한 물로(sacra aqua) 세례 받는 유아들 자신들에게" 유익을 준다고 추가했다.[20]

성례표징과 하나님의 약속에 대한 완전한 보증에 관해 이렇게 언급한 것은 칼빈이 회피하기를 원했던 성례 도구주의(sacramental instrumentalism)의 위험에 내맡기는 일이었다. 성례는 하나님의 은혜에 대한 신성한 운반자와 보증인이 되는 것이 당연했다. 그래서 세례의 물은 그 자체가 "거룩한"(sacred) 것이라고 불리운다. 그러나 그것은 그들 스스로의(of), 혹은 그들 스스로 안에(in) 그런 능력을 갖고 있지 않았다. 성례는 은혜로우신 하나님으로부터 그것의 능력을 모두 끌어낸다. 또는 (칼빈에게 같은 의미로) 세례는 오직 그리스도 안에서만 그 의미를 발견한다.[21] 그는 하나님이 성례의 은혜의 근원이셨다는 것을 명백히 하는 두 개의 수단을 가졌다.

칼빈은 특별히 성례들 자체 안에(in se) 있는 도구적인 능력에 넘겨졌다는 사실을 부정했던 주장을 첨가했다. 성례의 역할에 관하여 『기독교

---

quatenus per externa media Deus operatur,"O.S. 5.296.7-9; *Inst.* 4.15.15.

20 O.S. 5.312.14-15; *Inst.* 4.16.9.

21 타락 이후에 관한 Calvin의 주석을 주목하라. "우리가 토론한 대로 창조주 하나님에 대한 온전한 이 지식은, 그리스도 안에서 하나님 아버지를 우리에게 보여주면서, 믿음이 없이는 어떤 수를 쓰더라도 무가치하다"(C.O. 3.320.10-13; Inst. 2.6.1). Edward A. Dowey Jr., *The Knowledge of God in Calvin's Theology*, 2d ed. (New York: Columbia University Press, 1952), 205-20, 237-38; John Calvin, *The Piety of John Calvin: An Anthology Illustrative of the Spirituality of the Reformer*, trans and ed. Ford Lewis Battles, with music ed. Stanley Tagg (Grand Rapids: Baker Book House, 1978), 13-16을 보라.

강요』에서(4.14.17) 그는 두 가지 사실, 즉 성례란 복된 소식을 전했을 뿐만 아니라 그것의 보증 혹은 표시였다는 것을 더했음을 우리는 바로 보았다. 또한 우리는 그가 표징들에 대해 "성례들의 저자가 신실하고 진실하다는 것을 입증하기 위해 표징들 자체의 효과 없는" 것이 아니었다는 것을 주장했음을 보았다. 1559년 성례 표징을 강화하는 의견을 가진 후에, 그는 성례 요소들(elements) 안에 있는 "의롭다함의 원인과 성령의 능력"을 에워싸고 있는 실수를 피하기 위해 그가 원했다는 것을 명확히 했다는 주장을 추가했다.

> 하나님이 그 안에서 성취하시는 외적인 행동을 통해서 목회자는 무엇을 대표하고 증명해야 하는가를 우리는 유의해야 한다. 그래서 하나님이 홀로 그 자신을 위하여 요구하시는 것이 인간에게 방향을 전환하는 것이 되지 않도록 해야 한다.[22]

마찬가지로, 그리스도는 모든 성례들의 본체이시며 그리스도와 멀어져 있는 사람들 안에는 약속이 없다는 1543년의 논의에서 칼빈은 1559년에 롬바르드에 대한 특별한 공격을 추가했다.

> 그러므로 보다 참을 수 없는 것은 부분들에 불과한 성례들에게 감동적으로 의로움과 구원의 원인을 만들어 주는 피터 롬바르드의 실수이다.[23]

---

22 "Hic quoque notandum est, quod externa actione figurat ac testatur minister, Deum intus peragere: ne ad hominum mortalem trahatur quod Deus sibi uni vendicat,"O.S. 5.275.26-29; *Inst.* 4.14.17.

23 "Quo minus tolerabilis error est Petri Lombardi, qui diserte ea iustitiae et salutis causas facit quorum partes sunt,"O.S. 5.273.17-19; *Inst.* 4.14.16. Calvin은 *Inst.* 4.14.16.에서

그러므로 자연스럽게 칼빈은 세례의 효력(virtue)에 관해 말했을 때, 다시 한 번 세례의 의미가 그리스도인에게 물 자체에 강조를 두지 않고 다른 것에 강조를 두는 것이라는 견해를 보다 더 강화했다.

> 우리를 보이는 요소로부터 떼어놓을 뿐만 아니라 다른 매개적인 것들에게서 떼어 놓는다. 그래서 세례는 그리스도 한 분에게만 굳건히 매어 있게 한다.[24]

2) 인간의 믿음

루터가 언급했듯이, 인간의 믿음은 성례의 표징이 그렇게 상세히 입증되도록 하기 위해 객관적인 하나님의 약속으로서의 의미를 갖는다. 믿음이 하나님의 약속을 받아들였을 때마다 성례는 그것의 효과적인 유익(effective benefit)을 갖는다. 칼빈은 성례가 확실한 표징이었다는 약속을 받아들이기 위해 인간의 믿음이 필요했다는 것을 재강조했다. 이것

그리스도의 은총을 제공하는 것으로서 표징 자체들을 적용하면서, 1559년에 다음과 같이 추가 함으로써 끝을 맺고 있다. "만일 표징들이 우리를 그리스도에게로 향하게 한다면, 그리스도의 은총은 참으로 외부적인 표징의 도움과 함께 제공된다. 반대로 표징들이 다른 방향으로 왜곡된다면 그것들의 전적인 유익은 무가치하게 파괴된다"("et quidem aiuvantibus externis signis, quae, si nos ad Christum invitant, ubi alio torquentur, indigne evertitur tota eorum utilitas," O.S. 5.274.15-17을 보라).

24 "Quae tam ab elemento illo visibili quod oculis nostris obiicitur, abstrahit, quam ab aliis omnibus mediis, ut uni Christo mentes nostras devinciat,"O.S. 5.2786.30-33; Inst. 4.15.2. 세례의 그리스도론적인 성취를 위해 Calvin의 마태복음 3:11-12; 마가복음 1:7-8; 누가복음 3:15-18(요약; C.O. 45.121-23); 누가복음 22:19(C.O. 45.710); 요한복음 1:26(C.O. 47.23-24); 요한복음 20:22(C.O. 47.439); 사도행전 2:38(C.O. 48.51-54), 사도행전 11:26(C.O. 48.256-57); 로마서 6:3-6(C.O. 49.105-8); 고린도전서 1:13(C.O. 49.318); 고린도후서 1:20(C.O. 50.22-24, esp. 50.23); 그리고 에베소서 2:11-13(C.O.51.167-70, esp. 51.169); 갈라디아서 3:26-27(C.O. 50.221-22) 등을 보라. 출애굽기 25:9(C.O. 24.405)와 비교하라.

이 성례 도구주의의 실수를 막기 위한 확실한 두 번째 방법이었다.

1536년 성례들의 역할에 관한 『기독교 강요』(4.14.17)에서 칼빈은 다음과 같이 주장함으로써 논의를 열었다.

> 그러므로 성례들이 하나님의 말씀과 동일한 역할을 가졌다는 것을 확정된 원리로 여기도록 하자. 이것은 그리스도께서 우리에게 제공해 주시고 보내주신 것이다. 그리고 그분 안에는 하늘의 은혜의 보물들이 가득하시다. 그러나 그들이 믿음으로 받아들이지 않았다면, 아무런 유익이되지 못하고 이익이 되지 못한다.[25]

이 절의 내용 이후, 칼빈은 즉시 다음에 나오는 은유를 1559년에 추가했다. 그것은 그의 요점을 입증하기 위하여 은혜의 물질주의적인 영상을 우아하게 사용한 것이었다. 그리고 그것은 리더에게 세례를 함축적으로 상기시키는 것이었다.

> 포도주나 기름, 기타 어떤 액체이든 간에, 만일 그것을 받아들이기에 그릇의 입이 열려있지 않다면 아무리 많이 당신에게 붓는다 할지라도 그것은 흘러갈 뿐이요 사라질 뿐이다. 게다가 그릇이 바깥 면에 더럽혀 있다면 아직 공허하고 비어 있게 될 것이다.[26]

더군다나 믿음의 연약성에 관한 칼빈의 주장은 성례의 표징에 관해 그의 증가하는 강조를 자극하였으며, 그 자체로 성례가 성례 안에서(in), 성례의(of) 효과성을 가졌다는 관점에 균형을 제공했다. 왜냐하면 성례

---

25 O.S. 5.274.18-21; *Inst.* 4.14.17.
26 O.S. 5.274.21-24; *Inst.* 4.14.17.

가 믿음으로 받아들이는 곳에서만 유익하기 때문이었다. 그리고 믿음이 연약해진다면, 목회적으로 말해서 성례가 효과적인 면에서 단지 때때로 혹은 가끔 나타난다는 것이다. 왜냐하면 성례는 결코 자동적으로 효과를 발하는 것이 아니기 때문이다.

1559년 『기독교 강요』의 성례들과 세례에 관한 절에서 칼빈은 계속해서 믿음의 연약성에 관해 논의를 **추가**했다. (결국 칼빈은 제네바와 국제정치에 둘러싸여 20년 동안 목회를 해왔던 것이다.) 1536년 칼빈은 (연약한 인간과 같이) "떨리며 흔들리고 비틀거리기 때문에" "믿음이 모든 측면들을 받쳐주지 않는다면 실속 없고 연약한" 것으로 믿음을 묘사했다. 그는 1559년-그 자신의 신체적 건강이 악화되었을 때-그렇게 그의 믿음이 떨리며 흔들리고 비틀거려서 **끝내 무너지고** 약하게 된다는 것을 추가했다.[27]

믿음에 관해 약간 다른 은유를 사용하는 것에 대하여 칼빈은 1539년 믿음이란 "태어나고 자라며 완성되는 것이다"라고 주장했다. 그러나 1559년 그 자신이 이 구절을, 믿음이란 "태어나고 자라고 그리고 성숙에 이른다"고 수정하여 좀 더 신중하게 표현하고자 했다.[28] 믿음은 성숙해질 수 있으나 완전해지지는 않는다는 것이다. 그래서 칼빈은 성례에 있어서 하나님의 약속들에 보답하기 위하여 "우리가 상호간에 우리 자신들을 경건과 순결의 고백으로 맨다"고 일찍이 논했으나, 1559년 조심스럽게 "우리는 순서대로 이 신앙고백으로 순결과 **경건을 위하여** 우리 자

---

27 "Verum ut exigua est et imbecilla nostra fides, nisi undique fulciatur, ac modis omnibus sustentetur, statim concutitur, fluctuatur, vacillat, *adeoque labascit*,"O.S. 5.260..20-23; *Inst*. 4.14.3. 이탤릭체(와 본문의 볼드체)는 첨가한 것임.
28 O.S. 5.268.14; *Inst*. 4.14.11.

신을 열심히 잡아 맨다"고 말했다.[29] 그는 신앙을 고백한다는 단어의 의미가 무엇을 의미하는지를 명백히 했다. 사람들은 경건과 열망을 추구할지 모르지만 그것을 아직 갖고 있지 않다.[30]

3) 언약의 단일성(Covenant Unity)

칼빈이『기독교 강요』이전 판에서 언급해 왔으며 1559년에 새로운 강조점으로 받아 들였던 세례에 관한 세 번째 주요개념은 구약언약과 신약언약 사이의 관계였다. 그는 성례들에 관한 장 14절의 끝부분에서, 만약 그의 반대자들이(아퀴나스)[31] 이 해석을 좀 더 기술적으로 취급했더라면, 그들은 옛 언약 섭리의 성례들이 "진리가 결핍된 대표성"이 아니라는 것을 알았을 것이다. 오히려 의식법(ceremonial law)은 그리스도와 분리된 효능이 아니다.[32]

칼빈은 또한 세례의 모형들(prototypes)에 대한 논의에서 마지막 단락을 추가했다. 그것은 홍해이야기(고행)와 야훼의 구름(정결)에서 발견된다. 그는 다음의 내용을 추가했다.

> 신비가 희미하고 아는 사람이 적을지라도, 그럼에도 불구하고 이 두 가지 은혜 안에서 구원 얻는 것 외에 다른 길이 없었기 때문이다. 하나님은 두

---

29 O.S. 5.278.1-2; *Inst.* 4.14.19. 볼드체는 첨가한 것임.
30 O.S. 5.278.1-2; *Inst.* 4.14.19.
31 Thomas Aquinas, *Summa Theologica*, trans. Fathers of the English Dominican Province (London: R. & T. Washbourne; New York: Benziger Brothers, 1914), 2.1, q. 101, art. 2 (150-53).
32 O.S. 5.281.19-27; *Inst.* 4.15.23.

가지 보증을 지닌 상속자로서 양자 삼으셨던 그 옛날 선조들을 잃어버리기 원하지 않으셨다.[33]

두 언약 사이의 계속성이 있으므로 칼빈은 "할례의 표징이 약속을 봉인하기 위하여 첨가된 것"이라는 옛 주장(1539-54)을 대신하여 좀 더 강하게 "할례의 표징이 은혜를 봉인하기 위해 첨가된 것"이라고 표현했다. 세례와 마찬가지로, 할례는 그리스도 안에 그 기반을 두고 있다.[34]

『기독교 강요』 다음 절(4.16.4)에서, 순전히 두 언약의 표징들 간의 외적인 차이점을 다루었으며, 동일하게 이것은 1559년에도 크게 변하지 않았다. 칼빈은 하나님의 구원하는 은혜가 옛 언약 아래 있는 자들에게 나타났다는 사상을 강화했다. 1559년까지 그는 세례는 할례를 대신하였다고 주장하면서 이 절을 마쳤다. 1559년에 문제점으로 보이는 모든 문제들을 명확히 하기 위해 그는 "우리들 가운데 같은 직무를 이행하기 위하여"라는 구절을 첨부했다.[35] 왜냐하면 세례와 할례가 그리스도 안에서 다 같은 금욕(mortification)과 중생을 공유하고 있기 때문이었다. 그리고 세례와 할례가 동일한 직무를 이루었으며, 표징을 받은 자들에게 구원을 표시하는 것이기 때문이다. 이것은 1559년 『기독교 강요』에서 "하나님이 그들의 구원의 보호자이시다" 뿐만 아니라 "보호자시며 그들을 후원하시는 분이시다"라는 것을 유대인이 할례를 통해서 배웠다고 칼

---

33 "Etsi vero tunc obscurum et paucis cognitum fuit mysterium quia tamennon alia est salutis adipiscendae ratio quam in illis duabus gratiis, noluit Deus utriusque tessera vetustos patres, quos haeredes adoptaverat, privare," O.S. 5.292.1-4; *Inst.* 4.15.9. 다음의 주석을 보라. 출애굽기 14:21(C.O. 24.153-54); 출애굽기 25:9(C.O. 24.404-5); 출애굽기 25:40(C.O. 24.411); 출애굽기 26:30(C.O. 24.416-17); 예레미야 4:4(C.O. 37.577).

34 O.S. 5.307.34-35; *Inst.* 4.16.3.

35 "Ut easdem apud nos partes obeat," O.S. 5.308.23-24; *Inst.* 4.16.4.

빈이 말했다. 이것은 1559년 이전에 말한 것과 같다.[36] 여기에서 할례는 하나님의 단순한 보호하심 그 이상을 표시했다. 할례는 세례와 "하나이며 동일한"[37] 구원을 표시하는 것이며, 그리스도 안에서 약속하신 영원한 삶으로 이끄는 것이다.[38]

2. 유기(reprobate)와 유아세례

칼빈은 성례란 "그 자신의 효과(effect)를 가지고 있다" 그리고 "하나님이 상징들이 나타내는 것을 "효과적으로 실행하신다"라고 계속해서 주장했다. 세례의 물은 "거룩한 물"이다. 그리고 거기에는 언약의 단일성이 있다. 그 근원은 그리스도 안에서 실현된 구원이다. 타락자의 세례와 언약 안에서 태어난 유아들의 세례에 대한 세례효과에 관한 질문들이 대두되었다. 칼빈은 이런 질문들에 대하여 답변했다. 타락자의 상황에 대하여는 약속하신 하나님과 성례의 적법성(또는 "본성")(validity or nature)에 관련하여 말했으며, 유아들의 상황에 대하여는 언약과 관련하여 그는 말했다. 이것에 대해 그는 세례효과(effect baptism)가 이미 은혜 언약 안에 이미 포함되어 있다는 것이다. 이를 설명하기 위해 은유적으로 표현했는데, 즉 장례에 있을 회개의 "씨"이다.

---

36 O.S. 5.316.17; *Inst.* 4.16.13.

37 O.S. 5.308.5; *Inst.* 4.16.4.

38 Calvin의 출애굽기 25:9의 주석을 보라(C.O. 24.405). 거기서 그는 "우리는 모든 구약의 대표적인 인물들이 하나님의 은혜와 영원한 구원의 확실한 증거자들이었음을 기억해야한다. 그래서 그리스도는 그들에 의해 드러났다. 왜냐하면 하나님의 모든 약속들은 그분 안에서 예, 그리고 아멘이 되었기 때문이다"(고후 1:20).

1) 세례와 유기자

칼빈은 우선적으로 두 기간 동안에 예정론의 문제에 집중했다. 1539년 이전의 칼빈 저작들은 발전되지 않은 예정론 교리를 보여주었다. 예를 들어, 그는 1536년 『기독교 강요』에서 예정론에 대해 두 번 언급했다. 한번은 그의 사도신경 해설에서 다른 한 번은 그가 교회의 본질을 논의했을 때 언급했다.[39] 그는 1년 후(1537) 제네바에서 작성한 『프랑스 신앙교육서』(French Catechism)와 이듬해(1538) 라틴어 번역본에서 "선택과 예정"이라는 주제로 완전히 한 절을 다룬다.[40] 그 절은 율법에 관한 절 뒤에 그리고 구속에 관한 논의 앞에, 믿음과 관계된 절 가운데에 나타났다.[41] 그는 솔직히 하나님의 예정에 관해 선택과 타락을 말했다.[42] 그러나 1539년 『기독교 강요』에서 그는 『프랑스 신앙교육서』로부터 시작하여 제8장 "예정론과 하나님의 섭리"안에 예정론에 관한 더 긴 토의를 통해 이 이론을 발전시켰다.[43] 그의 『로마서 주석』은 1년 후에 출간되었다(1540). 3년이 지난 후 알버트 피기우스(Albert Pighius, 1490경-1542)에 대한 그의 첫 번째 답변이 나타났다. 피기우스는 네덜란드 인문주의자요 로

---

[39] O.S. 1,83, 86-87.
[40] O.S. 1,390-91; C.O. 5,332-33.
[41] O.S. 1,388-93; C.O. 5,332-35.
[42] "하나님의 말씀의 씨는 뿌리를 취하고 오직 열매를 거둔다. 그 안에서 주님은 그의 영원하신 선택에 의해 그의 자녀들과 그 왕국의 상속자로 예정하신다. 하나님의 동일한 계획, 세상의 기초 이전에 정죄된 모든 사람들에 관하여 분명하고 명백한 진리의 선포는 죽음 위에 죽음의 냄새 그 이상의 것이 아니다"(O.S. 1,390).
[43] Inst. 3,21-24(O.S. 4,368.31-432.8)에 대한 비평 연구자료(apparatus criticus)는 세례에 관해 1539년 『기독교 강요』에 쓰여졌으며, 1559년 판에 주요한 첨가와 개정과 함께 이 장의 거의 완전한 내용을 보여준다. 예정론과 섭리에 관한 내용인 1539년 『기독교 강요』 제8장은 신구약 두 성경 사이의 관계에 관한 장의 뒤에 나온다. 그리고 기도에 관한 장보다 앞서 나온다.

마 가톨릭의 변증가였으며, 1542년에 인간의 자유의지에 관한 그의 작품을 출간했다.[44]

칼빈은 10년 후 다시 예정론에 대해 토론했다. 이것은 제네바 목회자들에게 서명을 받은 평론, 즉 피기우스와 대항하여 그가 쓴 제2차 저작과 일치하며(1552),[45] 유명한 제롬 볼섹(Jérome Bolsec, 1524경-84)과 논쟁했던 같은 시기였다. 볼섹은 카르멜 수도회 출신 수도사였으며 1545년에 로마 가톨릭을 떠났다. 그는 1550년에 칼빈의 친구인 팔라이스의 영주, 쟈크 드 부르고뉴의 내과의사가 되었다.[46] 볼섹은 제네바 목회자들(Vénérable Compagnie)의 금요모임(Friday gathering; congrégation)에 자주 참석했다. 이 모임은 1541년 『법규』(Ordonnances)에 따라 매주 성경을 토의하기 위한 것이었다. 볼섹은 대부분 신학적인 입장에서 칼빈과 일치했지만, 그의 예정론 교리에는 동의하지 않았다. 1551년 5월 15일 볼섹은 금요모임에서 칼빈의 예정론을 비판했다. 이후 1551년 10월 16일에는 더욱 날카롭게 예정론을 비판했다. 볼섹은 예정론을 주장했던 사람들이 하나님의 우상을 만들었다고 말한 이유로 체포되었으며, 시 치안판사들(magistrates) 앞에서 심리되었다. 그리고 치안판사들은 이 신학적인 문제에 관하여 자문을 구하려는 목적으로 여러 스위스 교회에 편지를 썼다. 결국 1551년 12월 23

---

44 *A Defense of the Sound and Orthodox Doctirne of the Bondage and Deliverance of the Human Will against the False Accusations of Albert Pighius*, C.O. 6.232-404.

45 *Upon the Eternal Predestination of God*, C.O. 8.249-366.

46 Bolsec에 대한 간략한 묘사와 제1차와 제2차 참고문헌은 Doumergue의 Jean Calvin, 6:131-61; Parker, *John Calvin*, 111-14; Walker, *John Calvin*, 315-20; J. Wayne Baker, "Jérome Bolsec," in *The Oxford Encyclopedia of the Reformation* (Oxford: Oxford University Press, 1996), 1:188-89를 보라. C.O. 8.xvii-xxi, 141-248, 특히 Bolsec에 대한 Calvin의 응답은 C.O. 8.85-138에서 보라. 그리고 C.O. 8.93-118에 있는 Calvin의 논의를 보라.

일 제네바 치안판사들은 볼섹을 제네바 시에서 추방했다.

십 년이 끝날 즈음에 칼빈은 섭리와 예정에 관하여 1539년 판의 자료를 의미 있게 개정하여 출판했다. 그는 섭리에 관한 논의를 재작업했다. 거기에서는 예정론을 다루지 않았다. 그리고 그는 성령의 중생적인 사역을 논의하였던 제3권의 마지막에 개정된 예정론을 옮겨 놓았다(3.21-24).[47] 『기독교 강요』의 이런 변화는 1551년 동안에 발전되었던 예정론에 관한 신학적 토론의 제2회전을 반영한 것이다.[48]

『기독교 강요』의 모든 판본들을 통하여 성례를 받는 유기자들의 문제에 관한 칼빈의 재빠른 반응은 성례의 본질이 하나님으로부터 오는 약속의 말씀이라는 것이다. 그래서 세례는 그 자체로 완전히 효과적(effective)이다. 그러나 그것은 단지 엄격히 인간에게 약속하셨던 하나님의 인격과, 하나님의 사회적 혹은 개인적 능력을 통해서 오는 것이다. 약속은 온전히 하나님의 능력이 없이 결코 일어나지 않았다.

> 그러나 이 성례(즉 세례)로부터, 다른 모든 것과 마찬가지로, 우리는 믿음에 의해 우리가 받아들이는 것들을 제외하고는 아무것도 얻지 못한다. 만약 우리가 믿음이 부족하다면, 그것은 우리의 배은망덕한 증거가 될 것이다.

---

47 Paul Jacobs, Prädestination und Verantwortlichkeit bei Calvin (Neukirchen: Kr. Moers, Buchhandlung des Erxiehungsvereins, 1973), 62-71; cf. 92, 147.

48 Wendel, *Calvin*, 199-216을 보라; 또한 Jocob, *Prädestination*, 63-65, 67-71, 119ff.을 보라. 그는 1559년 Calvin이 하나님의 은혜로운 선물과 그 선물 안에 기초되어 있는 기독교인의 윤리로서의 칭의를 보증하기 위해 예정론에 대한 논의를 『기독교 강요』의 기독론부분으로 이동시켰다고 말한다. 같은 시기에 Calvin은 유기자에 관한 제한적이며 지역적인 가르침을 발전시켰다. 이 논의는 하나님의 자비로운 행위가 나타날 수 있는 내적인 영역을 보여줌으로써 하나님의 자유로운 칭의를 보장해주었다(50-57, 141-57, 158-58). 또한 Doumergue, *Jean Calvin*, 4.355-56; John Calvin, *Concerning the Eternal Predestination of God*, trans. and ed. J. K. S. Reid(London: James Clarke, 1961), 5-6을 보라.

그것에 의해 우리는 하나님에게 정죄 받는다. 왜냐하면 우리는 거기에 주어진 약속들을 믿지 않고 있기 때문이다.[49]

마찬가지로, 그리스도 안에서 중요성을 가지고 있는 성례들의 논의에서 1559년 칼빈은 악한 자들이 성례를 받는 문제에 대하여 분명히 했다. 그가 1543년에 처음 썼을 때에는 그들이 믿음으로 받았을 때 성례가 효과적이다고 주장했다. 그는 역시 반대로 이렇게 대답하였다.

마치 내가 말해왔던 것들에 대해서 성례의 능력과 진리가 성례를 받는 사람의 내적 **조건 또는 선택**에 의존되는 것으로 이해해서는 안 된다.[50]

칼빈은 1559년 하나님의 성례행위에 인격적인 특성을 강조하기 위해서 성례와 세례에 대한 다수의 논의를 수정했다.

마치 내가 말해왔던 것들에 대해서 성례의 능력과 진리가 성례를 받는 사람의 조건 **또는 선택**에 의존되는 것으로 이해해서는 안된다.[51]

칼빈은 1559년 하나님이 우리를 인도하신다는 표징을 줌으로써 그분 자신이 그 일을 도모하셨다는 것을 말했을 때에, "하나님의 끝없는 호의

---

49 "Caeterum, ex hoc sacramento, quemadmodum ex aliis omnibus, nihil assequimur nisi quantum fide accipimus. Si fides desit, erit in testimonium ingratitudinis nostrae, quo rei coram Deo peragamur, quia promissioni illic datae increduli fuerimus," O.S. 5.296.9-13; *Inst.* 4.15.15. 이것은 1559년 판형임을 유의하라. 이 판형은 1536년 원형으로부터 나온 몇 개의 작은 변이본이다. O.S.에 있는 *apparatus criticus*(비평 연구자료)를 보라.
50 "Non sic intelligendum quod dixi, quasi ab eius qui recipit conditione ingenio vis et veritatem Sacramenti pendeat,"O.S. 5.273.28-29; *Inst.* 4.14.16.
51 "Non sic intelligendum quod dixi, quasi ab eius qui recipit conditione *aut arbitrio* vis et veritas Sacramenti pendeat,"O.S. 5.273.28-29; *Inst.* 4.14.16. 볼드체가 첨가됨.

에 따라"(*pro immensa sua indulgentia*) 표징으로 말미암아 우리를 그분에게로 인도하신 것으로 여기지 않았다(*nos ad se deducere non gravetur*).[52] 칼빈은 1539년 성례가 "언약들"이라고 불렀던 크리소스톰을 인용했던 부분에 교회의 통상적인 성례에 따라 설명했으나, 1559년 판에서는 성례는 "하나님 그분 스스로 우리와 함께 동맹한" 언약들이라는 설명을 삽입했다.[53] 또한 칼빈은 우리 스스로 하나님에 대한 답례로써 서약한다는 설명적인 문구를 추가했다. "왜냐하면 여기에 상호간 동의가 하나님과 우리 사이에 삽입되어 있기 때문이다."[54] 그리고 그는 하나님이 첨가하신 언약에 대한 이런 인격적인 특성을 강조했다.

여기서 하나님의 놀라운 친절하심은 그 자체를 보여주신다. 잘 알려져 있는 대로 하나님은 마치 사람이 일반적으로 그들의 친구와 동료에게 맺는 것처럼 아브라함과 언약하신다. 이것은 왕과 다른 사람들 사이에 맺는 언약의 일반적인 형태이다. 이것은 그들이 동일한 친구들과 적들을 가지고 있음을 상호 약속하기 위함이다. 이것은 확실히 귀한 사랑의 값없는 서약이다. 그렇게 하나님은 그 자신을 우리를 위해 낮추신다.[55]

---

52 O.S. 5.260.23-28; *Inst*. 4.14.3. 하나님의 선한 의지를 하나님의 관대하심과 자애로우심으로 대체한 것을 비교하라. O.S. 5.269.25; *Inst*. 4.14.12. 또한 하나님이 우리의 죄를 없이 하시며, 하나님의 일이 법정적일 뿐만 아니라 개인적인 화해의 것이라는 주장에 앞서 "그리고 자신의 독생자로 우리를 자신에게 화목케 하셨다"라는 문구를 가한 곳에 대해 유의하라(O.S. 5.277.33-278.1; *Inst*. 4.14.19). O.S. 5.264.9-10(*Inst*. 4.14.17)을 비교하라. 그곳에서 Calvin은 성례에 있어서 하나님은 자비와 "선한 의지의 은혜"를 제공하셨다고 말했다. 1559년 Calvin은 하나님의 은혜에 대한 개인적인 자질, 즉 본질이 아니라 거절할 수 있었던 개인적인 제안을 증강하기 위해 하나님이 자비와 "그의 은혜의 보증"을 제공하셨다고 말했다.
53 "Nos sibi confoederat," O.S. 5.277.29; *Inst*. 4.14.19.
54 "Quia hic mutua inter Deum et nos interponitur stipulatio," O.S. 5.277.31-32; *Inst*. 4.14.19.
55 "Hic mira se profert Dei benignitas, quod familiariter paciscitur cum Abram:

칼빈은 이미 츠빙글리, 루터, 부처에게서 본 것처럼 엄밀히 하나님의 능력에 관한 인격적 혹은 사회적 개념을 가치 있게 생각했다. 그리고 적법한 세례와 효과적이거나 유익한(beneficial) 세례 사이를 구별한 것과 관련지어 생각했다. 예를 들어, 1536년부터 1559년까지 반복되는 논쟁이 그의 입장에 반대하여 일어났던 유기자의 성례 수용에 대한 논의를 시작했다.

> 이것으로부터 그들이 (성례가) 하나님의 은혜를 증거하는 것이 아니라고 주장할 때, 그들은 적절히 논의하기에 충분하지 않다. 왜냐하면 악한 자들도 가끔 성례를 받기 때문이다. 그럼에도 불구하고 그들은 하나님이 그들에게 더 이상 호의적이 아니라 더 심각한 유죄판결을 내리신다는 것을 안다.[56]

1559년 칼빈은 이 주장을 다시 생각하였으며, 악한 자들은 성례들을 **받았던** 것이 아니라는 것을 깨달았다-악한 자들은 피상적인 것을 받았을 뿐 성례들을 결코 받지 않았다. 변호된 이 결과는 비록 성례가 악한 자들에게 **제공되었다고** 할지라도 성례란 확실하고 능력 있게 하나님의

---

quemadmodum solent homines cum sociis et paribus suis. Haec enim solennis est foederum inter reges et alios formula, ut eosdem sibi fore hostes et amicos mutuo promittant. Hoc certe inaestimabile est rari pignus, quod Deus se eosque nostra causa demittit," Calvin은 창세기 17:3을 주석한다(C.O. 23.177). 여기에서 명백하게 보이는 것처럼, 그는 하나님과 인간 사이의 관계를 묘사하기 위해 사용했던 관계언어(relational language)는 엄밀히 비대칭적인 관계(asymmetrical relationship)에 관해서 말하는 것이었다. 항상 개시하시며 신실하시며 그리고 자비로우신 분으로서 하나님과, 항상 반응하며 믿음에 있어서 약하며 감사에 실패하는 자로서 인간이다.

56 "Nec satis apposite ratiocinantur, dum ex eo contendunt non esse tesimonia gratiae Dei, quia et *ab impiis saepe accipiuntur*, qui tamen Deum nihilo sibi magis propitium inde sentiunt, sed graviorem potius damnationem contrahunt,"O.S. 5.263.28-31; *Inst*. 4.14.7.

은혜를 중거했다는 것이다.

> 이것으로부터 그들이, (성례들이) 하나님의 은혜를 증거하는 것이 아니라고 주장할 때, 그들은 적절히 논의하기에 충분하지 않다. 왜냐하면 악한 자들도 가끔 세례를 **받기 때문이다**. 그럼에도 불구하고…[57]

칼빈은 1559년에 수사학적으로 대답했을 때 이 점을 재강조했다.

> 그러나 그들은 인간의 배은망덕이 하나님 약속들의 신실하신 어떤 것을 손상시키거나 방해할 수 없다는 것을 반대한다. 물론 그렇다. 나도 동의한다. 그리고 나는, 그 신비(역주: 성례를 의미함)의 능력이 영향을 받지 않는 채로 남아 있다고 말한다. 그러나 그것이 자기들 **안에**(in se)있는 한, 악한 많은 사람들은 그것을 열심히 약화시킨다. 그럼에도 불구하고, 하나는 제공되 어진 것이고, 다른 하나는 받아들여진 것이다.[58]

엄밀히 인격적인 하나님의 활동에 관한 칼빈의 점증적인 사례와, 하나님의 가치 있는 제공과 인간의 인가(認可) 사이의 구별에 관한 칼빈의 점증적인 사례는 세례가 유기자들에게 효과적이지 않다는 도전을 완화해 주었다.[59] 세례는 하나님의 용서의 약속을 부어줄 수 있다. 그리고 하

---

57 "Nec satis apposite ratiocinantur, dum ex eo contendunt non esse testimonia gratiae Dei, quia impiis quoque porriguntur, qui…"O.S. 5.263.28-30; Inst. 4.14.7; 볼드체는 첨가함.

58 "Sed obiiciunt, non posse hominum ingratitudine quicquam detrahi vel intercidere de fide promissionum Dei. Fateor sane, et vim mysterii integram manere dico, quantumvis impii eam, quoad in se est, exinanire studeant. Aliud tamen est offerri, aliud recipi," O.S. 5.393.16-20; Inst. 4.17.33.

59 1543년 일찍이 Calvin은 그가 "선택에서 홀로 성찬이 나타내는 효과를 가져온다"고 Augustine을 인용했을 때 이 관점을 인정했을 뿐 아니라 계속 주장했다(O.S. 5.272.21-22; Inst. 4.14.15). Inst. 4.14.15-16에 있는 참조와 폭 넓은 토론을 보라. Calvin을 공정하게 보기 위해 선택의 문제가 교회를 위해 목회적인 문제로 되기를 원하지 않았다는 것은 분명하다. 1559년 『기독교 강요』를 위해 선택자료(material)에 관한 많은 첨부물과

나님의 확실하고도 자비로운 신 약속은 우리의 믿음을 도와 줄 수 있다. 그러나 사람(vessel)은 입을 열어야만 한다. 그렇지 않으면 효과적으로 안으로 들어가지 않고, 단지 씻음만이 피상적으로 그 사람의 외부에 나타날 뿐이다.[60]

그러나 문제는 단순히 세례의 비효과성의 문제만이 아니다. 왜냐하면 어떤 특별한 구원받은 사람들은 하나님의 약속을 신뢰하지 않기 때문이다. 문제는 유기자들이 원리적으로 믿음을 가질 수 없다는 것이다. 왜냐하면 믿음은 성령의 선물이기 때문이다.[61] 하나님은 유기자들에 대해서 믿음의 선물을 허가하지 않기로 작정하셨다. 칼빈과 세례에 관한 유명한 연구에서 에질 그리슬리스(Egil Grislis)는 이 문제를 적절히 다음과 같

편집이 있었다 하더라도, Calvin은 그의 세례자료에 있어서 Augustine과 관련된 이것(1543년 판)과 구별되게 선택에 대해 적게 참조를 하였다. Calvin은 그가 선택자료를 밖에 두면서 『기독교 강요』의 성례전 장들을 분류했을 때 의도적으로 그렇게 한 것이었다. 그의 작품 *Second Defense against Westphal*(1556)은 하나님의 은혜로운 제안을 어지럽히는 기술적인 자료들로 인해 사람들의 경건을 방해하지 않도록 그의 희망을 보여주었다. C.O. 9.119; Calvin, *Tracts and treatises on the Reformation of the Church*, ed. T. F. Torrence, trans. Henry Beveridge, 3 vols. (Edinburgh: The Calvin Translation Society, 1844-51; reprint, Edinburgh and London: Oliver and Boyd, 1958), 2:343.

60 O.S. 5.274.18-24; *Inst.* 4.14.17. 세례가 다른 모든 성례들처럼 약속되어 있는 성취를 위해 믿음을 요구한다는 Calvin 주장의 다른 예증을 위해서는 O.S. 5.261.21-28(Inst. 4.14.4); 5.264.9-16(4.14.7); 5.271.28-272.1(4.14.14); 5.273.8-13(4.14.15); 5.273.20-26(4.14.16); 5.296.9-13(4.15.15)을 보라. 창세기 17:14(C.O. 23.244); 예레미야 4:4(C.O. 37.578); 예레미야 9:25(C.O.38.56); 사도행전 8:13(C.O. 48.180); 사도행전 15:9(C.O. 48.326-47)의 주석을 참조하라.

61 예를 들어 O.S. 5.265.31-266.10(Inst. 4.14.8); 5.266.17-267.5(4.14.9); 5.267.28-268.3(4.14.10); 5.268.4-16(4.14.11); 5.274.24-275.26(4.14.17)을 보라. 신명기 30:6(C.O. 25.53); 요한복음 20:22(C.O. 47.439-40); 사도행전 16:14(C.O. 48.377-78) 주석을 보라. 또한 1560년의 불어판 『기독교 강요』(*Inst.* 4.14.9)를 보라. 그곳에서 믿음의 눈과 귀를 여는 선물에 관하여 Calvin은 "성령께서 우리들 마음에 자연의 과정 밖에 특별은총에 관하여 바로 그 직임을 가진다"고 말한다. Calvin의 *Institution de la religion cheretienne*, ed. Benoit, 4:298을 보라. 1559년 판 라틴어 『기독교 강요』(*Institutio*)는 거기에 기독론의 관련사항을 실어 놓았다. "그리스도는 자연의 외적인 방법 밖에 있는 특별한 은혜에 의하여 우리 마음 안에 같은 일을 행하신다"(O.S. 5.267.4-5).

이 진술했다. "하나님이 참으로 모든 사람들을 초청한다고 할지라도 그분은 선택된 사람만을 효과적으로 부르신다."[62]

그릴리스는 칼빈을 위해 남겨 둔 "선택과 성례의 방편 사이의 진정한 긴장"에 대해 베르너 크루체(Werner Krusche)의 지도를 따라 설명했다.[63] 그러나 그릴리스는 선택과 성례전 사이에 "효과적인 도구들"로서 지니고 있는 긴장을 동일시하지 않은 것처럼 보았다. 우리가 보아 온 대로 칼빈은 단지 인간의 믿음이 표징에 부여되어 있는 하나님의 약속을 붙잡았을 때에 성례가 효과적(effective)이었다(적법한 것과 비교하면서)는 것을 강조했다. 그래서 성례는 적법한(valid) 도구가 될 수 있었던 반면, 성례는 성례를 받는 이들의 어떤 조건이라 할지라도 결코 성례 안에서(in) 그리고 성례의(of) 효과적인 도구들이 될 수 없었다.

이것을 마음에 두고, 유기자의 세례가 일으키는 문제에 대한 적절한 묘사는 세례가 **적법한** 것인지 아닌지가 될 것이다. (추정적으로) 제공한 측에서 약속이 **원리상으로**(in principle) 결코 받아질 수 없다는 것을 이미 알고 있을 때에 약속이 진정으로 제공되었다고 말하는 것이 도리에 맞을까? 그런 논의는 진정한 긴장이 선택과 "적법한 도구로써" 세례 사이에 존재한다는 것을 시사한다. 이 긴장은 선택과 "효과적인 도구로써" 세례 사이에 존재하는 것보다 실제로 더 문제가 될 것이다. 결국 세례가 유기자의 경우에 적법한 도구가 되는지 아닌지, 그리고 단지 하나님만

---

62 Egil Grislis, "Calvin's Doctrine of Baptism," *Chruch History* 3(1962): 55.
63 Krusche, *Wirken*, 235, 241, 343; Grislis, "Calvin's Doctrine," 55. 또한 Joachim Beckmann, *Vom Sakrament bei Calvin* (Tübingen: J. C. B. Mohr[Paul Siebeck], 1926), 51을 유의하라. 그리고 Hans Grass가 *Die Abendmahlslehre bei Luther und Calvin* (Gütersloh: C. Bertelsmann Verlag, 1954), 217, 227에서 주의 만찬에 관한 Calvin의 가르침에 관하여 말한 내용의 비평을 보라.

이 유기자를 안다면 교회가 어떻게 어떤 세례가 적법한 것이었다는 것을 알 수 있는가?

2) 세례와 기독교인 유아들

1556년 6월 24일 날짜로 된 편지에서 칼빈은 프랑크푸르트 행정장관인 존 클라우베르거(John Clauberger)에게 쓰면서 다른 문제들로 그를 고소한 사건을 논의했다. 칼빈은 유아들은 가정에서 세례를 받아야 한다고 가르쳤으며 유아들이 세례 받지 않고 죽지 않도록 하기 위해 심지어 여성들도 유아세례를 주어야 한다고 가르쳤다는 것이었다.[64] 칼빈은 서론적인 논의를 한 후에 다음과 같이 주장했다.

이 원리는 항상 주장되어야 한다. 즉 세례는 유아들에게 하나님의 자녀와 상속자가 되도록 하기 위해 집례 되는 것이 아니다. 왜냐하면 그들은 직무와 신분에 있어서 하나님에 의해 **이미 간주되어 있기** 때문이다. 입양의 은혜는 세례에 의해 그들의 육체에 날인된다. 그렇지 않았다면 재세례파들이 올바르게 그들을 세례에서 제외하려고 했을 것이다. 왜냐하면 외부적인 표징의 진리가 그들에게 속할 수 없다면, 그들을 그 표징 안에 참여하도록 부르는 것은 불경한 일이 될 것이기 때문이다. 만약 어떤 사람이 그들에게 세례를 부정한다고 하더라도 우리는 즉각적인

---

64 1543년 『기독교 강요』와 함께 시작하면서 Calvin은 긴급한 세례와 여성에 의한 세례에 대한 반대 입장을 확고히 주장하였다(O.S. 5.300.21-303.31; *Inst.* 4.15.20-22). 왜냐하면 전자는 하나님의 권능은 결코 세례에 의해 제한되지 않았으며, 그리고 하나님은 선택하신 사람들, 특히 하나님의 언약 안에서 태어난 사람들을 구원하시기 때문이었다. 또한 후자는 하나님의 법령(ordinance)은 준수되어야 하며, 하나님이 세례 베풀기 위해 오직 목회자(ministers)만을 임명하셨기 때문이다(마 28:19). Calvin은 이 두 가지 견해를 1559년 『기독교 강요』에서 강화하였다. O.S. 5.301.17-26(*Inst.* 4.15.20)과 또한 21-22(O.S. 5.301.17-303.19; Inst. 4.15.21-22)를 보라. Calvin (1553)의 요한복음 20:17 주석을 보라(C.O. 47.434).

대답을 할 것이다. 그들은 이미 그리스도의 양떼와 하나님의 가족 안에 속해 있다. 왜냐하면 하나님이 믿는 이들과 계약한 구원의 언약은 또한 그들의 자녀들에게 공통적이 되기 때문이다. 마치 성경 말씀에서 말한 바와 같이, "나는 너의 하나님이 될 것이다. 그리고 너의 후손의 하나님이 될 것이다."[65]

왜냐하면 유아들은 재세례파가 지적한 것처럼 하나님의 용서의 약속을 붙잡을 수 없기 때문이다. 그것은 세례의 본질이다. 칼빈은 유아세례의 실제를 옹호하기 위하여 언약의 제공에 호소할 수 있었음을 믿지 않았다.[66] 성례의 본질은 어떠한 방식으로도 그들의 것이 될 수 없었다. 유아세례의 실제에 대한 칼빈의 반응은 1556년에 있었던 것과 동일했다. 그것은 이미 20년 전에 있었던 일이었다. 그는 후에 불어로 된 소책자 부록에 들어있는 변호의 실제를 『기독교 강요』의 유아세례 장(4.16)으로 편입했다. 그는 옛 언약과 새 언약의 연속성을 주장했다. 그리고 언약의 성례 표징의 연속성을 주장했다. 구약성경에서 이 언약으로 말미암아 하나님에 의해 선택되었기에 유아들에게 할례를 베푼 것처럼, 그와 같이 새 언약에서 유아들에게 세례를 집례하는 것이다. 만약 기독교인 유아들이 하나님에 의해 선택되었다면, 우리는 감히 그 선택의 표징을 그

---

65 John Clauberger에게 쓴 John Calvin의 편지(1556.6.24) C.O. 16.203-7, 특히 206(no. 2484)을 보라. 볼드체는 첨가함.

66 Calvin의 1550년판을 비교하라. 1539년부터 1545년에 걸쳐 Calvin은 "나는 유아들이 우리들 스스로 경험하는 동일한 믿음을 부여받았다고 성급히 단언하기를 원치 않는다-나는 이것을 성급히 단언하기를 원치 않는다"고 말했다. 1550년 Calvin은 이것을 "**동일한 믿음을 주셨다, 또는** 우리가 우리 스스로 경험하는 것과 같이 **온전히 동일한 믿음의 지식을 갖고 있다**(고 성급히 단언하기를 원치 않는다)-나는 이것을 결정하지 않고 남겨두고 싶다"(non quod eadem esse fide praeditos, temere affirmare velim, quam in nobis experimur, *ant onnino habere notitiam fidei similem*: quod in suspenso relinquere malo)로 수정하였다. O.S. 5.323.27-28; *Inst.* 4.16.19. 영문 이탤릭체와 볼드체는 첨가함.

들에게서 부정할 수 없다.[67] 우리가 보아 온 대로, 1550년대 동안에 칼빈은 그리스도 안에서 두 언약의 단일성과 언약의 기초를 재강조했다.

그러나 칼빈은 가시적 언약의 선택이 하나님의 경륜에 따라 구원에 이르는 궁극적인 예정을 의미하지 않을 수도 있음을 알았다.[68] 그리고 1559년에 하나님의 언약 안에 있는 선택에 관해 보다 상세히 말해야 했다는 것을 깨달았다. 왜냐하면 거기에 제2의 비밀스런 선택을 받지 않았을 지도 모르는 언약 안에서 태어난 어떤 사람들이 있었기 때문이다. 칼빈은 다음과 같이 주장함으로써 추가문을 제시했다.

> 선택의 제2의, 즉 더 제한된 단계는 첨가해야 한다. 혹은 하나님의 더 특별한 은혜 안에 있는 하나가 식별되었다. 즉 아브라함의 같은 자손으로부터 하나님은 얼마를 거부하셨을 때, 동시에 그가 교회 안에 그들을 받아들임에 의해 아브라함의 자녀들 가운데 다른 사람들을 보존했던 것을 드러내셨을 때였다.[69]

연장하여 이스라엘에 관한 이 논의는 새 언약에도 동일하게 적용할 수 있을 것이다. 왜냐하면 거기에는 언약들 사이에는 실질적인(material)

---

67 1545년 Calvin은 교회에 낯선 사람으로서 유아들이 하나님의 자녀가 되는 것이 아니라 이미 그리스도의 몸에 속한 자들이 그 표징으로 세례 받았다고 주장하였다(O.S. 5.303.19-25; Inst. 4.15.22) Calvin(1546)의 고린도전서 7:14-15 주석을 보라. 거기에서 그는 기독교인 유아들이 이미 언약에 속해 있었다고 주장했다(C.O. 49.411-13).

68 Calvin(1541)의 로마서 9:6의 주석(C.O. 49.175)과 로마서 9:7 주석(C.O. 49.176)을 비교하라. 로마서 9:8-11, 15-16에서 Calvin은 하나님의 선택, 그리고 언약 안에 구분되는 세 그룹을 논의하였다. (1) 태어나면서 언약 안에 있으며 그 언약에 신실하게 남아 있는 사람들, (2) 진실로 유기된 자로서 태어나면서 언약 안에 있는 사람들, (3) 믿음에 의해 들어온 언약 밖의 사람들(C.O. 49.175-79, 181-83)이다.

69 "Addendus est secundus gradus restrictor, vel in quo conspicua fuit Dei gratia magis specialis: quando ex eodem genere Abrahae alios repudiavit Deus, alios in Ecclesia fovendo, se inter filios retinere ostendit," O..S. 4.376.23-26; Inst. 3.21.6.

차이점이 없기 때문이다. 어떤 사람들이 언약의 옛 표징을 받았으나 교회 안으로 선택받지 않았던 것처럼 세례와 새 언약에 있어서도 마찬가지이다.

> 참으로 어거스틴에 의해 기록된 것은 진리이다. 가시적 표징 없는 불가시적 성화, 그리고 역으로 말해서 참된 성화 없는 가시적 표징이 있을 수 있다. 왜냐하면 그가 다른 곳에서 밝힌 것처럼 사람들은 성례를 받는 한, 삶의 성화를 이루는 한, 때때로 그리스도로 옷 입기 때문이다. 전자는 선한 사람과 나쁜 사람 사이에 공통적으로 있을 수 있는 것이요, 후자는 선하고 경건한 사람에게 특별한 것이다.[70]

1539년 초기에 이 문제에 대하여 칼빈은 유아세례 소책자에서 직접적으로 말했다. 거기에서 그는 "마치 주께서 어떤 사람을 구원하는 것이 확실한 것처럼 주께서 구원하기를 원하는 유아들을 거듭나게 하신다는 것은 아주 분명하다"고 주장했다.[71] 그리고 나서 이 절의 마지막 부분에서 그는 그러므로 주의 손이 제한되지 않았기 때문에 세례요한을 거룩하게 한 것처럼, 주께서 적당하다고 생각되는 사람들을 완전히 거룩하게 하신다"고 추가했다.[72]

어떤 유아들의 구원에 이르는 예정과 다른 유아들의 유기에 이르는 예정에 대한 하나님의 주권에 관한 칼빈의 강조는, 유아들이 언약 안에서 태어났기 때문에 세례 받았다는 것과 유아들이 언약의 표징을 받을 가치

---

70 O.S. 5.272.6-14; *Inst.* 4.14.14.

71 *Inst.* 4.16.17; Benoit, ed., *Institution*, 4.355를 보라. O.S. 5.321.10-12에 있는 1539년 라틴어 본문을 비교하라.

72 "Le Seigneneur donc sanctifiera bien ceux que bon luy semblera, comme il a sanctifié sanct Iean, puisque sa main n'est pas accourcie." *Inst.* 4.16.17; Benoit, ed., *Institution*, 4.355.

가 있다는 논점과 함께 두 가지 어려움을 일으켰다. 첫째, 언약 안에서 태어난 사람들은 하나님이 구원하신 사람들 가운데 필연적인 것이 아니기 때문에-"하나님이 적절하다고 생각하시는 사람들을 거룩하게 하신다"-어떤 가능한 조건 하에서 세례가 유아를 위해 효과적이겠는가? 세례는 유기자로 예정된 유아들에게는 효과가 없다. 왜냐하면 그들은 하나님의 약속의 인가(認可)를 위해 필요한 믿음을 결코 받지 않았기 때문이다. 그러나 하나님의 제2의 선택 안에서 태어난 유아들에게 세례는 어떤 효과도 나타낼 수 없다. 왜냐하면 이런 아이들은 이미 은혜의 언약을 소유하고 있었기 때문이다.

이 문제는 자연히 한번 하나님의 예정에 관한 이전의 주장이 만들어진 어떤 세례, 성인 혹은 유아세례와 관련하여 일어난다.[73] 성인세례에 관하여 우리는 칼빈의 논의를 보아왔다. (1) 세례는 선택된 자들에게 적법하고(valid) 효과적이었다(effective). 왜냐하면 하나님의 약속은 진실한 약속이었으며 그 수납인은 약속을 충실하게 믿었기 때문이다. 그리고 (2) 유기자의 세례가 비록 효과적이지는 않다 할지라도, 왜냐하면 유기자는 약속에 대하여 신뢰하기를 거절했기 때문에, 세례는 그것의 구원하는 능력 본래 그대로 적법하게 남아 있었다.[74]

선택받은 유아의 경우, 하나님의 약속은 자연히 변함없이 남아 있다.

---

73 제4장에서 보여주는 후기 개혁파 정통주의는 여기에서 매우 분명하다. Grislis, "Calvin's Doctrine," 56-57을 보라.
74 "그들은 인간의 배은망덕이 하나님 약속의 신실한 어떤 것으로부터 빗나가게 하거나 방해할 수 없다는 것을 반대한다. 물론 그렇다. 나도 동의한다. 그리고 나는 악한 자들이 이 신비한 능력을 무기력하게 하려고 노력한다 할지라도 이 능력이 영향을 받지 않은 채로 남아있다고 말한다. 모든 것을 위해서 이것은 한편으로는 제공된 것이며 또 다른 한편으로는 받아진 것이다"(O.S. 5.393.16-20; Inst. 4.17.33).

그리고 그렇게 그들의 세례는 적법하다. 이러한 유아들을 위해 세례는 그들이 "세례의 진리를 배울" 나이에 이를 때에, 그리고 "하나님 자신 스스로 예지하신(foresees) 시간에" 그들이 그 진리를 마음에 취할 때에 효과적이게 될 것이다(become effective).[75]

그러나 칼빈은 외관상 언약 안에서 태어난 유아들 중에서 세례를 받았으나, 후에 유기된 것으로 판명된 유아들이 있음을 알았다. 볼섹과의 논쟁의 시기에 칼빈은 사도행전 3:25에 관한 주석에서 이렇게 썼다.

> 참으로 나는 육체를 따라 신자의 자녀된 많은 사람들이 사생자요, 적법한 자가 아니라는 것을 인정한다. 왜냐하면 그들은 그들의 불신앙을 통하여 거룩한 혈통에서 떠난 자로서 자신들을 신뢰하기 때문이다.[76]

세례의 진리를 인가(認可)하기 위하여 언약의 자녀를 위한 때가 왔을 때에 그들은 그렇게 하지 않았다. 그 점에서 칼빈은 일반적으로 유기자의 세례에 적용했던 세례의 적법성과 효과성에 관한 동일한 논점을 그들에게 적용할 수 있었다. 비록 이스라엘의 모든 사람들이 할례를 통해 하나님의 언약 안에 포함되었다고 할지라도, 여전히 소속된 "약속의 자녀"라는 지시는 엄밀히 말해서 "그것의 능력과 효과성을 가진 자들에게만" 발견된다. 어떤 언약의 회원들은 "그들의 **배은망덕**으로" 약속의 유익을 가지고 있지 않다.[77]

---

75 O.S. 5,325.17; 326,22-23; *Inst.* 4,16,21.
76 사도행전 3:25의 주석(C.O. 76.76). Calvin의 로마서 9:8-11, 15-16에 관한 토론을 비교하라 (C.O. 49,175-79, 181-83).
77 로마서 9:6의 주석(C.O. 49,175). 볼드체는 첨가함.

또 다른 문제는 예정에 대한 하나님의 주권 능력에 관하여 그리고 유아세례를 위한 언약 방어(covenant defence)에 관한 칼빈의 주장으로부터 일어났다. 1559년 『기독교 강요』에서 그는 다음을 재강조했다. (1) 하나님이 효과적으로 실행하셨거나 표징을 표시하셨던 성례 표징("거룩한 물")의 중요성, 그리고 이것은 (2) 인간의 믿음은 그렇게 이 모든 것이 매우 약하기 때문에 그 자신의 약함으로부터 무너졌다. 그리고 제공된 성례로 이러한 하나님의 지지를 필요로 했다. 여기에 적법한 성례가 성령의 능력을 통해 믿음을 일으켜 주고 풍성케 해주는 성례의 효과를 일깨워주는 능력을 가지고 있다.[78] 이것은 확실히 선택 받은 성인의 경우이다.[79] 심지어 유기된 성인들에게 비록 성례의 효과가 그 자체로 없기는 하지만, 성례는 집례 때에 어떤 효과가 없는 것이 아니다.

> 이 성례(즉 세례)로부터 우리는 믿음으로 받는 것만큼 많이 얻는다. 우리가 믿음이 부족하다면, 그것은 배은망덕의 증인이 될 것이다. 그것에 의해 우리는 하나님 앞에서 유죄로 선고 받았다. 왜냐하면 우리가 거기에 주어진 약속들을 믿지 않기 때문이다.[80]

이렇게 세례의 표징은 믿음 없는 배은망덕한 사람들에게 미리 지시하는 효과를 보였다. 그리고 그들이 참으로 "그들의 불신앙을 통해 거룩한 혈통에서 그들 자신을 밀어 내고 있다"라는 것을 증거해 주었다.[81]

---

78 예를 들어 Inst. 4.15.15를 보라.
79 O.S. 5.295.9-11; Inst. 4.15.14. 또한 Calvin의 성례와 세례 정의를 보라. O.S. 1.122, 125, 127, 135; O.S. 5.259.2-10(Inst. 4.14.1); O.S. 5.278.2-6(Inst. 4.14.19).
80 O.S. 5.296.9-13; Inst. 4.15.15.
81 사도행전 3:25의 주석(C.O. 76.76).

그러나 세례는 유아들에게 집례의 실제적인 순간에 무엇을 행할 수 있는가 라는 문제가 남아 있다. 클라우베르거(Clauberger)에게 보낸 편지에서 칼빈은 유아들이 이해할 수 없다는 것을 명확히 인정했다. 그래서 유아들은 성례의 본질인 하나님의 은혜의 약속을 붙잡을 수 없다. 그러므로 유아들의 믿음은 성례의 표징에 의해 지지될 수 없다.[82] 칼빈은 유아들의 믿음을 깨우치고 양육시키는 성례의 역할에 관해 말하지 않았다. 그러면서도 그는 유아들이 회개도 할 수 없고 믿음도 가질 수 없음으로 세례가 집례의 순간에 아무 것도 제공하지 않았다는 재세례파의 주장에 반대했다. 1559년 이전에 그는 유아들에게 회개와 믿음의 표징을 베푸는 것이 문제제기할 만한 것이 아니라고 주장했다. 왜냐하면 유아는 수년이 지난 나중에 표징을 자기 것으로 만들 수 있기 때문이다.[83] 1559년 칼빈은 같은 문구에 한 문장을 상세히 추가했다.

> 간단히 말해서, 이 반대는 아무 문제없이 해결할 수 있다-그들은 미래의 회개와 믿음 안에서 세례를 받는다-이것은 비록 아직 그들 안에서 형성되지 않는다 하더라도, 이 두 가지의 씨앗은 성령의 비밀스런 작용을 통하여 그들 안에 감추어져 있다.[84]

---

82 Calvin은 1536년 『기독교 강요』(4.23)에서 유아의 믿음의 개념을 방어하는 일을 한 절로 다루었다. O.S. 1.135-36을 보라. Battles, ed. *Institution 1536 Edition*, 101-2를 보라. 이 소재는 후에 편집한 『기독교 강요』에는 나타나지 않는다. 또한 위의 각주 68)을 보라.

83 O.S. 5.324.20-3; *Inst.* 4.16.20.

84 "Denique nullo negotio solvi potest obiectio haec, baptizari in futuram poenitentiam et fidem: quae etsi nondum in illis formatae sunt, arcana tamen spiritus operatione utriusque semen in illis latet," O.S. 5.324.24-7; *Inst.* 4.16.20. 1560년 불어판 『기독교 강요』를 위해 만들어진 이 증보 부분에 대한 Calvin의 번역을 비교하라. "Bref ceste obiction est solue in un mot, quand nous disons qu'ils sont baptizes en foy et pénitence pour l'advenir, desquelles combien qu'on ne voye point d'appearance, toutesfois la semence y est palntée par l'operation secrete du sainct du sainct Esprit"(Benoit, ed., *Institution*, 4.357).

그리슬리스(Grislis)가 살피고 있는 바와 같이, 칼빈은 "이 씨앗은 세례의 집례라는 수단을 통해 주어지는 것이라고 말하지 않는다"라는 것이 확실하지만,[85] 그가 1559년에 이 문구를 더했던 상황은 세례에서 발생한 씨앗을 심는 것을 함축하고 있다.[86] "감추어진 것을 심는 행위"는 성례의 집례 때에 명백하게 나타날 것이다. 그 "씨앗"은 "유아의 현재 소유"보다는 "세례의 가능성과 성령을 통하여 초경험적이며 종말론적으로 유아에게 계속되는" 어떤 것을 언급할 것이다.[87]

따라서 이 "씨앗"은 세례의 집례 때에 성인을 위해 세례 성례가 움직였던 그 유사한 방법으로 움직였다. 표징이 표시하고 있는 하나님의 약속의 신뢰할 만한 본성 때문에, 전에 한 번 받았던 세례는 그 사람의 믿음을 일으키고 세워줄 것이다. 만약 성례 받은 자가 성례 행위 후에 믿음으로 이끌린다면, (어떤) 세례는 공허한 것이라는 논의에서 칼빈이 말한 답변을 주목할 필요가 있을 것이다.

이제 우리의 반대자들은 어떤 믿음이 세례 후 몇 년 동안에 왔는가를 우리에게 묻는다…이 질문에 대하여 우리는 대답한다. 진실로, 오랫동안 눈멀고 불신앙에 있었던 우리는 세례 안에서 우리에게 주시는 약속을

---

85 Grislis, "Calvin's Doctrine," 56.
86 씨 은유에 바로 앞서서 Calvin은 어떻게 할례의 성례가 시행의 순간에 유대인 아이들에게 유익을 주었는가를 논의하였다. 거기에서 그는 "하나님의 모든 행위 안에서, 그래서 또한 **바로 이 행위 안에서** 거기에 사악한 자들의 비방을 없이 하기 위해 지혜와 의에 충족하게 빛난다. 왜냐하면 유아라 할지라도 **바로 그 순간에** 그들은 할례를 받았기 때문이다…."고 말한다(O.S. 5.324.20; Inst. 4.16.20; 볼드체는 저자의 강조부분임). 아마 우리가 여기서 본 것은 Calvin이 주의 만찬을 위한 표징으로 적용하였던 "성례의 도구주의"라기보다는 "성례의 평행주의"의 예이다. 그리고 우리는 Grislis가 여기서 놓친 것을 발견한다. Gerrish, "Sign and Reality,"를 보라.
87 Ronald S. Wallce, Calvin's Doctrine of the Word and Sacrament(London: Oliver and Boyd, 1953), 190.

붙잡지 못했다. 그런데 하나님의 약속이었던 그 약속은 확고하게 굳세게 그리고 신뢰성 있게 남아 있었다…그러므로 우리가 그 때에 세례는 우리에게 전혀 유익을 주지고 못했다고 고백한다. 그 안에서 우리에게 주신 약속 때문에-세례는 아무 것도 아니라는 것 없이-무시된 채 버려졌다. 이제 하나님의 은혜에 의해서 우리가 회개하기 시작할 때, 우리가 마음의 눈 먼 것과 강퍅함을 비난하게 된다-그 분의 위대하신 선에 대해서 우리는 오랫동안 배은망덕한 존재였다. 우리는, 약속 그 자체가 사라지지 않았음을 믿는다.[88]

더욱이 "씨앗을 뿌리기"에 있어서 성령의 활동은 유아세례에 있어서 칼빈의 성례신학과 잘 연계될 것이다. 그 안에 도구적인 효과성은 성령의 중개에 의존하는 것이다.[89]

그럼에도 불구하고 두 가지의 어려움이 "씨앗"이라는 은유에서 나타난다.

첫째, 회개의 지체는 세례를 무효화하지 않는다고 말하는 한 가지이다. 왜냐하면 하나님의 약속은 확실히 남아 있으며, 믿음이 진실하게 하나님의 약속을 붙잡는 그 때에 효과적이 될 것이기 때문이다. 성인으로서 세례를 받았던 사람은 그 세례를 기억할 수 있을 것이다. 그리고 그 사람은 "나는 세례를 받았다"(I have been baptized)고 말할 것이다. 이 경우 심지어 세례가 아직 효과적(effective)이지 않더라도, 적법한(valid) 세례행위는 한 사람이 세례를 받을 때 생기는 것이었다. 하나님의 약속은 사람에게 날인되었다. 그리고 그 사람은 그 약속에 날인되고 되돌아감을 항상 기억할 것이다. 칼빈이 시도한 것과 같이, 유아들과 같은 논의를 시

---
88 O.S. 5.297.25-298.1; *Inst*. 4.15.17.
89 Krusche, *Wirken*, 235, 241, 343.

도한다는 것은 아주 다른 문제이다. 왜냐하면 유아 자체는 세례 받을 때 무엇이 발생하였는가를 기억할 수 없기 때문이다. 여기에서 논의하는 단 하나의 방법은 아이들에게 효과effect)를 주었던 적법한 세례 행위가 은유에 의한 추상적인 토론이었다는 것이다-성령은 "미래의 회개와 믿음의 씨앗을 심으신다."

둘째, "씨앗" 은유와 관련된 또 다른 문제는 은유 자체의 언어와 관련이 있다는 것이다. 세례를 언급하는 동안 하나님의 활동에 대한 칼빈의 근본적인 묘사는 사회적이다. 하나님은 제안을 약속하시거나 만드신다. 또는 하나님은 용서를 제안하신다. 1550년대 동안에, 칼빈은 바로 이 요점을 재강조했다. 즉 사람이 약속을 신뢰했거나 그 제안을 받아들이고 용서를 받아들였을 때, 성례는 효과적이 된다. 그가 어떤 이익과 함께 그런 인간의 행동을 신뢰하기를 원하지 않았던 동시에,[90] 성례 사건이 개인적이고 하나님의 제안은 반드시 개인적으로 받아야 된다는 것을 분명하게 했다.[91] 유아들 안에 씨앗을 "숨겨놓는" 성령에 관한 은유적인

---

90 성례를 논의했던 『기독교 강요』의 맨 마지막 장에 덧붙인 Calvin의 1559년 증보부분을 유의하라. "그래서 이것은 성례를 받음으로 해서 그들[즉 믿은 이들]이 찬양을 받기에 아무 것도 행하지 않았다는 것과 심지어 이 행동 안에서(그들의 역할은 단지 수동적이다) 그들에게 돌아갈 수 있는 아무런 일을 행하지 않았다는 것이 뒤따른다"(O.S. 5.285.8-10). 여기에서 Calvin은 하나님의 은혜가 인간의 행동에 의존되어 있지 않거나 필요없다는 것을 다양한 방법으로 주장했던 중세신학자들(Lombard, Scotus, 리미니의 Gregory, 그리고 Luther)의 연장선 안에 서있다. 2차 참고문헌과 주해들과 함께 이 논의의 요약을 위해서는 Ozment, *Age of Reform*, 22-42를 보라.
91 1560년 불어판 『기독교 강요』에 덧붙여진 Calvin의 설명을 유의하라. 이것은 1559년 성례의 끝부분에 부록으로 달았던 내용들이다. "나는 그것을 수동적 행위로 여긴다. 왜냐하면 하나님은 모든 것을 행하시며 우리는 단지 받기 때문이다"(*Inst*. 4.14.26); Benoit, ed., *Institution*, 4.402. 아무런 "행위"가 없다는 것이 인간에게 돌려질 것이다. 즉 그 의미(상황이 보여주는 대로)는 칭찬 받을 만한 행위가 없다는 것이다. 그러나 물론 거기에는 제안을 받아들이는 정상적인 행위가 있다.

언어는, 마치 땅에 씨앗을 심는 것과 같은 결과를 보증하는 비개인적인 (nonpersonal) 하나님의 행동을 의미한다. 정원사가 식물을 심을 때 땅은 거절할 수 없는 것이다.

3. 요약과 평가

1550년부터 1560년까지를 요약하자면, 칼빈은 개혁주의 개신교를 위한 초기의 진술을 스스로 발견했다. 그는 제네바에서 정치적인 음모와 점점 약화되어가는 건강으로 씨름하고 있던 10년 동안에, 대부분 구약주석과 신약주석의 나머지를 출판하는 데 전념했다. 또한 『기독교 강요』를 수차례 개정했으며, 마침내 그가 좋아하는 순서대로 배열하고 편집하였다(1559). 그는 그동안 말라리아로 병약해 있었고, 계획을 끝마치지 않은 채로 죽을까 염려하기도 했다.[92] 이 기간 동안에 그는 그를 부르신 하나님을 믿는 성경적인 신학자로서뿐 아니라 목회직분의 맥락에서 성례와 세례신학을 정립하는 데 전념했다.

칼빈의 세례자료는 그가 하나님의 약속의 확실한 운반자로서 성례 표징을 재강조하였다는 것을 보여준다. 그래서 그는 세례의 물을 "거룩한 물"이라고 부를 수 있었던 것이다. 또한 그는 인간의 믿음을 위한 필요성을 재강조하였으며, 인간의 믿음의 연약성과 과실에 관하여 『기독교 강요』에 자료를 더했다. 더 날카롭게 인식했던 인간의 믿음의 연약함

---

[92] Calvin은 1559년 『기독교 강요』가 결정적인 판이 될 것이라고 분명히 생각했다. 그는 독자들에게 이전 판들의 『기독교 강요』가 비록 풍부한 분량이 있기는 하지만 "나는 전혀 그것이 지금 계획된 순서로 조직되기까지 만족하지 못했다"고 말한다. O.S. 3.5.14-15에 있는 "John Calvin to the Reader"(1559)를 보라.

은 의심할 것 없이 성례의 표징을 재강조하는 데 기여했다. 새로워진 강조를 받아들였던 세 번째 영역은 옛 섭리와 새 섭리 사이에 언약의 연속성이었다. 언약 세례 자료의 대부분에 대해 그는 1539년『기독교 강요』에 있는 유아세례에 관한 소책자를 우선적으로 썼다. 이 자료는 1559년『기독교 강요』에 이르기까지 적지 않은 변화를 가져왔다. 그때 그는 인류와 함께 "하나님 자신을 동맹 맺음"으로서의 언약과 강조된 하나님의 인격적인 특성에 관한 언급을 강화했다.

칼빈에게는 세례사상의 두 영역에서 어려움이 나타났다. 그 하나는 유기자를 위한 세례의 효과성(effectiveness)이요, 다른 하나는 이미 언약 안에서 태어난 아이들을 위한 세례의 효과성이다. 이 두 영역에 관하여, 유기자에 대한 질문은 더 많은 주의를 받았다. 볼섹과의 논쟁이 칼빈의 제네바 목회의 어려운 기간 동안에 발생하면서 그는 개인적으로 매우 힘들어 했다. 이 투쟁은 1559년의『기독교 강요』를 위한 섭리와 선택 자료의 편집, 배열에 영향을 주었다. 또한 선택자와 유기자 자체에 대한 하나님의 예정에 대해 질문하는 것은 이미 은혜언약 안에 포함되어 있었던 아이들을 위한 세례에 대해 질문하는 것과 연결되어 있다.

칼빈은 유기자를 위한 세례의 효과성에 관한 질문에 대해 재빠르게 이중의 대답을 했다. 하나님의 성례 행위는 본질상으로 개인적이거나 사회적이었다. 하나님의 은혜의 제공은 효과적이 되기 위해 인간의 믿음직한 반응을 요구했다. 또한 칼빈은 적법한(valid) 성례와 효과적인(efficacious) 성례 사이를 분명히 구분했다. 1559년 이 문제를 다음과 같이 분명히 언급했다.

그러나 그들은 인간의 배은망덕이 하나님의 어떤 약속들의 확실성을 빗나가게 하거나 방해할 수 없다는 것을 반대한다. 그렇다. 물론, 나도 동의한다. 그리고 나는, 이 신비(역주: 성례)의 능력이 영향 받지 않은 채로 남아있다고 말한다. 그러나 대부분의 악한 사람들은 그것이 **자기들 안에**(in se) 있는 것처럼 그것을 약화시키는 데 열중한다. 모든 것을 위해, 제공되는 것은 한 가지이며, 받는 것은 다른 한 가지이다.[93]

이것은, 교회가 적어도 유효한 성례를 소유하고 있었다는 것을 어떻게 아는 것인가 하는 문제를 일으켰다. 유효한 성례는 제공 되어진 하나님의 약속에 의존했다. 그리고 약속의 개념은 그런 제안을 받아들일 수 있거나 거부할 수 있는 대리인을 가정한다. 하나님의 은혜로운 제안을 만났을 때, 유기자는 **원칙적으로**(in principle) 그런 인격적인 대리인들이 아니었다. 그러므로 언제 성례적인 제안이 진실하고 유효한 제안인가? 그리고 언제 그렇지 않은가? 아무도 알 수 없을 것이다. 그러면 이것은 교회의 표지(marks) 문제와 참된 가견적 교회 바로 그 존재의 문제가 아닌가?

칼빈의 세례신학에 있어서 두 번째 어려움은 현재의 세례가 아이들에게 이미 은혜의 언약 안에서 얼마나 효과를 가지고 있는가에 관해 연결되어 있다. 한편으로, 세례는 그들이 이미 행하지 않은 어떤 것을 제공하지 않을 수도 있다. 다른 한편으로, 집례의 순간에 세례는 칼빈이 세례 받을 때에 성인들에게 요구했던 믿음을 위한 지지를 제공하지 않을 수도 있다. 성인에게 세례는 믿음을 깨우치고 길러주었다. 그래서 적법한(valid) 세례의 제안은 마음에 수납되어졌으며 효과적인 것이 되었다. 칼빈의 대답은 은유를 통해서 그 논의를 추상화했다. 미래의 회개와 믿

---

[93] O.S. 5.393.16-20; *Inst.* 4.17.33.

음의 씨앗은 유아들에게 성령을 통하여 숨겨져 있었다. 그러나 이 씨앗 은유는 세례 받을 때 하나님의 약속을 들었고 후에 믿음에 이르렀던 성인세례를 부적절하게 유아세례와 유사하게 만들었다. 또한 이 은유는 칼빈이 다른 곳에서 하나님에게 속한 것으로 돌렸던 하나님의 성례 행위를 엄격하게 개인적인 행위와 반대되는 방향으로 묘사했다.

Baptism in the Reformed Tradition

제2부

개혁주의 세례신학의 궤도

Baptism in the Reformed Tradition

제 4 장

개혁주의 신앙고백서로부터 20세기까지

　현대 예배갱신운동은 그 원형을 교부시대로 거슬러 올라가는 기독교인의 입회 모델에 따른 세례 성례전을 의도했다. 제2차 바티칸 공의회는 이 모델을 받아들였다. 그리고 1972년 로마 가톨릭교회는 "기독교 성인 입교예식"을 출판했다. 이 예전의 변화를 주도했던 학문은 많은 미국 구(舊) 계열의 개신교회들과 그들이 사용하는 예배서들에 큰 영향을 끼쳤다. 예배갱신운동과 "기독교 성인 입교예식"에 영향을 주었던 신학을 간략히 살펴보는 것은, 신학이 필수적으로 그 예식을 채용한 어떤 전통과 조화되는 것이 아니라는 것을 제안했다. 서론의 마지막 절에서 언급한 것처럼, 나는 『루터교 예배서』가 세례의식을 잘 표현하고 있다고 제시했다. 그렇다면, 개혁주의 전통을 평가하기 위하여 필요한 역사적-신학적인 작업을 세부적으로 실천하는 것이 매우 중요한 도전이다.

　제1장에서 제1세대 종교개혁자들인 츠빙글리, 루터 그리고 부처를 살펴보았다. 이를 통해 몇 개의 교훈을 얻었다. 첫째, 처음부터 다양한 신학적 입장이 있었다는 상황을 이해하는 것은 종교개혁자들의 성례신학

과 세례신학을 적절히 이해하는 데 필수적이다. 둘째, 적법한(valid) 세례와 유효한(efficacious) 세례 사이의 구별은 다양한 환경 속에서 세례를 둘러싸고 있는 문제들을 바로 이해하는 열쇠이다. 셋째, 루터가 표징에 부착되어 있는 하나님의 용서의 약속을 언급함으로써 세례의 적법성을 주장한 반면에, 츠빙글리와 부처는 아브라함과 그의 후손에게 주신 은혜의 언약을 언급함으로써 같은 관점을 갖고 있었다.

제2장에서는 제2세대 개혁주의 신학자들인 불링거와 칼빈을 살펴보았다. 불링거는 아담으로부터 시작되어 확장된 은혜의 언약을 주장했다. 이 언약을 받아들이는 인간의 반응은 하나님 사랑과 이웃 사랑이었다. 예수 그리스도께서 오시기 전, 할례는 언약을 취하는 표징이었다. 불링거는 궁극적으로 하나님이 이 은혜의 언약으로 선택 받은 자들을 예정하셨다고 생각했을 때에, 개인적 신앙고백 그리고 언약으로부터 나오는 살아있는 권리가 선택 받은 자들 가운데 충분한 표징이었다는 것을 더욱 실제적이라고 생각했다.

칼빈은 마틴 부처로부터 배우고 지역 회중 목회자로서 봉사하면서 스트라스부르크에서 시간을 보냈을 때 그의 원래의 표징-언약 신학은 좀 더 발전되었음을 보여주었다. 스트라스부르크에서 그는 교회규칙(church order), 권징, 유아세례에 대한 재세례파의 도전에 직면했다. 그의 성례신학과 세례신학이 그랬던 것처럼, 가견적 교회에 관한 그의 견해들은 확장되었다. 1545년 『제네바 신앙교육서』(Geneva Catechism) 발행 즈음에, 그는 루터의 표징-약속 신학, 그리고 세례의 공적 서약관점에 있어서 츠빙글리의 관심을 결합한 그리스도 중심적인 세례의 통합된 신학을 세웠다. 유아세례의 길고 명료한 언약방어는 스트라스부르크 목회기간, 그리고 선택과 가견적이며 불가견적인 교회로 입회하는 것에 관한 문제를 해결하는 동안에 발전했다.

제3장에서 칼빈의 세례신학은 내적 긴장을 가졌던 다양한 요소들을 유지하고 있음을 살펴보았다. 많은 2차 문헌에 반하여, 칼빈의 선택 개념은 이러한 내적인 긴장 속의 단순한 것이 아니었다. 오히려 (1) 세례의 적법성에 관한 문제와 함께 선택의 결합에 있어서, (2) 선택과 유아세례, 그리고 언약에서 이미 유아들을 위한 집례의 순간에 세례가 어떻게 효과적인가 하는 의문의 결합과 함께 어려움이 놓여 있다.

제4장에서 이제 종교개혁의 제2세대 이후 개혁주의 세례사상의 궤도를 규명하고자 한다. 제1절에서는 개혁주의 신앙고백서들을 다룬다. 제2절에서 개혁주의 정통주의로 연구 방향을 돌린다. 제3절에서는 프리드리히 슐라이어마허의 세례신학을 연구한다. 마지막 4절에서는 20세기로부터 토론되고 있는 개혁주의 세례를 살펴보고자 한다.

1. 개혁주의 신앙고백서

개혁주의 전통은 교리의 통합된 조직체계를 자세히 설명하기 위하여 (루터교의) 『일치서』(Book of Concord, 1580) 같은 중심 되는 가르침이나 혹은 공식적인 문서는 없었지만 대신에 신앙고백들의 역동적인 전통에 의존했다. 이 신앙고백들은 신앙의 유산뿐만 아니라 미래의 개혁주의 공동체들에서 성령의 사역을 향해 열려 있는 태도를 공급하는 것이다.[1] 각

---

1 개혁주의 신앙고백들의 중요한 모음집은 Müller가 편집한 *Bekenntnisschriften der*

신앙고백은 특별한 시간과 장소에 적합한 것으로 이해된다. 이런 신앙고백들은 여러 가지 방법들 안에서 개혁주의 전통들의 범위(spectrum)를 나타낸다. 자연스럽게 한 지형이 대부분 머리에 떠오른다. 왜냐하면 개혁주의 전통은 새로운 환경에 적합한 방법으로 각각의 범례를 형성하였으며 스위스 외곽의 다양한 장소들-동유럽으로부터 아메리카와 아시아에 이르는-에 뿌리를 두고 있었기 때문이다. 또한 개혁주의 신앙고백들은 재료의 형태면에서 매우 다양하다.[2] 우리는 신앙고백서들이 각기 처한 상황에 대해 개혁주의 신앙을 표현한 국가적인 교회조직체에 의해 전형적으로 작성되었다는 것을 발견한다(예를 들어, 『웨스트민스터 신앙고백』). 또한 거기에는 교육과 신앙고백적인 안내서로 봉사한 신앙교육서들(catechisms)이 있다(예를 들어, 『하이델베르크 신앙교육서』). 그리고 거기에는 특정한 상황 속에서 특정한 문제들에 대해 말하는 "선언들"(pronouncements)도 있다(예를 들어, 바르멘 선언). 또한 신학적인 다양성을

---

reformierten Kirche에 남아있다. 좀 더 일찍 이루어진 두 개의 비평적 모음집은 언급되어야 한다. *Collectio confessionum in ecclesiis reformatis publicatarum*, ed. H. A. Niemeyer(Leipzig: Klinkhardt, 1840); 그리고 *Bibliotheca Symbolica Ecclesiae Universalis: The Creeds of Christendom, with a History and Critical Notes*, 3 vols. 4th ed., ed. Philip Schaff(New York: Harper & Brothers, 1919). 좀 더 최근의 모음집이 Wilhelm Niesel, *Bekenntnisschriften und Kirchenordnungen der nach Gottes Wort reformierten Kirchen*, 3d ed. (Zollikon-Zürich: Evangelischer Verlag, 1940)로 편집되어 나왔다. 개혁주의 신앙고백들에 관한 복합적인 이슈들에 관한 서론을 위해서는 B. A. Gerrish, "The Confessional Heritage of the Reformed Church," McComick Quarterly 19(1966): 120-34; idem, *The Faith of Christendom: A Source Book of Creeds and Confessions*(Cleveland and New York: World Publishing Company, 1963), 17-46, 126-50, 354-60을 보라. 또한 Arthur C. Cochrane가 편집한 *Reformed Confessions of the 16th Century*(Philadelphia: Westminster Press, 1966), 11-31; Jan Rohls, *Reformed Confessions: Theology from Zurich to Barmen*(John Hoffmeyer의 영어로 번역되었고, Jack L. Stotts가 서론을 썼음) (Louisville, Ky.: Westminster John Knox Press, 1998), Xi-XXiii, 3-28을 보라.

2 Gerrish, "Confessional Heritage," 125-29를 보라.

엿볼 수도 있다. 예를 들어, 도르트(Dort)의 높은 칼빈이즘(high Calvinism)을 온건하고 에큐메니칼적인『하이델베르크 신앙교육서』와 비교할 때의 경우이다.

어떤 신앙고백들이 개혁주의적인 것으로 해석되는가하는 질문은 자연적으로 대두된다. 우리는 개혁주의 신앙고백들의 대류의 집합체로서 영국 국교회(잉글랜드 국교회라고도 함-역주) 신앙고백들을 포함하는가? 또는 영국 국교회는 다른 개신교도들의 전통을 대변하고 있는가? 아마도 영국 국교회 신앙고백들은 적어도 개신교적이 아니라 실제로 "가톨릭적"인가? 영국 국교회의 성례신학은 확실히 개혁주의적이다. 그러나 영국 국교회의 정치는 확실히 그렇지 않다. 정치는 개혁주의 전통에 필수적인 어떤 것을 나타내고 있는가? 무엇이 청교도의 신앙고백들인가? "사보이 선언"(Savoy Declaration)은 『웨스트민스터 신앙고백』으로부터 연유된 것이었다. 그러나 다시, 정치란 무엇인가? 그리고 개인적 회심과 성스런 생활의 강조와 함께 청교도들 안에서 재세례파의 영향력은 개혁주의보다는 더욱 침례교적인 세례의 관점(어중간한 언약)으로 인도하지 않는가? 무엇이 개혁주의 신앙고백을 구성하는가라는 질문은 개혁주의 신앙고백들을 시험해야 하고 우선권을 주어야 하는 많은 어려움으로 인도하는가?[3]

제1장에서 제3장까지 연대기적 발전에 주의하면서 츠빙글리와 칼빈의 세례신학을 살펴보았다. 본 절에서는 스위스 신앙고백들 가운데 『제1스위스 신앙고백』(*First Helvetic Confession*, 1536), 『제네바 신앙고백』

---

3 예를 들어 Cochrane가 편집한 *Reformed Confessions*, 15-31; Gerrish, "The Confessional Heritage, 122-25를 보라.

(1536), 『제네바 신앙교육서』(Geneva Catechism, 1545), 『제2스위스 신앙고백』(1561) 등을 살펴볼 것이다. 다음에는 대륙의 신앙고백들을 논하고자 한다. 즉 『프랑스 신앙고백』(1559), 『벨직 신앙고백』(Belgic Confession, 1561), 그리고 『하이델베르크 신앙교육서』(Heidelberg Catechism, 1563) 등이 이에 해당한다. 영국(British) 개혁주의 신앙고백 가운데는 『스코틀랜드 신앙고백』(Scots Confession, 1560), 『종교강령』(Articles of Religion, 1563), 『영국 국교회 신앙교육서』(1647), 그리고 『웨스트민스터 신앙고백』과 『웨스트민스터 신앙교육서』(1647) 등이 나타난다.

1) 스위스 신앙고백

"제1스위스 신앙고백"(1536)은 스위스 신학자들에 의해 작성되었다. 여기에 참가했던 신학자로는 취리히, 바젤, 베른, 비엘, 쇄프후젠, 골(St. Gall)에서 보낸 대표 가운데 하인리히 불링거, 오스왈드 미코니우스, 레오 유드(Leo Jud), 시몬 그리내우스, 카스파 메간더 등이 있으며, 그리고 바젤에서 열린 회합에 참석했던 밀하우젠 등이다. 그들은 개혁파 스위스 주(canton)를 위한 신앙고백을 희망했다. 스트라스부르크 신학자들인 부처와 카피토는 독일과 스위스 종교개혁 사이의 화해를 위해 사용할 문서를 만들 것을 희망했다. 신앙고백의 원본은 라틴어였으며, 레오 유드는 그 신앙고백을 약간 길게 독일어판으로 번역했다.[4]

제21항(혹은 제22항)은 구별되면서도 연결되어 있는 두 개의 주장을 다

---

4 『제1헬베틱 신앙고백』은 Müller가 편집한 (독일어) Bekenntnisschriften 101-9에서 찾을 수 있다. 라틴어판과 독일어판은 Schaff, Bibliotheca Symbolica, 3:211-31을 보라.

루고 있다(각 단락이 두 문장으로 되어 있는 라틴어 본문에 의해 좀 더 분명하게 되었다). 여기서 이 신앙고백은 우선 세례란 중생이 외부적이고 가견적인 표징을 통해 선택된 자들에게 주어졌다는 것을 씻음을 통해 기독론적으로 제정된 것이라고 말하고 있다. 그리고 유아들이 하나님의 백성들에게서 태어났기 때문에, 그리고 그들이 하나님의 선택 가운데 있는 것으로 추정되기 때문에 세례를 받아야 한다는 주장이 이어 나온다. 여기에는 제1장과 제2장에 이미 언급했던 몇 가지 모습들이 나타난다.

첫째, 그리스도에 의해 제정된 적법한(valid) 성례전이다. 성례전은 외부적인 표징을 통해 중생을 제공한다. "성례전들의 권한과 효과성"에 관한 제20항(19)은 바로 성례전들이 "텅 빈 표징들"이 아니라 표징과 실제로 구성되어 있다는 것을 분명히 하고 있다. 그와 같이 성례전들은 단순히 기독교 공동체의 회원임을 표징하는 외적인 표징들이 아니다. 여기서 신앙고백은 세례가 은혜의 방편임을 부정한 츠빙글리의 순전히 사회적인 세례구조를 함축적으로 거절한 것이다.

둘째, 비록 유아들이 선택되었음을 가정한다고 할지라도 세례의 유익은 "선택된 자"-이 용어는 내용상으로 명시되지 않았지만-에게 주어진다. 성례전의 권세에 관한 이전의 논의는 이 세례재료의 이해를 도와준다. 제20항 라틴어과 독일어 대조본에서는, "성례전의 온전한 권세와 효과 그리고 열매"가 신앙으로 받아들이고 있는 영적인 실체에 놓여 있다는 사실을 말하고 있다.[5] 여기에 성례전의 효과성이 신실한 수납에 연결

---

5 "Die gantze kraft, würkung, and frucht der Sacramenten"(Müller, *Bekenntnisschriften*, 106.36); 라틴어로는 "Num in rebus ipsis totus fructus sacramentorum est"(Schaff, *Bibliotheca Symbolica*, 3:223).

되어 있으며 성례전의 적법성과 분리되지 않고 구분된 것이다.

셋째, 이것은 신앙고백이 부처와 후기 불링거에 있어서 나타나는 "선택"에 실용적이고 목회적인 의미를 함축한다는 사실을 의미한다. 한 사람의 삶을 변화시키며, 신앙을 고백하여 기독교인의 가족 안에서 태어나고 자라는 것은 일반적으로 하나님의 선택의 표징으로서 받아들여지는 것이다.[6]

윌리암 파렐과 존 칼빈은 제네바의 종교개혁을 위해 『제네바 신앙고백』(1536), 『제네바 교회와 예배 조직에 관한 소논문』(1537) 및 『제네바 신앙교육서』(1537)를 만들었다. 특별히 『제네바 신앙고백』(1536)은 대부분 파렐에 의해 작상된 것으로 1536년 11월(아마 1537년 1월)에 열렸던 지방의회에 제출되었다. 그리고 칼빈은 제네바 시 의회와 시민들이 그것에 서명하기를 원했다.[7]

제15항에서는 세례를 다루고 있다. 그리고 여기서는 근본적으로 두 가지 주장이 나누어진다. 첫째, 세례는 하나님이 인간을 하나님의 자녀로 입양하시기 위해 증거하시는 표징이다. 이 외적인 표징은 죄를 씻는 것이 예수의 피로 이루어짐을 상징하는 것이다. 그리고 육체의 금욕(mortification)은 성령을 통해서 그리스도 안에서 사는 것이다.[8] 둘째, 세례조항은 기독교인의 유아들이 하나님의 언약에 속해 있기 때문에 그들은 외적인 표징을 부정해서는 안 된다는 것을 말하고 있다.

---

6 자유의지(제9항)와 인간을 구원하시는 하나님의 영원한 의지(제10항)에 관한 논의를 유의하라. 여기에서 인간은 그들의 자유의지를 통해 악을 행한다. 그러나 이에 응답하여 하나님은 결코 인간을 위한 관심 갖는 일을 멈추지 않으셨다. Müller, *Bekenntnisschriften*, 102-3, 103,8-9.
7 『제네바 신앙고백』은 Müller, *Bekenntnisschriften*, 11-116; C.O. 9,693-700.
8 C.O. 9,697.

여기서 우리는 다음의 사실을 알 수 있다. (1) 세례는 인간을 향한 하나님의 은혜를 증거한다(양자). (2) 세례는 예수의 피와 성령의 능력을 통해 죄로부터 깨끗하게 됨과 인간의 중생을 표현한다. (3) 언약은 유아세례의 근거로 나타난다. 전체적으로 볼 때, 믿음을 언급하지 않고서 함축적으로 적법적인 것과 효과적인 것 사이의 구분을 보여주고 있다, 이러한 주제들은 세례에 관한 초기 개혁주의와 아직 통합되지 않은 개혁주의 입장을 나타낸다. 신앙고백은 유아세례를 위한 단축된 언약 방어(abbreviated covenant defense)를 제공한다.

초기의 『제네바 신앙고백』은 칼빈의 『제네바 신앙교육서』(1545)와 비교할 수 있다.[9] 여기서 우리는 칼빈이 주의 깊게 세례신학을 발전시킨 많은 것들을 볼 수 있다.[10] 그는 개괄적으로 성례신학을 논하면서 성례들이 인간과 교제하는 하나님의 다른 수단이라는 것을 분명히 하고 있다(309문답). 아주 간단히 말하면, 성례는 하나님이 우리에게 은혜를 증명하시는 외적인 증거이며, 또 내적으로 우리의 마음속에 그런 은혜를 인친 것이다(310문답). 인간의 마음속에 은혜를 인치는 행위는 성령의 독립적인 사역이다. 그러나 그 자체로 증언의 기능을 지니고 있는 외적 상징과 밀접하게 연결되어 있다(311-13문답). 이런 인침은 오로지 믿음을 통해서만 발생한다. 그것은 성령이 역사하시는 곳과 성례가 효과를 발하는 곳에서만 존재한다. 그래서 성례의 본래적 본성과 능력은 남아 있다.

---

9 1545년 『제네바 신앙고백』 라틴어 본문은 Müller, *Bekenntnisschriften*, 117-53에서 찾아볼 수 있다. 불어 본문(1541)을 위해 Niesel, *Bekenntnisschriften*, 3-41을 보라. 불어 본문은 질문을 위한 번호들을 보충하고 있다.
10 위의 제2장을 보라.

만일 어떤 사람이 믿음이 부족하다고 할지라도 이 성례전에서 주어진 하나님의 선물을 아무 것도 축소할 수 없을 것이다(316-17문답).[11]

성례전의 본질과 성례전의 효과 사이의 동일한 구별은 세례재료에서 나타난다. 한편으로, 물은 단순히 상징일 뿐만 아니라 실체가 덧붙여있는 상징이다. 성례는 하나님 말씀의 한 형태이다. 왜냐하면 하나님이 우리를 속이시지 않기 때문이다. 하나님이 우리에게 말씀하실 때 약속하신 실체가 표징에 덧붙여있는 것이다(328문답). 또 다른 한 편으로, 그런 하나님의 은혜는 악한 자들에게는 효과가 없다. 왜냐하면 그들은 약속을 사용하는 믿음이 결핍되어 있기 때문이다. 악한 자들에 의해 받아진다고 하더라도 그 고유의 본질은 결코 상실되지 않는다(329, 331문답). 하나님의 은혜는 믿음으로 회개하는 자들에게 여전히 그 효과를 가지고 있다(339-32문답).[12]

이러한 논의는 유아세례 문제에서 다시 다루어진다. 이제 이스라엘에게 주어졌던 하나님의 약속은 전 세계를 통하여 확장된다. 이스라엘에게 주어졌던 은혜는 우리에게 더욱더 흘러나온다(335-36문답). 그래서 만약 그리스도가 그 언약을 넓히신다면, 구약의 표징은 신약언약의 표징으로 대치될 것이다. 이스라엘 아이들이 할례를 받았던 것처럼, 기독교인 자녀들은 세례를 받아야만 된다(335-38문답).[13] 유아들은 유년기 동안에 "믿음과 회개"를 필요로 하지 않는다. 그들이 성장했을 때 바로 믿음을 필요로 한다. 왜냐하면 그들의 세례의 효과성은 그때 나타날 수 있기

---

11 Müller, *Bekenntnisschriften*, 146.31-147.25; Niesel, *Bekenntnisschriften*, 35.8-36.4.
12 Müller, *Bekenntnisschriften*, 148.24-49; Niesel, *Bekenntnisschriften*, 37.12-35.
13 Müller, *Bekenntnisschriften*, 149.7-149.36; Niesel, *Bekenntnisschriften*, 38.1-38.25.

때문이다(333, 339문답).

『제2스위스 신앙고백』(1561)은 불링거의 세례신학과 언약신학을 논의하면서 간략히 언급되었다. 이 신앙고백에서 중요한 것은 그의 사상의 맥락에서 이해하는 것이 필요하다.[14] 그는 병든 중에도 약 30년 동안의 수석 목회자로서 취리히교회에 의해 계승되는 신앙고백을 염두에 두면서, 1561년 『제2스위스 신앙고백』을 마무리했다.[15] 그의 개인적인 신앙고백서는 팔라티네이트(Palatinate)의 선제후(選帝候, elector) 프레드릭 3세(Frederik III)에게 전달되었다. 이 선제후는 『하이델베르크 신앙교육서』를 발행했다는 이유로 루터교도들로부터 공격을 당했다. 그는 신앙의 정통성을 변호하기 위해 불링거의 신앙고백서를 사용하기 원했다. 1566년 이 신앙고백서의 라틴어판과 독일어판이 발행되었으며, 스위스 주(canton)들, 팔라티네이트, 대륙의 다양한 개혁주의 지역과 스코틀랜드에서 받아들여졌다.

이 신앙고백은 성례를 표징 혹은 "신비적인 상징(symbol), 거룩한 예식 혹은 거룩한 행위"로 표현하면서 성례에 관한 절을 시작한다. 성례는 표징을 더한 하나님의 말씀이며, 그렇게 표징하는 실체이다. 성례는 하나님이 내적으로 성령을 통하여 행하신 일, 즉 마음속에 하나님의 말씀이

---

14 위의 제2장을 보라.
15 "제2헬베틱 신앙고백"은 Müller, *Bekenntnisschriften*, 170-221에서 찾아 볼 수 있다. 신학적인 분석을 위해 Koch, *Confessio Helvetica Posterior*를 보라. 또한 Joachim Staedtke가 편집한 *Glauben und Bekennen: Vierhundert Jahre Confessio Helvetica Posterior* (Zürich: Zwingli Verlag, 1966); Edward A. Dowey Jr., *A Commentary on the Confession of 1967 and an Introduction to The Book of Confessions*(Philadelphia: Westminster Press, 1968), 210-13; Cochrane, *Reformed Confessions*, 220-23; 그리고 Jack Rogers, *Presbyterian Creeds: A Guide to the Confessions*(Philadelphia: Westminster Press, 1985), 116-35.

인치시는 것을 외적으로 표현한 것이다.[16] 루터와 칼빈을 반영하는 다른 방법으로 말하자면, 성례전은 하나님이 그의 약속을 부착했던 상징이며, 약속이 효과를 갖기 위해서 신실하게 듣는 것을 요구한다. 약속의 본질 또는 탁월한 실재는 그리스도 자신이다.[17]

표징, 그 자체는 매일의 생활-물, 빵과 포도주-에서 얻어진다. 그리고 하나님의 말씀에 의해 거룩한 용도를 위해 구별되었다. 그와 같이 이러한 표징들은 그것들 자신을 보여준다. 하나님의 뜻에 의해 그것들이 상징하고 있는 실체는 실체 자체도 아니고(왜냐하면 그러면 그것들은 표징들이 아니기 때문이다) "열등한 표징들"도 아니다(왜냐하면 그러면 그것들은 "거룩하지도, 효과적이지도" 않기 때문이다).[18]

"옛 사람과 새 사람"의 성례를 비교할 때에, 불링거는 "탁월한 실재와 그것 자체"는 동일한 분, 그 안에 하나님의 은혜와 약속들이 완성되는 그리스도를 보여준다고 주장한다. 외적 표징들 자신들에 관하여는 다음과 같은 차이점이 있다. 즉 더 적은 것에서 더 많은 것으로, 표징에서 표징의 실제로(그리스도), 어렵고 힘든 것에서 쉬운 것으로, 지역적인 섭리에서 세계적인 섭리로, 믿음과 성령 측면에서 덜 효과적인 것에서 더 효과적인 것으로 움직이는 것이다.[19]

그 다음에 이 신앙고백은 세례를 논하고 있다. 주님의 세례제정, 그리고 교회와 신자의 삶을 통해 유일한 세례의 주장에 관한 간단한 논의 후

---

16 제19장 ("De Sacramentis Ecclesiae Christi"); Müller, *Bekenntnisschriften*, 205.29-38.
17 Müller, *Bekenntnisschriften*, 206.11-14, 25-32.
18 "Ut signis communibus, non sanctificatis aut efficacibus"(ibid., 208.11); ibid., 207.13-208.14를 보라.
19 Ibid., 206.33-207.2.

에, 이 신앙고백은 세례 받는다는 것이 무엇을 의미하는지를 논의하기 위해 이동한다.[20] 여기에서 불링거의 수동적인 사용은 간과되어서는 안 된다. 왜냐하면 이 절에서 그렇게 세례를 다루는 것이 아니라, 믿음 안에서 세례를 받아들이는 사람들을 위해 세례가 무엇을 행하는가를 다루고 있기 때문이다. 신실한 세례예비자들은 "그리스도의 이름으로 세례 받아 등록이 되고, 가입되고, 언약과 가족 안으로 받아들여지고, 그래서 하나님의 자녀로 상속자가 된다."[21] 이에 더하여 죄로부터 깨끗케 함을 받고 새로워지며 중생되며 성령을 통해 오는 새로운 삶에 대한 서술이 나온다.[22] 이러한 내적 새로움은 외적인 의무들과 부합한다. 그것은 한 분 소유권자이신 하나님께 순종함을 포함한다. 유아들을 설명하면서 그들은 세례받는다고 언급한다. 왜냐하면 그들은 하나님 백성들의 회원들이기 때문이다. 그래서 그들이 이미 회원들이라는 언약의 표징을 부여 받는다.[23]

2) 대륙의 신앙고백

『프랑스 신앙고백』(1559)은 파리에서 프랑스 개신교도들에 의해 열렸던 제1차 국민 교회회의(synod)에서 나왔다.[24] 비록 가끔 칼빈에게 돌리

---

20 "Baptisari quid sit?"(ibid., 209.4)
21 Ibid., 209.4-7.
22 Ibid., 209.7-18.
23 Ibid., 209.42-49. "그러므로 우리는 재세례파가 아니다. 그리고 그들과 함께 어떤 것이라도 교섭을 하지 않는다"라는 간략한 문장으로 결론을 내리는 재세례파에 관한 단락이 있다.
24 『프랑스 신앙고백』에 도움 되는 서론은 Gerrish, *The Faith of Christendom*, 126-50을 보라.

기는 하지만-실제로 이 신앙고백은 잘 요약한 칼빈의 가르침을 대변하고 있기 때문에-이 신앙고백은 제네바 신학자들에 의한 연합된 노력의 성과였으며, 이전 신앙고백의 요소들에 기초한 것이었다.[25] 성례에 관한 절들(34-38항)은 매우 간결하다. 적절히 말해서 칼빈을 연상하게 된다.

성례들은 "보증들과 날인들"(pledge and seals)로서 하나님의 말씀에 덧붙여지고 있다. 그래서 성례는 하나님이 일하시는 외적인 표징이다. 하나님은 "헛되이" 일하시지 않으신다. 하나님의 보증은 하나님에 의해 채용된 것이며, 그리스도 안에서 접붙인 바 된 것이고, 그리스도의 보혈에 의해 깨끗하게 됨과 삶의 새로워짐과 함께 이루어진 것이다. 성령은 효과적인 동인(動因, agent)이시다.[26] 이러한 내적 효과는 단지 믿음과 함께 일어난다. 왜냐하면 세례는 "믿음과 회개의 성례전이기 때문이다." 하지만 유아들도 또한 세례 받는다. 왜냐하면 "하나님의 교회 안에 그분은 그들의 부부들과 함께 한 작은 아이들도 받으시기 때문이다."[27]

『벨직 신앙고백』(Belgic Confession, 1561)은 가이 드 브레(Guy de Brès)에 의해 쓰여졌거나 아마도 공동 집필된 것이다. 그는 개신교 개혁주의자요, 네델란드에서 순교당한 자로서 저지대 국가(Low Countries)에서 새로운

---

25 『프랑스 신앙고백』의 역사와 그 근원에 대하여 Jacques Pannier, *Les Origines de la confession de foi et de la discipline des église réformées de France* (Paris: F. Alcan, 1936)를 보라. 또한 Hannelore Jahr의 *Studien zur Überlieferungsgeschichte der Confession de foi von 1559* (Neukirchen-Vluyn: Neukirchener Verlag des Erziehungsvereins, 1964)를 보라. Jahr는 그 신앙고백(19-29)에 관해 주의 깊은 본문 작업을 하며, 『프랑스 신앙고백』의 확산과 영향을 논의하며(29-57), 최근 도서목록 자료를 가지고 있다. 이 신앙고백의 불어 본문은 Müller, *Bekenntnisschriften*, 221-32에서 발견할 수 있다. 라틴어 본문을 위해서는 Niemeyer, *Collectio*, 327-39를 보라.

26 34-35항; Müller, *Bekenntnisschriften*, 230.1-7, 11-15; 231.15-17.

27 Müller, *Bekenntnisschriften*, 230.18-22.

신앙의 자유를 찾기 위해 투쟁하였다. 『프랑스 신앙고백』을 모델로 하여, 『벨직 신앙고백』은 네델란드에서 신앙고백적인 표준이 되었다. 그리고 거기에서 다른 개혁주의 전통들과 함께 개혁교회들을 연결했다.[28]

제33조는 개략적으로 성례부분을 다룬다. 그리고 프랑스 신앙고백의 논조를 따른다. 성례는 보증이요 날인이다. 보증으로서의 성례는 하나님의 "선하신 뜻과 은혜," 두 가지를 외부적으로 증거 한다. 하나님의 표징(sign)은 텅 비어 있지도 않으며 쓸모없지도 않다. 그리고 속이지도 않는다. 표징들은 인간의 마음속에 내적으로 일어나는 것을 성령의 능력을 통하여 외적으로 증거 한다. 『프랑스 신앙고백』에서처럼, 『벨직 신앙고백』도 그리스도가 성례전들의 궁극적 진리이시라는 것을 주장함으로써 분명하게 하나님의 선하신 뜻과 은혜를 기독론적인 상황 속에 놓는다.[29]

세례조항(34)은 그리스도의 희생에 관한 기독론적인 진술과 함께 시작하면서 『프랑스 신앙고백』을 더 늘리고 있다. 그 다음에 『벨직 신앙고백』은 토론을 추가하면서 세례가 믿는 자들을 위해 가지고 있는 효력을 상술하고 있다. 만약 비록 아이의 경우 세례가 집례되었다고 하더라도, 하나의 세례의 충분성이 있음을 재세례파를 향해 말했다. 물은 죄로부터 깨끗케 함을 상징한다. 이것은 그리스도의 보혈, 그리고 뒤따라오

---

[28] 『벨직 신앙고백』의 본문은 Müller, *Bekenntnisschriften*, 233-49를 보라. 불어판 Schaff, *Bibliotheca Symbolica* 3:383-436에서 찾을 수 있다. Schaff는 도르트 회의(Synod of Dort)에서 사용한 공식적인 판본을 사용하였다. 그것은 몇 개 영역에서 불어 원판의 신앙고백과 차이가 있다. 『벨직 신앙고백』의 개관, 문헌에 관해서는 Cochrane, *ReformedConfessions*, 185-88; Niesel, *Bekenntnisschriften*, 119를 보라. 또한 Michael A. Hakkenberg, "Belgic Confess," in *The Oxford Encyclopedia of the Reformation*, ed. Hans J. Hillerbrand (Oxford: Oxford University Press, 1996), 1:137-39를 보라.

[29] Müller, *Bekenntnisschriften*, 245.35-246.1.

는 중생된 삶에 의해 성취되었던 것이다. 외적으로 목회자들은 성례를 집례한다. 내적으로 그 효과는 성령의 능력을 통해 성취되는 것이다.[30] 제세례파들에 대하여 어느 정도 흩어져 있는 절에서는, 세례는 바로 집례 하는 순간이 아니라 한 사람의 일생을 통해 열매를 맺는다는 것을 논의한다. 더욱이 옛 언약의 아이들이 표징을 받았던 것처럼, 새 언약의 아이들도 표징을 당연히 받아야 할 것이다. 왜냐하면 언약 안에서 주어진 약속들은 동일한 것이며 그리스도 안에서 성취되기 때문이다.[31]

성례들과 세례에 관한 절들 가운데 믿음의 필요성이 아무데도 언급된 곳이 없으며, 성례의 적법성과 효과성 사이의 구별도 없다. 이 신앙고백에서 묘사하고 있는 개혁주의 기독교인의 믿음은 단순히 당연한 일로 생각되었다. 예를 들어, 재세례파들은 비판받는다. 왜냐하면 그들은 "믿는 부모들에게 태어나는 유아의 세례를 정죄하기 때문이다."[32] 『벨직 신앙고백』은 위협받은 소수로부터 왔으며, 정통적이며 비선동적인 것으로 개혁신앙을 변호하기 위해 쓰여졌다. 그리고 관용을 희망하면서 필립 2세에게 보내어 졌다는 것을 우리가 생각한다면 개혁주의 기독교인이 신앙적이었다는 전제(assumption)는 이해할 수 있다.

동시에 재세례파의 전통들 스스로는 회심한 믿음직스런 공동체를 이루었다고 주장하는 목소리를 내었다. 그리고 재세례 사상은 저지대 국가(Low Countries)에서 자신들의 진출로를 만들었다. 얀 마테이스(Jan Mattijs), 라이덴의 존, 멜키오주의자(Melchiorite)들의 실재를 둘러싼 문제

---

30 Ibid., 246.14-29.
31 Ibid., 246.30-247.2.
32 "Baptismum infantium, didelibus parentibus natorum, damnant"(ibid., 246.3-7).

들이 과거에 길지 않았던 것처럼, 그것은 왜 『벨직 신앙고백』이 개혁주의 신앙을 재세례파의 그것으로부터 멀리하는 데 시간을 들였는가를 또한 이해하기 쉬운 일이다.

『하이델베르크 신앙교육서』(Heidelberg Catechism, 1563)는 팔라티네이트의 교회적이고 시민 정치의 산물이었다. 이 지역의 통치자는 신성 로마황제(Holy Roman Emperor)를 선출하는 일곱 선제후(electors) 중의 한 사람이었다. 팔라티네이트의 종교개혁은 1546년 프레드릭 2세 통치 아래서 시작되었다. 그리고 그의 조카이며 계승자인 선제후 오트하인리히(Ottheinrich)의 짧은 통치동안에 계속되있다. 그는 개혁적으로 루터교의 입장에 있었다. 그것은 프레드릭 3세의 승계와 함께 더욱 개혁주의적인 방향으로 진전되었고, 루터교와 개혁교회 전통들을 반영하는 하나의 신앙교육서가 작성되었다.[33]

세례에 관한 질문(69-74문답)은 이미 나타났던 주제들을 반영한다. 외

---

[33] 『하이델베르크 신앙교육서』를 위해서는 Müller, *Bekenntnisschriften*, 682-719를 보라. 이 "신앙교육서"(catechism)는 Zacharias Ursinus가 이전에 쓴 신앙교육서를 따랐다. Ursinus는 Melanchthon과 함께 비텐베르크에서 공부하였다. 율법-복음-새 생활의 삼중구조는 Melanchthon에게서 연유되었다. 그러나 새 생활에 관한 마지막 부분은 Calvin이 주장했던 소위 율법의 제3의 용도를 반영하고 있다. 비록 Gerrish가 유연한 방법을 사용하면서 성찬교리가 Bullinger에게 더 빚지고 있다고 주장할지라도, 성례신학은 칼빈주의자가 되도록 하기 위해 취해진 것이다(Müller, *Bekenntnisschriften*, iii; Schaff, *Bibliotheca Symbolica*, 1:543). Gerrish의 "Sign and Reality," 125-26을 보라. 이 신앙교육서에 대한 주의 깊은 본문분석에서, Wilhelm Neuser는 이 신앙교육서의 세례부분은 우선적으로 Melanchthon에게 영향을 받고 있다고 주장하였다. 비록 그것이 독특하고 Luther, Calvin, Melanchthon에게서 온 자료들을 종합적으로 재구성했음을 보여주고 있다고 할지라도 그렇다는 것이다. Wilhelm H. Neuser, *Die Tauflehre des Heidelberger Katechimus: Eine aktuelle Lösung des Problems der Kindertaufe*(Munich: Chr. Kaiser Verlag, 1967). 이 신앙교육서의 서론을 위해 Dowey, *Commentary*, 187-200; Rohls, *Reformed Confessions*, 20-21; Rogers, *Presbyterian Creeds*, 96-112; *The Heidelberg Catechism: 400 Anniversary Edition*, trans. Allen O. Miller와 M. Eugene Osterhaven (New York: United Church Press, 1962), 5-8을 보라.

적인 표징에 대하여 그리스도는 죄로부터 씻음의 약속을 첨가하신다.[34] "하나님의 보증과 표징"(pledge and sign)은 하나님이 외적인 표징이 표시하고 있는 것을 내적으로 성취하신다는 보증들이다.[35] 우리는 칼빈의 사상 속에서 발전했을 때, 표징-약속 구조(sign-promise structure)를 보아왔다.[36] 그 내적인/외적인 표현이 츠빙글리와 부처의 사상뿐만 아니라[37] 『제네바 신앙교육서』 310-13문답과 『제2스위스 신앙고백』 제19장, 그리고 『벨직 신앙고백』 제34조항 등에서 나타났다.[38]

빌헬름 노이저(Wilhelm Neuser)는 『하이델베르크 신앙교육서』를 주의 깊게 분석하였으며, 그전에 나왔던 우르시누스(Ursinus)의 『소 신앙교육서』(Catechesis minor)와 비교했다. 노이저는 중심적이고 탁월한 표징-약속에 대한 강조가 아마도 칼빈에게서 온 것이 아니라 멜랑히톤에게서 왔음을 주장했다. 또한 적어도 하나님의 약속(성화)에 대하여 나중에 신실하게 사용하는 문제에 관한 한, 역시 멜랑히톤으로부터 온 세례신학이었다.[39] 이와 관련하여, 세례신학은 언약신학이 아니라 말씀에 집중된 것이다. 표징은 변함없이 말씀에 의존하며, 세례 받은 사람의 믿음과 영적 성장을 되살려내기를 계속한다.[40] 세례에 대한 언약의 묘사는 유아세

---

34 Qq. 69 (Müller, *Bekenntnisschriften*, 700.25-28); 71 (701.14-16); 73 (701.33-36).
35 Q. 73 (Müller, *Bekenntnisschriften*, 701.30-36).
36 위의 제2장을 보라.
37 위의 제1장을 보라.
38 "Sign and Reality"에서 Gerrish는 『하이델베르크 신앙교육서』가 "확실히…확실히"(so gewiß…so gewiß)의 성례적인 유형을 반복하고 있다는 것을 주목한다. 외부적인 씻음이 확실히 나타나는 것처럼, 그렇게 내적인 씻음도 나타나는 것을 내가 확신한다(125). Gerrish에게 있어서 이 "상징적 평행주의"(parallelism)가 Bullinger의 성례신학의 영향을 가리키는 것이다.
39 Neuser, *Tauflehre*, 22, 23-29, 33-37.
40 Ibid., 20-27, 36-38.

례에 의존하는 데 두지 않고, 신자의 아이들의 세례와 불신자의 아이들 세례 사이를 구별하는 데 두고 있다. 불신자들은 교회에서 아이를 일으키지 않을 것이다. 이곳에서 우리시누스의 『소 신앙교육서』에 있는 평행법을 발견한다.[41]

노이저는 『하이델베르크 신앙교육서』가 성례신학과 세례신학의 중심에 표징-약속 신학을 두고 있다는 것을 설명한다. 더욱이 그는 하나님의 약속의 사용과 믿음 안에서 성장의 사용은 성령을 통하여 표징에 부착된 말씀의 과정이라고 설명한다. 또한 이러한 강조와 함께 이 신앙교육서는 언약을 배경으로 밀고 나간다. 그러니 그기 주장한 것처럼, 언약신학이 『하이델베르크 신앙교육서』로부터 멀리 있는 것인지 아닌지는 의문을 가져야 한다. 첫째, 이 연구는 어떻게 칼빈이 표징-약속 신학과 세례언약 신학을 밀착되어 있는 전체로 통합했는가를 이미 보여주고 있다. 또한 유아세례의 항(제74문답)에서 언약토론에 관한 노이저의 주장은 그의 논증의 나머지와 같이 아주 설득력이 있지 않다. 특히 『하이델베르크 신앙교육서』 이전에 이미 유아세례의 실천을 위해 언약에 호소하는 개혁교회 전통의 40년간 역사가 있었다는 것을 고려해보면 그렇다. 표징-약속 신학이 그 배경을 이룬다고 하더라도 언약신학이 완전히 잘 설명되고 있다는 것을 명확하게 의미하는 것은 아니다.

『프랑스 신앙고백』, 『벨직 신앙고백』, 『제2스위스 신앙고백』처럼 세례논의는 실존적으로 믿음을 가지고 있을 때 세례 받는 이에게 오는 유익에 중심을 두고 있다. 노이저는 그런 믿음은 세례말씀에 반응하여,

---

41 Ibid., 31-33. 언약신학은 『하이델베르크 신앙교육서』와 그 전신인 (Ursinus의) 『소 신앙교육서』(Catechesis minor)와도 거리가 먼 것이다(32).

바로 한 사람의 세례 때가 아니라 공동체의 모든 세례 때에 온다고 주장한다. 매번 세례에는 말씀과 성령을 따른 세례의 표징이 있으며, 각 사람에게 하나님의 약속을 생각나게 하고 굳세게 하기를 계속한다.[42]

3) 영국 개혁주의 신앙고백

『스코틀랜드 신앙고백』(Scots Confession of Faith, 1560)은 존 낙스(John Knox)를 포함한 6명의 위원회에서 4일 동안에 작성되어 스코틀랜드 국회에 제출되었다. 이것은 1560년 8월 24일 채택되었다.[43] 이 신앙고백은 위원회의 빠른 작업으로 되어졌음을 자체적으로 보여주고 있다.[44] 그리고 이 신앙고백의 뿌리는 칼빈, 『프랑스 신앙고백』, 『제1스위스 신앙고백』, 『제1바젤 신앙고백』, 『종교강령』(Articles of Religion, 역주: 영국 국교회의 종교강령임)과 그 외 다른 자료들에 두고 있다.[45]

성례에 관한 세 개의 장들은 보통의 형식인 성례들, 세례, 주의 만찬 등의 순서로 배열되어 있지 않다. 그 대신에 이 신앙고백은 "성례전들에 대하여"(제21장), "성례전들의 올바른 집례에 대하여"(제22장), 그리고 "성례전에 관련된 사람들에 대하여"(제23장)로 각 장을 나누고 있다. 각 장

---

42 Ibid., 14, 22-27.
43 『스코틀랜드 신앙고백』의 본문은 Niesel의 *Bekenntnisschriften*, 79-117을 보라. Niesel은 스코틀랜드어 본문과 라틴어 본문을 맞은 편 페이지에 싣고 있다. 개관과 기초적인 도서목록에 대해서는 Cochrane, *Reformed Confessions*, 159-62; Dowey, *Commentary*, 173-86; Rogers, *Presbyterian Creeds*, 79-91을 보라. 또한 Alex Cheyne, "The Scots Confession of 1560," *Theology Today* 17(1960): 323-38; W. Ian P. Hazlet, "The Scots Confession 1560: Context, Complexion and Critique," *Archiv für Reformationsgeschichte* 78(1987): 287-320을 보라.
44 "이 위대한 신앙고백이 스코틀랜드 북쪽 지방의 언덕처럼 험준하고 불규칙하고 힘이 있고 기억에 남는다"라고 말한 Dowey의 *Commentary*(175)에 주목하라.
45 Hazlet, "Scots Confession," 294-306.

안에서 주의 만찬과 세례를 다루고 있다. 이 신앙고백은 하나님이 표징들 안에서 궁극적으로 약속하신 것이 그리스도의 은혜나 능력이 아니라 바로 그리스도 자신이시라는 것을 아주 명백하게 밝혀주고 있다. 그래서 성례전들은 "벌거벗고 어린 아이 같은(bair) 표징들"이 아니다. 성례전들은 하나님이 "성례전들의 올바른 사용으로" 명하신 도구들이다. 신자들은 "그리스도 안에 접붙인 바 된 자들"이다. 세례를 통해서 그리고 주의 만찬 안에서 그리스도와 함께 "연합되고", 또는 그리스도 예수의 몸과 피와 함께 "연합되며 결합되었다."[46]

분명히 제21장("성례진들에 대하여")의 논고 대부분은 주의 만찬에 속한 것이다. 그러나 그것은 세례에도 역시 "변화하는 일이 변화되기에 따라"(mutatis mutandis)의 원칙이 적용된다. 이 신앙고백은 "자연적 본질 안에서 그리스도 예수"와 "성례적인 표징들 안에 있는 요소" 사이를 구분하고 있다. 그 표징은 경배 받아서도 안 된다. 그것은 그리스도와 구별되기 때문이다. 또한 업신여겨서도 안 된다. 그리스도는 그것을 통해 주어지기 때문이다.[47] 그러나 참된 믿음만이 이 성례들을 효과적으로 사용할 수 있게 만든다. 믿음은 그리스도를 붙잡고 있기 때문이다. 그는 오직 이 성례를 우리에게 효과적이도록 만드시는 분이시다.[48] 성례전을 여는 부분에서 세 번은 성례전(주의 만찬)의 "올바른 사용-"에 관해 언급하고, 네 번째는 복수(plural)의 "성례전들"의 사용에 관해 언급한다.[49] 이와 같이 주의 만찬의 효과성에 관하여 즉시 주장된 것처럼, 이 신앙고백이

---

46 Niesel, *Bekenntnisschriften*, 106.40-45; 108.1-11.
47 Ibid., 108.37-46; 110.1-3.
48 Ibid., 108.35-37.
49 Ibid., 106.45; 108.6-라틴 본문(109.5)에 있는 복수에 주목하라-108.17, 27.

"세례에 의해 우리는 예수 그리스도 안에서 접붙인 바 되었다. 그의 정의의 분배자가 된다. 신속히 우리의 죄가 덮어지고 사함 받는다"고 주장한 반면, 엄격히 말해서 세례가 "올바로 사용"되었을 때만 오직 그렇게 될 것이다.[50]

다음 장(제22장)은 "성례의 올바른 사용에 관하여"이다. 여기서 성례는 오직 "말씀을 설교하는 일에 지명된 사람들"에 의해서만 집례 되어야 한다고 주장한다.[51] 올바른 집례를 위한 다른 필요는 예식 자체가 하나님이 무엇을 지정했는가와 일치되는 것이다. "세례에 있어서 기름, 소금 등이다." 왜냐하면 그런 것들은 인간의 발명품이기 때문이다. (산파에 의한 세례의 출현을 포함하여) 잘못 사용하는 예식은 성례가 "그리스도 예수의 올바른 성례가 되기 위하여" 중지한다는 것을 의미한다.[52] 합법적인 것과 적법한 성례집례 사이의 구분이 여기에서는 논의되지 않는다.

제23장은 누가 성례들을 받아야 하는가에 초점을 맞추면서 『스코틀랜드 신앙고백』의 성례적인 역할로 끝맺음을 하고 있다. 믿는 자들의 유아들은 "분별할 수 있는 나이"에 이르렀을 때 세례를 받아야 한다. 재세례파의 오류는 정죄되어야 한다. 대조적으로, 만약 사람이 "그들 자신이 노력하고 살피지만 그들의 이웃을 향한 의무로서 믿음을 갖지 않으면" 그 어떤 사람도 주의 만찬에 허용되어서는 안 된다.[53]

---

50 Ibid., 106.42-45.
51 여기에 진기한 변이형이 나타난다. 스코틀랜드 본문은 율법적인 설교의 가능성을 함축하면서 "또는 하나님은 위로의 많은 설교를 하신다"라고 읽는다. 라틴판은 그 인용된 말들을 생략한다. *ibid.*, 110.8; 111.7을 보라.
52 Ibid., 110.10-20.
53 Ibid., 112.19-26. 여기에서 우리는 무엇이 중세적인 발전에 대해서 표준적인 개신교의 해법이 될 것인가를 알게 된다. 중세에는 첫 성찬과 견진이 교부들의 입교예식과 다른 것을 파생시켰으며, 서방의 예전이라는 바다에서 부착되지 않은 채 떠올랐다.

4장 개혁주의 신앙고백서들로부터 20세기까지   199

『영국 국교회의 종교강령』(Articles of Religion of the Church of England)은 "39개조 강령"으로 더 알려져 있는데, 이 강령은 헨리 8세 시대에 만들어진 1536년의 『10개조 강령』의 유산을 이어 받은 것이었다.[54] 에드워드 6세의 통치기간 동안에 영국 개혁신학의 영향이 증대됨에 따라 1552년 토마스 크랜머(Thomas Cranmer)는 『42개조 강령』을 만들었다. 그의 강령은 후에 마태 파커(Matthew Parker) 대주교에 의해 편집되었고 비준과정에서 39개로 축소되었다. 1562년 『39개조 강령』은 1563년 엘리자베드 1세와 그녀의 종교회의에 의해 인가되었으며, 1571년에 좀 더 개정하여 국회에 의해 승인되었다. 대체로 확대된 영국 국교회 신앙고백들에 대해서는 여기에는 언급되지 않았지만 개혁주의 신앙고백들의 전집 내에 있는 것으로 간주된다. 그러나 성례전에 관한 조항들은 폭 넓게 스위스 개혁주의 전통들을 반영한 것으로 이해되었다.

견진은 기독교인의 통과예식이 되었다. 그리고 첫 성찬은 견진 이후까지 연기되었다. 스트라스부르크에서의 Bucer의 개척자적인 노력을 살펴보기 위해 Amy Nelson Burnett의 저서를 보라. 로마 가톨릭에서 견진과 첫 성찬은 세례에 대한 다양한 관계로 계속되었다. 그리고 평신도의 성찬 참여를 증대시키기를 바랐던 피우스 10세(역주: 교황재위 1903-1914)에 이르러 결국 각자는 세례-첫 성찬-견진이라는 20세기 로마 가톨릭의 형태로 고정되었다.

54 1552년 42개 신앙조항(Articles)과 1562년(1563) 39개 신앙조항의 라틴본문에 관하여 Müller, *Bekenntnisschriften*, 505-22를 보라. 1563년 신앙조항의 라틴본문과 1571년 영어본문, 그리고 1801년 미국 개정판(주로 왕의 수위권에 관한 내용을 수정한 것임) 등, 평행 세로줄로 되어 있는 이 세 가지 모든 내용에 대해서는 Schaff의 *Bibliotheca Symbolica*, 3:486-516을 보라. 일반서론에 관해서는 E. J. Bicknell, *A Theological Introduction to the Thirty-nine Articles of the Church of England*, 3d ed., rev. H. J. Carpenter(London: Longman, 1961); B. J. Kidd, *The Thirty-nine Articles: Their History and Explanation*, 5th ed. (London: Rivingtons, 1925); William P. Haugaard, *Elizabeth and English Reformantion*(Cambridge: Cambridge University Press, 1968)을 보라. 개관과 약식 도서목록에 대해서는 William P. Haugaard, "*From the Reformation to the Eighteenth Century*," in *The Study of Anglicanism*, ed. Stephen Sykes and John Booty(London: SPCK, 1988; Philadelphia: Fortress Press 1988), 3-28; Peter Toon, "The Articles and Homilies," in Sykes and Booty, eds., *Anglicanism*, 133-43을 보라.

성례전(제25장)에 관한 이 강령의 시작은 1536년 『기독교 강요』에서 칼빈이 주장한 것을 그대로 되풀이 하고 있다(이것은 『기독교 강요』의 모든 판들을 통해 확고히 계속되었다). 성례들은 "기독교인의 표징들과 상징들(badges and tokens)일 뿐만 아니라 어떤 은혜에 대한 확실한 증거들(witnesses)과 효과적인 표징들(signs)이며, 우리를 향하신 하나님의 선하신 뜻이고, 그것에 의해 하나님은 우리 안에 보이지 않게 일하신다." 이것은 칼빈이 여기에서 츠빙글리 신학을 알았다고 전제하는 한에 있어서, 그의 성례신학에 반대해서 칼빈이 주장한 요점이다. 성례전은 우선적으로 하나님의 은혜를 제공하는 효과적인 상징이며 인간의 신앙고백에 대한 표징들(badges)이다.

성례전에 관한 다음 조항(26)은 그 근원을 어거스틴까지로 돌아가는 긴 기간 동안의 주장을 드러낸다. 즉 목회자의 도덕적 상태는 말씀을 들음에도 영향을 끼치지 못하고 또한 성례전을 받음에도 영향을 끼치지 못한다는 것이다. 말씀과 성례는 그리스도의 이름과 목회에서 행해지는 것이다. 그리고 그것은 인간의 믿음에 의해 받아들여지도록 하나님의 은혜를 제공한다.

제27조항은 세례를 논의하면서 칼빈과 같이 이중(twofold)의 정의를 내린다. 즉 세례는 인간의 신앙고백의 표징(sign)이요, 또한 하나님이 죄의 용서에 관한 약속과 자녀로서 입양하심을 부가하셨다는 표징이다. 이와 같이 세례는 그 성례를 올바로 받았을 때, 그것이 우리의 것이라는 중생의 표징이다. 그러나 유아세례는 언약과 관련되어서가 아니라 "그리스도의 제정"에 의해 지지되는 것이다.

칼빈의 동일한 성례신학은 1549년 『영국 국교회의 신앙교육서』

(*Anglican Catechism*)에도 나타난다. 이 성례전의 조항들은 1604년에 성 바울 대성당의 수석사제(dean)인 오버올(Overall) 주교에 의해 첨가되었다.[55] 1662년 이 신앙교육서는 『공동기도서』(*Book of Common Prayer*) 안에 인쇄되었다. 그리고 세례와 견신례(*confirmation*) 예식의 중간에 위치해 있었다. 성례들과 세례(그리고 또한 주의 만찬)에 대한 칼빈의 견해를 간략히 진술하고 있다. 성례전은 다음과 같다.

> 그리스도 자신에 의해 제정되었고 우리에게 주신 내적이고 영적인 은혜에 대한 외적이고 가시적인 표징(sign)이다. 수단인 성례전을 통해 우리는 동일한 은혜를 받는다. 그리고 그것에 관해 우리에게 확신케 하는 보증(pledge)을 받는다.[56]

외적인 표징은 우리가 믿음으로 받았을 때 우리를 향한 하나님의 은혜의 보증이요 수단이다.[57] 그러한 은혜는 우리에게 내적으로 주어진다. 세례에서 외적인 표징은 물이다. "그 안에서 인간은 아버지와 아들과 성령의 이름으로 세례를 받는다." "외적이고 영적인 은혜"는 "죄에 대한 죽음, 의로움에 이르는 새로운 출생"으로 구성된다. 그리고 더 이상 "진노의 자녀"가 아니라 "그것에 의해 우리는 은혜의 자녀가 된

---

55 본문을 위해 Müller, *Bekenntnisschriften*, 522-25를 보라. 영국 국교회 전통 안에서 신앙교육서의 개관을 위해서 James Hartin, "Catechism," in Skyes and Booty, eds., Anglicanism, 154-63을 보라. Francis Procter, *A New History of the Book of Common Prayer*, rev. and rewritten by Walter Howard Frere(London: Macmilan & Co., 1955), 597-602를 보라.
56 Müller, *Bekenntnisschriften*, 524.21-23.
57 Ibid., 524.34-36; 525.1-2.

다."⁵⁸ 회개와 믿음은 그러한 중생을 위해 요구된다. 심지어 세례에서 유아가 "확고히 하나님이 그들에게 주셨던 약속들을 믿을 수" 없다고 하더라도, 그들은 여전히 세례 받은 것이고, "그들이 성인이 되었을 때" 믿음과 세례를 위해 의무를 행해야 한다.⁵⁹

1643년 소위 장기국회는 국회의원 30명(상원 10명, 하원 20명)과 함께 121명의 청교도 목회자들을 소집했다. 여기에는 6명의 스코틀랜드 장로교 조언자들도 참석했다.⁶⁰ 그들의 역할은 예배, 권징(discipline), 영국 국교회의 정치 등을 개혁하는 것이었다. 찰스 1세의 반대를 물리치고, 총회는 1643년 7월 1일 개회되었다. 3개월 이내에 잉글랜드와 스코틀랜드 국회들은 엄숙한 맹약과 언약(Solemn League and Covenant)을 찬성했다. 이 법에 의해 그들은 신앙고백, 정치, 예배와 신앙교육서(catechism)에 있어서 잉글랜드, 스코틀랜드, 아일랜드의 교회를 개혁하는 일에 서약했다. 이것은 영국 국교회로 볼 때 왕과 투쟁하여 군대와 동맹하는 것을 의미했다. 스코틀랜드 국회로 볼 때에는 개혁주의 신앙을 안정되게 하는 것을 의미했다. 또한 웨스트민스터 총회(assembly)로 볼 때에는 언약에 서명하는 것이었다. 이것은 교회정치, 예배, 신앙고백, 신앙교육서의 문제들을 시작하는 일이 시작되었음을 의미했다. 신학적인 문제들(정치와 예배에 비교하여)에 대해 큰 동의와 함께 총회는 『웨스트민스터 신앙고백』을 1646년 11월에 완성했다. 두 신앙교육서(역주: 웨스트민스터 대, 소 신앙교육서를

---

58 Ibid., 524.30-33.
59 Ibid., 524.33-40.
60 주와 간략한 저서목록이 달린 웨스트민스터 총회에 대한 간략한 개론은 John H. Leith, *Assembly at Westminster: Reformed Theology in the Making*(Richmond: John Knox Press, 1973)을 보라.

의미함)는 그 마지막 형태로 1648년 4월 국회에 제출되었다. 1648년 국회는 『웨스트민스터 신앙고백』과 『대 신앙교육서』, 『소 신앙교육서』 등을 승인했다.[61]

『웨스트민스터 신앙고백』 제27장은 일반적으로 성례들을 취급하고 있다. 그리고 "성례전들은 바로 하나님에 의해 제정되었으며, 그리스도와 그의 은혜들(benefits)을 대변하는 은혜언약의 거룩한 표징들과 날인들이다"라는 단순한 주장과 함께 시작하고 있다. 또한 성례전들은 내적으로나 외적으로 하나님을 예배하기 위한 것이며 우리의 믿음을 강화하기 위해 하나님에 의해 제정되었다(제1항). 성례전에서 "표징과 표징된 것 사이의 영적인 관계 혹은 성례적인 연합"이 있다. 그래서 "하나의 이름과 효과가 다른 하나에 돌려지고 있다"(제2항). 지금까지 이것은 나중의 상황에서 볼 때 칼빈의 성례신학의 분명한 재진술이다. 따라서 성례에 관한 장은 성례의 효과는 성례들 스스로나 목회자의 상태에 의존하는 것이 아니라 성령의 사역과 주님의 제정에 의존한다는 것을 주장한다(제3항). 여기에 오직 두 개의 성례, 즉 세례와 주의 만찬이 있다. 이것은 오직 "합법적으로 임명된 말씀을 전하는 목회자"가 "집례할" 수 있다(제4항). 이 장의 결론부는 구약과 신약에서 동일한 본질의 영적인 것들이 성례에 의해 상징된다고 주장한다(제5항).

세례에 관한 장(제28장)은 세례가 예수 그리스도에 의해 제정되었다고

---

61 『웨스트민스터 신앙고백』과 『대/소 신앙교육서』의 개관을 위해 Dowey, *Commentary*, 2.14-50과 Leith, *Assembly at Westminster*, 65-107, 그리고 Rogers, *Presbyterian Creeds*, 140-65를 보라. 두 신앙교육서의 본문은 Müller, Bekerntnisschrifter, 612-52에서 찾을 수 있다. 이곳에서 Müller는 『소 신앙교육서』의 영어본과 『대 신앙교육서』의 라틴어 본을 제공하고 있다. 나는 Müller의 『소 신앙교육서』의 영어본과 『대 신앙교육서』의 영어 번역본을 사용하였다.

주장함으로써 시작한다. 즉 가시적 교회의 입교에 대한 표징이 아니라 그리스도 안에서 접붙임 받음, 중생, 죄의 용서, 새 생활의 시작인 "은혜 언약의 표징과 날인"인 것이다. 한편으로, 하나님의 은혜와 함께 한 "성 례전적 연합"을 가지고 있는 표징으로, 세례는 참으로 세례 받는 이에 대한 은혜를 제공한다(제1항). 다른 한 편으로, "세례의 효과성은 세례가 집례되고 있는 시간의 순간에 매이지 않는다." 그래서 사람들은 오직 믿음이 있는 곳에 성례적인 효과가 있을 것이라는 평상적인 권리를 기대한다. 웨스트민스터 신학자들은 신학적인 자격을 의심 없이 동의해왔다. 그러나 이 신앙고백이 철저히 예정론적(predestinarian)이고 그래서 믿음처럼 오직 하나님의 뜻으로부터 온다. 그러므로 신앙고백은 인간의 믿음의 방향을 바꾸며 하나님의 신비로운 뜻과 함께 세례의 효과에 직접적으로 연관되어 있는 논리적인 단계를 만들고 있다.

> 약속된 은혜는 주어질 뿐만 아니라 실제로 제시된다. 그리고 성령에 의해 수여된다. (나이든 사람이나 유아든지 간에) 은혜는 하나님 자신의 의지에 따라 그의 지명된 때에 있어야 한다(제6항).

언약 안에서 세례가 어떻게 유아들에게 이미 효과적이 될 수 있는가를 설명하면서, 하나님이 "미래 회개와 믿음의 씨"를 뿌리는 것에 대한 칼빈의 은유적인 묘사는 참으로 어떤 비평적인 가치를 가질 수 있지만,[62] 웨스트민스터의 예정론적 주장과 비교하여 그의 은유는 환영받은 것으로 보인다.[63]

---

62 위의 제2장을 보라.
63 『웨스트민스터 신앙고백』의 "믿음"에 관한 Dowey의 해설은 그 중요성을 알려준다.

『웨스트민스터 대, 소 신앙교육서』로 넘어가기 전에 유아세례를 위한 이 언약 방어(covenant defense)가 그렇게 잘 알려지게 된 것은 주의할 만하다. 『웨스트민스터 신앙고백』은 다음과 같이 말한다. "한 명 또는 둘 다 믿는 부모의 유아들은 세례를 받아야 한다"(제4항). 다른 말로 하면, 한 명 또는 둘 다 믿는 부모는 은혜의 언약 안에 있다. 마치 옛 언약 공동체에서 태어난 유아들이 할례라는 그 표징을 받았던 것처럼, 그 언약 공동체 안에서 태어난 유아는 언약의 표징(sign)인 세례를 받아야 한다.

『웨스트민스터 소 신앙교육서』는 마치 개혁주의 신앙고백들에서 발견할 수 있는 것처럼, 성례에 대한 분명하고 간결한 정의로 시작한다. "성례는 그리스도에 의해 제정된 하나의 거룩한 규례이다. 그 안에 감각적인 표징들에 의해 그리스도와 새로운 언약의 은혜들이 믿는 자들에게 날인되고 적용되어 나타나있다"(제92문답). 첫째, 성례들은 그리스도 자신과 신약 언약의 은혜들을 나타내고 날인하는 표징들이다. 다음으로, 그리스도와 이런 은혜들은 그들 스스로 성례를 받는 그 사람에게 적용된다. 성례에서 "구원의 효과적인 도구가 되기 위하여" 무엇이 요구되는가?

> 성례는 구원의 효과적인 도구가 된다. 성례 안의 어떤 공력이 있거나 그것을 집례하는 자 안에 어떤 공력이 있어서가 아니다. **믿음으로 성례들을 받을 때** 오직 그리스도의 축복과 성령의 역사하심이 있기 때문이다(제91문답, 볼드체는 첨가함).

"개혁주의의 표어인 '오직 믿음으로!'는 실제로 '하나님의 뜻으로!'라는 다른 말로 대체되었다"(*Commentary*, 223-24).

우리는 『웨스트민스터 신앙고백』에서 무엇이 예상되었으며, 무엇이 부족했는가를 정확히 발견한다. 성례의 효과성의 문제에 관하여, 인간의 믿음은 성례에서 성령의 능력을 통해 효과적이 되도록 요구된다. 그러면 성례의 효과성에 관한 이 답변을 『웨스트민스터 대 신앙교육서』에서 발견하는 것은 매혹적인 일이다.

> 성례들은 효과적인 구원의 수단이 된다. 그들 스스로 안에 있는 어떤 내적인 능력에 의해서도 아니고, 어떤 경건한 자로부터 연유된 공력이나 또는 성례를 집례하는 사람의 의도에서도 아니라, 사실은 오직 성령의 능력과 성례들을 제정하신 그리스도의 축복을 통해서만 온다(제161문답).[64]

이것은 정확하게 그 신앙고백에서 주장한 것과 어울린다. 그것들(역주: 『웨스트민스터 신앙고백』과 대 신앙교육서)은 믿음의 필요성이 언급되어 있는 『웨스트민스터 소 신앙교육서』에서 주어진 대답과 반대된다. 신학자들은 믿음은 오직 하나님께 선택된 사람들에게만 "주어진" 성령의 선물이기 때문에 이러한 두 가지의 응답들은 완전히 조화되는 것이라고 자연스럽게 대답했다.[65] 우리는 칼빈이 이와 같은 참된 언어를 사용하고 있음을 보아왔다. 놀랄만한 이유는 여기에 "두개의 원부"(原簿)를 사용하는 부기(簿記, bookkeeping)가 있다. 『웨스트민스터 소 신앙교육서』를 배우는 아이는 신앙이 필요했다는 것을 배울 것이다. 그러나 아이들에

---

64 Müller, *Bekenntnisschriften*, 636.33-36.
65 물론 주어진(given)이란 말의 경우에서 객관적이셨던 하나님의 주관적인 행위를 암시할 수 있을 것이다. 주다(give)라는 단어는 객관성을 향한 행위를 의미하지 않을 것이다. 그분은 진정으로 주관적이신 분이시다. 그 경우에 주어진(given) 것은 원리상으로(in principle) 바꿔져야 할 것이다.

게 『웨스트민스터 소 신앙교육서』를 가르치려고 사용하는 목회자들을 포함하여, 『웨스트민스터 신앙고백서』와 『웨스트민스터 대 신앙교육서』를 마음에 새기며 받아들이는 자들은 이 공적인 교육서들을 실제로 개인적인 신학적 원부와 똑같이 읽지는 않았다는 것을 알게 될 것이다.

『웨스트민스터 소 신앙교육서』에서 세례는 "그리스도 안에서 접붙임과 은혜언약의 유익을 함께 나눔, 그리고 주님의 것이 된다는 서약"을 표징하며 인치는 성례로서 묘사되고 있다(제94문답). 만약 믿음과 그리스도에 대한 복종을 고백하는 사람이 아니라면, 이런 세례는 "가견적 교회의" 바깥에 있는 어떤 사람에게 집례 되어서는 안 된다. 그러나 "가견적 교회의 회원들의 유아들은" 세례 받을 수 있다(95문답). 이런 주장은 『웨스트민스터 신앙고백』을 반영한 것이다. 그리고 이것은 『웨스트민스터 대 신앙교육서』와 닮고 있는데 여기에서 좀 더 세부적으로 다뤄지고 있다. 예를 들어, 『대 신앙교육서』는 유아가 한 명 또는 두 명의 부모가 "믿는 자"이거나 "가견적 교회의 회원들"인 경우를 위해 언약의 세부사항을 충분히 보완하고 있다.

다음에 『대 신앙교육서』는 "어떻게 우리의 세례가 그것에 따라서 더 많은 열매를 추수할 수 있도록 우리에 의해 잘 손질 되어지는가"라는 것에 관해 긴 조항(제167문답)을 추가하고 있다. 여기에서 『대 신앙교육서』는 특히 유혹의 시기뿐만 아니라 세례가 다른 사람들에게 집례 될 때에 우리의 세례의 양성의 "긴 생애"에 있어서 "필요하나 무시된 의무"로 묘사하고 있다. 우리는 세례의 의미와 축복들, 우리 자신의 세례 맹세들에 관해 우리가 타락해 왔던 길이 얼마나 훨씬 짧아졌는가, 그리고 중생된 삶으로 향하여 우리의 일에서 그리스도로부터 힘을 얼마나 얻고 있는가

를 열심히 그리고 감사하게 나타내야 한다.[66]

2. 개혁교회 정통주의

개신교가 16세기의 마지막 30년으로부터 17세기로 이동했을 때, 그리고 종교개혁의 위대한 제2세대들이 죽었을 때, 고전적인 개신교는 정통주의 개신교 시대로 이동했다.[67] 『일치신조』(Formula of Concord, 1577)가 루터교 사상과 개혁주의 전통 사이에 구분을 정식 결단했을 때 새로운 도전이 일어났다. 두 개의 전통들은 주의 깊게 정의되는 것이 필요했다. 목회자들은 그들의 전통에서 훈련되는 것이 필요했다. 그리고 개신교는 로마 가톨릭에 대항하여 그 자체를 방어하는 것이 필요했다. 종교개혁의 통찰력을 격식화하는 과업은 루터교 측의 요한네스 게하르트, 아브라함 칼로프, 요한네스 안드레아스 켄스테드와 같은 사람들에게 떨어졌다. 개혁주의 전통에 대해서는 테오도레 베자(Theodore Beza), 아만두스 폴라누스, 요한네스 볼레비우스, 요한 하인리히 하이데거, 프란시스 투레틴, 그리고 다른 사람들이 그 일을 이루었다.

개신교는 아리스토텔레스로부터 배운 개념도구들을 사용하면서, 그

---

[66] Müller, *Bekenntnisschriften*, 637.19-36.
[67] 개혁된 정통주의에 관한 개론을 위해서는 "Orthodoxie"(I. Lutherische Orthodoxie, by Markus Mattias; II. Reformierte Orthodoxie, by Olivier Fatio), in *Theologische Realenzyklopädie*(Berlin and New York: Walter de Gruyter, 1995), 25:464-97에 있는 에세이를 보라. 그리고 개혁교회 정통주의에 관한 매우 많으며 구하기 쉬운 영어 에세이들에 대해서는 그 에세이들에 있는 저서목록을 보라(25:496-97). 정통주의와 간략한 그 정의를 학문적으로 개관하려면 Muller, Christ and the Decree, 1-13을 보라.

리고 주의 깊게 기독교인의 교리의 세밀한 부분들을 논증하면서 정밀한 체계적인 것과 기술적인 신학의 작품들을 산출했다. 모든 사람이 이 발전을 평가하고 있지 않지만, 그것은 잘해야 개신교 스콜라철학이었다. 개혁교회 정통주의 신학자들이 『스위스 합의서』(Consensus helveticus, 1675)를 쓴 같은 해, 문자적이고 축어(逐語)적인 성경의 영감과 함께 도르트(Dort)의 예정론자들과 제한속죄 가르침이 방어되었다. 슈페너(Philip Spener)는 『경건의 열망』(Pia desideria)을 발행했다. 그는 기독교인의 삶과 관련하여 기독교인이 된다는 것은 단지 바른 교리에 있지 않다고 주장했다. 성경 공부, 기도, 논쟁에 있어서 관용, 헌신생활에 있어서 목회자들의 훈련, 그리고 실제적인 설교가 교회를 위하여 더욱 필수적인 행위였다.

이런 비평이 개신교 정통주의에 쏟아져 왔음에도 불구하고, 세심한 증명, 성경에 대한 지식, 주의 깊게 구성된 『신학대전』(Summas)에서 개신교 신학의 조직은 이 시기에 대해 좋은 인상을 많이 주었다. 폴 틸리히와 칼 바르트가 다양한 것처럼, 20세기 개신교 신학자들은 심지어 정통주의 사상가들과 동의하지 않는다 할지라도, 형성되고 배우는 경험으로서 개신교 정통주의의 연구를 추천했다.[68] 19세기에 루터교와 개혁주의 정통신학자들은 그의 신학총론(theological loci)으로 조직한 개인의 책들을 편찬했다. 하인리히 슈미트(Heinrich Schmid)는 그의 유명한 책 『복음적인 루터교회의 교리신학』(The Doctrinal Theology of the Evangelical Lutheran Church)을 출판하였으며, 하인리히 헤페(Heinrich Heppe)는 칼 바르트에 의

---

68 Heinrich Heppe, *Reformed Dogmatics*(London: Allen & Unwin, 1950), v-vii을 보라(이 책은 Karl Barth가 서문을 쓰고 Ernst Bizer가 개정하고 편집하였으며 G. T. Thomson이 번역하였다). 후대 개신교 신학을 이해하기 위해서 개신교 정통주의를 공부해야만 한다는 틸리히의 강한 주장을 보라(Tillich, *Christian Thought*, 276-78).

해 추천되었고 영향력 있는 『개혁주의 교의학』(Reformed Dogmatics)을 출판했다.[69]

헤페의 『개혁주의 교의학』 제25장은 특별히 세례를 다루고 있다. 여기에는 18항으로 논제를 세분하고 있다. 제1, 5, 8-11, 13-16항은 이 연구에서 일어나고 있는 신학적인 문제들과 관련이 있다. 제2-4, 6-7, 12, 17항은 신학적 의미와 집례의 문제들을 취급하고 있다. 제18항에서는 기독교인의 세례를 세례요한의 세례와 연결하고 있다.

개혁파 정통주의에 있어서 세례는 외적으로 말씀에 더해졌던 요소(element)로 구성되어 있다. 말씀은 바로 삼위일체 형식이 아니라 세례에 대한 그리스도의 제정을 의미했다(마 28:19). 그 안에 완전한 복음이 함축적으로 발견되었다.[70] 이 외적인 행동은 하나님이 그의 약속을 선택된 자들의 마음에 인치는 수단이었다. 그래서 그들은 은혜언약 안에 있는 참여자가 된 것이다. 이로써 세례(와 주의 만찬)는 오직 진정한 신자들을 위해서 제정되었다-선택된 자들은 일반적으로 하나님과 더불어 계약했던 사람들로 명명(命名)되었다.[71]

물로써 그리고 알맞은 삼위일체 형식으로 행해지는 세례는 본질적으로 가치가 있다. 심지어 이단자들에 의해 이루어졌을 때에라도 그렇다.

---

[69] Charles A. Hay와 Henry E. Jacobs가 개정, 번역하고 편집한 Heinrich Schmid, *The Doctrinal Theology of the Evangelical Lutheran Church*, 3d (Minneapolis: Augsburg Publishing House, 1961); Heinrich Heppe, *Reformed Dogmatics*. 학자들이 언급해 온 것처럼, 평가할 수 없는 자료이긴 하지만, Heppe의 저작(배열, 선택과 논의에 있어서)은 그 자신의 신학적인 관점을 가끔 보여준다. 예를 들어 Heppe의 *Reformed Dogmatics*, v-vii에 대한 Barth의 해설과 Muller, *Christ and Decree*, 여러 곳을 보라.

[70] Heidegger와 Gulielmus도 그러하다. Heppe, *Reformed Dogmatics*, 613을 보라.

[71] Johannes Wollebius, Heidegger, Polanus도 그러하다. Heppe, *Reformed Dogmatics*, 611-12, 또한 제24장 "Sacraments in General", 특히 17절을 보라.

헤페는 레온하르트 리쎈(Leonhard Riissen)이 제시한 구별법을 인용했다. 리쎈은 세례의 본질을 부정했던 이단(예, 아리안주의)과 세례의 본질은 진술했으나, 다른 교리들을 부정했던 이단(예, 도나티시즘) 사이를 구별했다. 전자는 병약한 세례를 가지고 있었으나, 후자는 적법한(valid) 세례를 가지고 있었다.[72] 이런 적법한 세례는 단 한 번 행해지는 것이며, 정통주의 견해들은 헤페에 의해 조금 다르게 인용되었다. 요한네스 콕케이우스(Johannes Cocceius)는 그리스도 안에서 명백히 오직 한 번만 받는 접붙임에 관해 언급했다. 폴라누스(Polanus)는 하나님이 오직 한 번 사람과 함께 세우셨음을 주장하는 언약에 관해 언급했다.[73]

모든 세례들이 절대적으로 적법(valid)했다고 하더라도 모두 효과적인(efficacy) 것은 아니다. 세례의 효과성의 근원은 궁극적으로 그 표징 자체가 아니라, 그 표징에 부착되어 있었던 하나님의 약속이었다. 하이데거(Heidegger)는 토마스(Thomas)의 입장(과 도미니칸들), 스코투스(Scotus)의 입장(과 프란시스칸들)을 개혁주의 입장과 명확히 구별했다. 하이데거는 하나님의 사역과 지상의 표징을 너무 밀접하게 연합했다고 생각했다. 하이데거와 안토니우스 발레우스(Antonius Walaeus)는 루터교의 입장과 개혁주의 입장을 명백히 구별했다. 발레우스는 성령이 원하는 곳에서 활동하시는 한, 보통의 상황에서는 말씀과 표징이 함께 활동한다는 것을 인정했다.[74] 성례전들과 세례의 이해를 따르는 것으로써 자연적으로 이런 효과성이 오직 선택된 자들에게 있다.[75]

---

72 Heppe, *Reformed Dogmatics*, 613-14.
73 Ibid., 619-20.
74 Ibid., 617-18.
75 또한 Heidegger가 "세례 받지 않는 많은 사람들이 선택되고 거룩해진 것처럼, 세례

표징과 효과성 사이의 느슨한 연결과 함께 그리고 선택과 이중예정의 큰 맥락 안에서 보면, 세례는 그 자체만으로 은혜의 수단이 아니었다. 세례는 하나님의 약속과 인간의 믿음을 통하여 현재의 구원을 날인했다. 그러므로 세례는 구원에 엄밀히 필요한 것이 아니었다. 그보다는 세례의 필요성은 하나님의 제정으로부터 오는 것이다.[76] 누군가 주님의 지상명령(mandate)에 따라 세례를 받아야 하는가라는 질문에 대하여 정통주의자들은 언약에 속해 있는 사람은 세례를 받아야 된다고 답변했다. 성인들이 참되게 신앙적이든지(즉 선택된 자) 혹은 단순히 신앙적으로 간주되었다(즉 신앙의 고백에 의해, 그들의 내적 상태가 선택이나 유기이든지 간에)는 것을 인정받았다 할지라도, 이것은 자신의 신앙을 고백하는 사람을 의미했다.[77] 언약의 부모(혹은 부모 중 한 사람)의 자녀들은 세례받아야 했다. 심지어 이것은 부모의 외적인 행동이 교회에 속해지지 않았다고 그들을 지적해 왔던 경우에도 그렇다.[78] 심지어 사랑이 이 경우 어느 특별한 아이의 경우가 된다는 것을 기대했을지라도, 세례는 오직 언약의 공동체 안에 선택된 자의 자녀들에게 중생(regeneration)의 진정한 표징이었다. 이와 같은 경우라도 세례는 언약 안에서 선택받지 못한 아이들에게 가져오는 특권, 즉 "하나님 언약의 외적인 특권"으로 표현되었다.[79]

받은 많은 사람들은 선택되지도 거룩하게 되지도 않았다는 것이 생략된 것이다-구원의 원인과 수단은 이 세상의 사물들과 요소들보다 훨씬 깊다. 즉 영원한 예지, 예정 등"이라고 주장한 것을 유의하라(ibid., 617).

76 Ibid., 624-25.
77 Heidegger도 그러하다. ibid., 620-21.
78 Leiden Synopsis, Bucanus, Riissen, Wollebius, Wallaeus, 그리고 다른 사람들도 그렇다. ibid., 621-22.
79 Heidegger도 그러하다. ibid., 622-23.

다양한 정통주의 신학자들의 견해를 요약하자면, 세례에 관한 문제의 다양성에 관해 헤페가 인용한 것처럼 적절한 서술은 다음과 같다.

> 세례는 하나님이 제정하신 행위이다. 이것은 선택 받은 사람들의 참여를 은혜의 언약 안에서 인친 것이다. 이 언약은 또한 사람의 삶의 모든 죄들의 용서는 물론 그들의 중생을 포함하면서 그리스도 안에서 사람의 죽음과 부활로 묘사되었다(제1, 8, 13항). 세례는 그 자체만으로는 구원을 나눠주지 않고 오히려 사람을 강화시키는 수단으로 날인했던 것이다(제1, 9-10, 12, 14, 16항). 구원 그 자체는 예수 그리스도 안에서 하나님이 나눠주신 그의 약속으로부터 왔다(제9, 12항). 세례로 인쳤던 구원은 믿음으로 오직 성례(그리고 이와 같은 하나님의 약속)를 받았던 사람들에 한해서만 효과를 가졌다(제10, 12항). 그러나 성례의 적법성(validity)은 믿음의 수납에 의존하는 것이 아니라 은혜의 말씀과 함께 그리스도가 제정하신 물과 삼위일체적인 세례형식의 적절한 집례에 달려 있는 것이다(제4-5항). 하나님의 은혜언약에 속했던-신앙고백하는 어른들과 믿는 자들의 자녀들- 모든 사람들이 이 성례 받는 권리를 부여 받는 것이다(제14-15항).[80]

위의 논평에 의한 정의들은 1543년 칼빈이 세례신학을 발전시켰던 그 견해를 되풀이 해주었다. 세례는 하나님이 선택된 자들과 함께 맺으셨던 언약을 인친 것이다. 이 언약은 고행(mortification)/활력(vivification), 죄들에 대한 용서, 외적인 표징에 부착된 은혜의 하나님의 약속으로서 성례라는 주제를 포용하면서 궁극적으로 성격상 기독론적이다. 언약 안에서 태어난 아이들은 세례 받았다. 왜냐하면 세례는 언약회원(covenant membership)의 표징이기 때문이다. 마지막으로, 성례의 적법성은 그것의

---

80 Ibid., 611-26.

효과성(efficacy)과 구별된다. 후자는 그것을 받고 있는 사람들에 의해 성례의 믿음직스런 수납에 의존한다.

반면에, 칼빈, 불링거, 많은 개혁주의 신앙고백들 그리고 개혁파 정통주의의 신앙고백들 사이에 차이가 있었다. 무엇보다도 먼저, 언약 주제는 한층 더 최전면에 세워두었다. 동시에 칼빈이 루터에게 배웠던 표징-약속 신학(sign-promise theology)은 칼빈의 성례신학의 중심축을 형성했다. 그것은 이후 신앙고백들 안에서 보다 분명하면서도 다양하게 나타났다. 이 변화(shift)는 두 가지 다른 방향으로 나타났다. 첫째, 외적인 표징에 부착된 하나님의 은혜의 약속을 제공하는 세례가 집례 순간에 어떤 것이 실제로 주어진다는 것을 칼빈이 주장한 것이라면, 개혁파 정통주의는 세례가 내적인 것보다 외적으로 표징했다는 것을 주장함으로써 표징-약속 신학이라는 성례 언어로부터 서서히 멀어졌다는 것이다(제9, 16조).[81] 칼빈이 주의 깊게 주장했던 문제와는 다르게 알려진 구원의 날인으로서 세례에 대한 강조의 변화는 개혁파 전통주의에게 나타났다. 둘째, 유기로 예정된 자들에게 성례적인 효과를 주는 세례를 금해야 하거나 아닌지에 관한 것이다. 세례를 받은 유기자는 표징이 표시하고 있는 실제를 받을 수 없기 때문이다. 오히려 유기자는 내적인 세례와 구분되는 외적인 세례를 받았을 것이다. 내적인 세례는 신실한 믿음이 있는 곳에만 일어나는 것이며, 그래서 유기자에 의해서는 받아들여지지 않은 것이다.

---

81 이 입장은 개혁주의 성례신학의 "불링거 유형"과는 구별되는 것이다. 개혁주의 성례신학에서 성례는 은혜의 수단(means of grace)이었으며, 하나님의 작정에 의해 외부적으로 일어났던 일들은 또한 내부적으로 일어났던 것이다. Gerrish, "Sign and Reality," 123-30을 보라.

3. 프리드리히 슐라이어마허(Friedrich Schleiermacher)

정통주의 이후 100년은 17세기를 끝맺었다. 필립 슈페너(Philip Spener)와 아우구스트 세바스티안 프랑케(August Sebasitan Franke)와 같은 경건주의자들은 루터교와 영국 국교회 안에(역주: 경건주의는 대표적으로 영국 국교회 사제였으며 감리교의 창시자였던 존 웨슬리에게 큰 영향을 주었다) 열매를 맺게 해 주었다. 정통주의, 경건주의 그리고 계몽주의(Enlightenment)의 힘은 19세기의 가장 영향력 있는 개혁주의 신학자 프리드리히 슐라이어마허의 삶 안에서 융합되었다.[82]

슐라이어마허는 1768년에 카타리나-마리아(Katharina-Maria)와 고트리브 슐라이어마허(Gottlieb Schleiermacher) 사이의 두 자녀 중 둘째로 태어났다. 그의 아버지는 모라비안들과의 접촉을 통해 영적인 삶을 새롭

---

[82] Schleiermacher의 저서목록은 Terrence N. Tice, *Schleiermacher Bibliography: With Brief Introductions, Annotations, and Index* (Princeton, N.J.: Princeton Theological Seminary, 1966); idem, *Schleiermacher Bibliography*(1784-1984): *Updating and Commentaty*(Princeton, N.J.: Princeton Theological Seminary, 1985); idem, "Schleiermacher Bibliography: Update 1987," *New Athenaeum/Neues Athenaeum* 1(1989): 280-350; idem, "Schleiermacher's Biblography: Update 1990," *New Athenaeum/Neues Athenaeum* 2(1991): 131-65; idem, "Schleiermacher's Biblography: Update 1994," *New Athenaeum/Neues Athenaeum* 4(1995): 139-94; idem, *Schleiermacher's Sermons: A Chronological Listing and Account*(Lewiston, N.Y.: E. Mellen Press, 1997)를 보라. Schleiermacher 신학에 대한 좋은 개론서로는 B. A. Gerrisch, *A Prince of the Church: Schleiermacher and the Beginnings of Modern Theology* (Philadelphia: Fortess Press, 1984)이다. Martin Redeker, *Schleiermacher: Life and Thought*, trans. John Wallhauser (Philadelpha: Fortress Press, 1973)에 Schleiermacher의 삶과 사상의 표준적인 개론이 남아 있다. Richard R. Niebuhr, *Schleiermacher on Christ and Religion* (New York: Charles Scribner's Son's, 1964)에는 Schleiermacher의 신학에 대한 완전한 개론을 제공하고 있다. 거기에는 Schleiermacher의 세례신학에 관한 것뿐 아니라 성례일반에 관한 실질적인 연구논문이 없다. 그런 연구논문은 이 연구의 범위 밖에 있다. 그리고 그런 연구논문은 Schleiermacher의 전집뿐만 아니라 이 연구에 관한 그의 사상의 상황을 형성하는 교회적이며 성례적인 세심한 연구를 포함시킬 필요가 있다.

게 발견했던 개혁교회 군목(army chaplain)이었다. 그는 학창시절에 모라비안 학교와 신학교에 다녔다. 또한 그곳에서 그의 영성은 특색 있는 경건주의 전통에 의해 형성되었다. 그의 문제는 전통적인 기독교 교의들(doctrines)은 믿기에 어렵다는 것을 발견한 것이었다. 그는 계속 공부하기 위해 할레대학(University of Halle)에 갔다. 거기에서 동 프로이센(East Prussia)에 있는 귀족 집안에 가정교사(tutor)로 이어서 부목사(assistant pastor)로 봉사했다. 그리고 1796년에 베를린으로 이동해서 그곳에서 원목(hospital chaplain)으로 사역하였다.

베를린에 있는 동안(1796-1802) 그는 프리드리히 슐레겔(Friedrich Schlegel)과 독일인 낭만주의 작가들과 사귀었다. 그는 슐레겔과 함께 플라톤의 작품을 독일어로 번역하기 시작했으며 몇 년 후에 홀로 그 계획을 완성했다. 그 시대에 슐라이어마허가 쓴 가장 잘 알려진 작품은 『종교에 관하여: 종교의 문명화된 경멸자에 대한 강연』(On Religion: Speeches to Its Cultural Despisers)이었다(1799). 거기에서 그는 종교에 관심 없이 인간의 조건에 관심을 갖는다는 것은 인간의 불충분한 관점과 함께 끝났다고 주장했다. 종교란 인간됨의 마음에 있다. 그리고 조직화된 종교는 근본적으로 사람들이 가지고 있었던 종교적인 교제(association)와 관계했다. 인간은 근본적으로 사회적이었기 때문이다.

베를린 사역 이후, 그는 다른 목사직을 봉사했다. 그 후에 할레대학에서 비록 짧은 기간이었지만 가르치는 일로 시간을 보냈다(1804-06). 마침내 1810년에 새로운 베를린대학에서 교수가 되었다. 그는 그 대학의 창설을 도왔으며 1834년 죽을 때까지 그곳에서 사역했다. 광범위한 저작들 가운데 왕관과 같은 작품은 『기독교 신앙』(Der Christliche Glaube)이었다.

한상 그는 학자면서 목회자요 성직자(churchman)로서 미학(aesthetics), 플라톤(Plato), 종교철학(philosophy of religion), 해석학(hermeneutics), 윤리학(etiics) 그리고 기독교 신학(*Christian theology*)에 영향을 주었을 뿐만 아니라, 프레드릭 3세 아래 독일 교회의 삶에 활동적이며 큰 감화력을 주었다.[83] 그의 세례에 관한 관점을 논하기 전에, 그의 신학체계에 대한 간략한 소개(introduction)가 필요하다. 그는 자기반성(self-reflection)에 대하여 모든 사람은 "절대의존의 감정"(feeling of absolute dependence)을 갖고 있다고 주장했다. 이 전문용어는 특별한 감정(emotion)을 의미하지 않았고, 오히려 자각(awareness) 혹은 감정(sense)과 의식(consciousness)을 의미했다. 모든 자아(selfhood)를 밑에 두고 자아(self)와 세상(world)은 상호 관계되어 있을 뿐만 아니라 절대적으로 의존되어 있었다. 이 "절대의존의 감정"은 그 자체로 직접 하나님과 관련이 있는 자각이었다. 하나님의 원계시(original revelation)는 모든 종교들 뒤에 놓여있다. 그리고 기독교 신앙 안에서 그것은 구속주(Redeemer)인 예수 그리스도 안에서 결정적인 하나님의 계시에 의해 생기게 되며 이름 붙여지고 형성된다.

> 만약 연약하고 억압되었다 할지라도, 하나님-의식이 이미 인간의 본질에 나타나는 것을 구원(redemption)의 본질이라고 한다면, 그것은 그리스도의 살아있는 영향력으로 자극받을 것이며 지배받을 것이다. 개인에게 끼쳐진 영향력은 그의 이전 것이 아닌 종교적인 인격을 달성한다.[84]

---

83 Redeker, *Schleirmacher*, 94-100, 151-208을 보라.
84 Friedrich *Schleimacher*, *The Christian Faith* (Philadelphia: Fortress Pressm 1976), 106.1, 476, 7th ed., ed. Martin Redeker (Berlin: Walter de Gruyter, 1960), 2:147. 주장들과 세분내용들에 따라 여기와 뒤에 나오는 인용문은 영어판, 그리고 Redeker의 비평판들의 책과 페이지 번호삽입구 안의 페이지에 나왔던 것들이다. 만약 이외에 다른 방법으로

슐라이어마허는 그리스도의 두 가지 본성(nature)에 관한 고전적인 형식을 거절하면서, 대신에 그리스도가 완전한 "하나님-의식"을 갖고 있다고 주장했다. 이 의식의 힘은 사람들에게 구원의 영향(redeeming influence)을 끼치면서 그의 육체적인 존재를 통해 다른 것들의 중간에 서 있었다. 그리스도의 하나님-의식은 그가 구원했던 사람들의 삶을 통해, 그리고 그를 그들의 구속주로 선언했던 것을 통해 유용하게 남아있다.[85] 그러므로 교회는 그리스도를 통해 그것의 존재를 끌어내었을 뿐만 아니라 그에게 있었던 하나님-의식을 교회에 귀속시켰다. 교회는 그의 행위를 계속한 것이다.

> 한편으로 그리스도의 유기체(organism)로서-이것은 성경이 그것(기독교회)을 그의 몸이라고 부르는 것이다-이것은 내부적인 것에 대하여 외부적인 것으로서 그리스도와 관계되어 있다. 또한 그래서 그것의 본질적 행위들 안에 그것은 그리스도의 행위의 반영이 반드시 될 것이다. 그리고 그것에 의해 생산되는 효과들이 단순히 이 세상에서 구원(redemption)의 점진적인 실현이 되기 때문에, 그 행위들은 마찬가지로 그리스도 자신의 행위의 연장이 될 것이다.[86]

단순히 말하자면, 교회를 통해 그리스도 자신이 아직도 "절대의존의 감정"을 전개하셨으며 표현하셨다. 기독교인을 위해서 이것은 그리스도를 통한 구속의 경험으로만 오직 알려진 것이다. 이것은 기독교 신앙

설명한 경우에는 영어 번역판을 사용한 것이다.
85 "그 차이점은 단순하다. 그리스도의 자기 계시는 그분을 설교하는 사람들에 의해 지금 중재되고 있다. 그러나 그들은 그분으로부터 실제로 나오며 필연적으로 그분 자신의 것인 행위인 도구로서 그분에 의해 인가된다." *Christian Faith*, sec. 108.5, 490-91(2:165).
86 Ibid., sec. 127.3, 589-90(2:127-28).

이 기독교 안으로부터 그리고 기독교인의 공동체를 다루면서 믿음의 반영이었다는 것을 항상 기억하게 할 것이다.

슐라이어마허는 사람이 세례를 통해 기독교인의 공동체에 가입하는 것이라고 말했다. 그것은 동시에 "그리스도가 그의 교제 안에 개별적으로 받으시는 의지의 행위"와 "개인이 그리스도의 살아있는 교제 안으로 받아들여지는 일을 통하여 하나님의 의롭다하시는 행위의 통로"이다.[87] 말씀의 선언은 세례보다 먼저 일어났음에 틀림없다. 그리고 세례 받는 사람은 말씀을 인정하였음에 틀림없다.[88] 세례 받는 그 사람의 믿음이 세례의 선제조건이었다는 것이 자연적으로 뒤따라 나온다.[89] 슐라이어마허는 "만약 세례가 믿음 없이 받아들인다면 세례는 그릇되게 받는 것이다. 그리고 그것은 그렇게 그릇되게 주어지는 것이다"라고 말했다.[90]

이것은 유아세례에 관한 문제를 일으켰다. 그러나 그 질문을 다루기 전에 슐라이어마허는 세례에 관한 몇 가지 다른 논쟁점들을 다루었다.

첫째, 그는 믿음이 반드시 세례를 앞서야 한다고 이해했다. 또한 이것은 구원(salvation)이 세례를 앞섰다는 것을 의미하는 것이었다. 왜냐하면 그는 "그리스도의 완전성과 복주심의 인가(appropriation)로서 믿음을 설명했기" 때문이었다. 이런 난점에 대해서 그는 그런 인가가 있는 내적 상태인 믿음이 실제로 있을 수 있으나, 그리스도의 완전하신 영향력과 그의 복주심의 즐거움이 "믿는 자들의 교제 안에서 오직 실제적인 것이

---

[87] Ibid., sec. 136, 619(2:318).

[88] Ibid., sec. 137.1-2, 628-29(2:328-30).

[89] Ibid., sec. 137.2, 629-31(2:330-32).

[90] "만약 사람이 세례를 믿음 없이 받는다면 그는 세례를 나쁘게 받는 것이다. Ibid., sec. 137.2, 630(2:331).

된다"고 답변했다.[91]

둘째, 세례가 "하나님의 의롭다하시는 행위의 통로"이기 때문에 그리고 "중생"(regeneration)이라고 불렀던 행위의 관점으로 의롭다하심과 회개가 함께 발생했기 때문에,[92] 중생은 세례 받을 때 발생한다는 것이다.[93] 만약 교회가 오직 그리스도가 그의 제자 되도록 부르셨던 자들처럼 준비되고 성숙한 사람들에게만 세례를 주었다면, 이것은 명백한 사례가 될 것이다. 그러나 실제적인 행동에서 교회의 행위와 중생의 상태는 완전한 것이라기보다는 아직 미흡한 것이다. 그래서 세례와 중생은 완전히 일치하지 않으면서 일어난다. 그 결과는 슐라이어마허가 관찰했던 것처럼 다음과 같다.

> 거기에는 아직 세례 받지 않았으나 교회 안으로 일찍 받아들여지도록 요구된 어떤 중생된 사람들이 항상 있을 것이다. 유사하게 거기에는 아직 중생되지는 않았으나 많은 행위로 교회의 기도에 의해 중생을 위한 하나님의 은혜에 맡겨진 세례 받은 사람들이 있을 것이다.[94]

어떤 사람이 세례는 받았지만 아직 중생되지 않은 상황에서, 우리가

---

91 Ibid., sec. 137.2, 631(2:332).
92 Schleiermacher에 있어서 중생(regeneration)이란 옛 자아의 연속성이 멈추었고 새 자아가 시작되었던 전환점이었다. 다른 측면에서 보는 대로, 옛 생활은 점차 물러나고 성화(santification)는 "연속적으로 자라나는 새 삶"이었다(ibid., 106.1, 476[2:148]). 그래서 그는 칭의와 회개에 이르는 중생을 분석하였다. 하나는 하나님에 대한 사람의 변화된 관계를 대변했으며, 또 다른 하나는 옛 생활에 대한 사람의 변화된 관계를 대변하였다(107, 478[2:150]). 칭의와 회개는 "완전히 분리할 수 없는" 것이며 "동시적으로" 일어나는 것이었다(107.1, 479[2:151]). 또한 109.2, 498(2:175)을 보라.
93 "물론 이제 이것은 개인이 중생되며, 그가 자발적으로 교회의 행동적인 일원이 된다는 바로 그런 동일한 행위이다." Ibid., 114.2, 531(2:214).
94 Ibid., sec. 136.3, 622-23(2:321-23).

살펴본 바와 같이 슐라이어마허는 루터와 개혁주의 신학자들 중에 두 번째 세대가 주장한 것을 주장했다. 세례란, "설교의 행위가 완전하고 믿음을 일깨워 주기 전에, 세례가 너무 이르게 주어질 때에 다만 효과 없는 것이다."[95] 유아세례에 대한 평행선은 거의 슐라이어마허를 벗어 나지 못했다. 그는 다음과 같이 간단하게 말했다.

> 그래서 유아세례는 세례 받은 충만한 믿음의 사람이 되기 전에 잘못 주어진 어떤 다른 세례와 같은 종류의 것이다. 그러나 세례는 적법하다(valid). 오직 세례의 적절한 효과성(efficacy)은 세례 받은 사람이 실제로 믿는 자가 될 때까지 유보하는 것이다.[96]

슐라이어마허에 있어서 문제는 이런 세례가 그들 스스로 "불완전하다"라는 것과 교회에 "불명예"로 간주되었다는 것이다. 유아들에게 세례를 베풀기 위한 어떤 긍정적인 이유(positive reason)가 없었는가? 초대 교회가 그런 실천을 왜 시작했는지에 대한 동의가 있었다 해도 그것은 사도적인 실천의 문제가 아니었다(『기독교 신앙』 제138.1항). 그래서 그는 유아세례를 위한 이유를 발견했다. 유아들의 미래는 교회에 맡겨졌다. 따라서 교회의 의무는 "하나님의 말씀에 직접적인 관계 안으로 그들을 인도하기 위하여 그리고 그 안에 믿음이 일깨워질 때까지 그들을 유지하기 위한" 것이다.[97]

슐라이어마허에 따르면, 개혁자들은 그리스도께서 직접 유아세례를

---

95 Ibid., sec. 137.2, 630(2:331).
96 Ibid., sec. 138.2, 636(2:338).
97 Ibid., sec. 138.1, 635(2:337-38).

제정하지 않았다는 것이다. 사실 기독교 공동체 안에서 일어나고 있는 아이들에게 여러 가지 논의들이 아직도 멈추지 않고 있다.[98] 그렇지만, 그 중요성 때문에 유아세례는 커가는 아이들에게 말씀과 더불어 이해되고 있으며 아직도 허용되고 있다. 유아세례는 단지 아이들이 적당한 나이에 견신례(confirmation)를 받을 때까지 진지하게 책임을 지도록 요망되었다. 왜냐하면 슐라이어마허가 주장하듯이, "유아세례가 그리스도의 가르침에 답변하는 것은 오직 견진과 함께 결합하는 것이기 때문이다."[99]

4. 20세기의 논쟁

슐라이어마허가 『기독교 신앙』을 쓴 후 거의 같은 세기에, 그가 제기했던 유아세례에 대한 문제가 개혁주의 전통 안에서 다시 일어났다.[100] 1937년 웁살라대학의 올라부스 페트리(Olavus Petri) 강좌에서 마련된 특별

---

98 Ibid., sec. 138.2, 637(2:339-40).
99 Ibid., sec. 138.2, 637(2:339).
100 Dale Moody, *Baptism: Foundation for Christian Unity*(Philadelphia: Westminster Press, 1967), 45-112를 보라. 이 절에서 다음을 참고했다. 나는 세례에 관한 Karl Barth의 영향력 있는 책에 대해 단지 어떤 개혁주의자의 반응에 관하여 논의하기를 선택했다. 매우 간과된 작업이 Leenhardt에 의해 분명해지고도 신약성경의 본문과 함께 밀접하게 움직이는 관점에 이르렀다. Marcel은 의식적으로 Calvin과 개혁주의 전통 및 언약을 대변하기를 노력했기 때문에 그의 작업은 정선되었다. 네덜란드(Dutch)의 자료는 개혁과 정통주의, 개혁주의 신앙고백(예를 들어, 『벨직 신앙고백』, "도르트 총회 신앙고백" 등), Calvin, 그리고 선택과 세례에 대한 그의 언급과의 연계성 때문에 거론된다. 마지막으로, 나는 이 장에서 조사한 문서, 『하이델베르크 신앙교육서』를 연구했던 Wilhelm Neuser의 에세이에 대해 언급한다.

행사에서 에밀 브루너(Emil Brunner)는 유아세례에 관한 근대 개혁주의 토론을 시작했다.[101] 주정부 교회(State Church)의 상황 아래서 많은 사람들은 시민이 되는 과정으로 세례를 받았다. 그리고 그들의 세례나 유아세례는 문제가 있음을 알았지만 그것은 관심밖에 있었다. 성례의 "주관적인" 측면인 믿음의 필요성이 요청되는 데 비해 "객관적인" 측면이 강조되었다. 그래서 성례적인 언어는 단순히 설교-언어(sermon-word)가 되었다.[102]

1943년 칼 바르트(Karl Barth)는 스위스 신학생들에게 행한 연설에서 브루너가 일찍이 발표했던 주제를 택했다. 그리고 브루너의 주장과는 다르게,[103] 강력하게 유아세례의 폐지론을 주장했다. 바르트의 강연이 5년 후에 영어로 번역되었을 때, 이 논쟁은 급속히 소용돌이 쳤다.[104] 그는 세례가 능력 있게 그리고 효과적으로 예수 그리스도의 죽으심과 부활과 성령의 새롭게 하심을 재표현한 것이라고 주장했다. 세례는 죽음의 위협과 생명으로 인도하심과 함께 골고다에서의 죽음을 묘사한 것이다. 세례에서 그리스도와 함께 하는 연합의 표현과 그

---

101 Emil Brunner, *Truth as Encounter*, trans. A. W. Loos and David Cairns(Philaderphia: Westminster Press, 1964), 181-85를 보라. 원래의 본문은 기독교의 주관적인 것과 객관적인 것 사이의 관계를 그 주제로 다루었던 올라부스 페트리(Olavus Petri) 강좌에서 유래했다. Brunner는 이런 이분법(dichotomy)이 그리스 철학에서 유래된 것이라고 믿었으며, 성경적 관점은 "만남으로서의 진리"(truth as encounter)이었다고 믿었다. 그래서 그는 세례부분에서(181-85) 세례에 대한 주관적이고 객관적인 관점에 관해 말했다. 이것은 대략 세례의 적법성과 효과성에 관한 문제와 연결된 것이었다.
102 Ibid., 184.
103 Emil Brunner, *The Misunderstanding of the Church*, trans. Harold Knight(Philadelphia: Westminster Press, 1965)를 보라. 그 저서에서 그는 할례와 세례를 연결하면서 유아세례를 위한 언약 논거를 말한다(65-66).
104 Karl Barth, *The Teaching of the Church regarding Baptism*, trans. E. A. Payne(London: SCM Press, 1948).

분 안에서 실현된 은혜의 언약이 발견되었다.[105]

세례받은 사람에게 있어서 세례는 죽음의 위협에서 벗어나 생명으로 인도하신 것이다. 세례 안에서 죽음의 위협에서 벗어나 생명으로 인도된 사람으로서 자신을 발견한다. 자연스럽게 성인세례는 단독으로 인가되었다. 왜냐하면 오직 성인만이 위협과 인도를 알 수 있기 때문이었다. 오직 성인만이 그 근원이 "하나님의 은혜언약의 객관적인 실체 안에" 있는 믿음을 갖고 있기 때문이다.[106] 놀랍지 않게도 바르트는 주의 깊게 구원의 지식(knowledge of salvation: *cognitio salutis*)으로부터 구원의 원인(cause of salvation: *causa salutis*)을 구분했다. 즉 구원의 지식은 설교의 말씀과 성례를 통해 우리와 세례 받은 자들에게 온 것이며, 구원의 원인은 오직 "그리스도의 말씀과 행위" 안에서 발견될 수 있다.[107] 교회와 세례 받은 사람, 둘 다 그들의 책임성 있는 역할을 갖고 있었다. 유아세례에 있어서 마치 순종하는 선포자와 듣는 자들의 역할들은 적법하지만 확실히 책임을 지지 못한다.[108]

그렇다면 세례는 실제적으로 어떤 효과(effect)를 가지고 있었는가? 또는 (칼빈의 말들처럼) 표징들이 외적으로 표징하고 있는 것들을 내적으로 성취하지 않음으로, 하나님이 "우리를 비웃으신다"고 말할 수 있었는가? 바르트는 여기에서 마음의 변화가 일어난 것으로 보인다. 그는 『세례에 관한 교회의 가르침』(*The Teaching of the Church regarding Baptism*)에서 세례란 그것이 상징하고 있는 것을 실제로 성취했다고 주장함으로써 시작했다.

---

105 Ibid., 9-18.
106 Ibid., 14, 20-21.
107 Ibid., 26-33.
108 Ibid., 34-54, 특히 36, 40-47.

세례는 죽거나 또는 말 못하는 대리도 아니라 살아있고 표현력 있는 그것이다. 이것의 효력은 거룩한 역사(sacred history: *Heilsgeschichte*)의 모든 운동을 포함한다는 사실과 그래서 그것은 가능성과 효과성이라는(*res potentissima et efficacissima*) 사실에 달려있다. 그것이 의도하는 그리고 실제로 효과적인 모든 것은 이 가능성의 결과이다. 그것은 그런 방식으로 그가 속해 있는 사람에게 보여주는 것처럼 그 능력을 행사한다. 그래서 그는 단지 그것을 불의를 통하여(*per nefas*) 잊거나 놓쳐버릴 수 있는 것이다. 아무튼 그런 방식으로 그는 그 표시들(marks)에 의해 표시된 사람이 되며, 그 묘사에 의해 그 자신도 묘사된 사람이 되는 것이다.[109]

이 주제는 후에 그 평론을 결론지었다. 세례는 그것이 상징하고 있었던 것을 효과적으로 상징한다. 왜냐하면 세례에서 세례 받은 사람이 죽음 가운데 서 있었고, 하나님의 확신이 가져다주는 삶의 새로운 시작을 확신하였으며, 자신을 예수 그리스도의 죽으심과 부활 안에서 알려진 그런 새로운 삶에 순종하여 기꺼이 자신을 드리려고 하는 것이기 때문이다.[110]

바르트는 『교회교의학』(*Church Dogmatics*)IV/4의 마지막 부분을 쓰면서,[111] 적어도 그의 아들 마르쿠스 바르트(Markus Barth)에 의해 이루어진 주석 작품 때문에 그의 생각을 바꾸었다.[112] 아버지 바르트(Elder Barth)는 신약성경에서 세례가 성례에 속하지 않았다는 아들의 부정적인 논제를 받아들였다. 바르트는 『교회교의학』의 IV/4를 두 부분, 성령세례와

---

109 Ibid., 16.
110 Ibid., 55-64. 특히 55-56.
111 Barth, *Church Dogmatics*, IV/4.
112 Markus Barth, *Die Taufe-Ein Sakrament?*(Zollikon-Zürich; Evangelischer Verlag, 1951).

물세례로 나누었다. 기독교인의 삶은 신실해 질 수 있도록 우리를 바꾸셨던 하나님의 자유로운 은혜를 통해 하나님 안에 그 근원을 가지고 있었다. 하나님은 우리에게 이 새로운 삶을 예수 그리스도 안에서 주셨다. 그리스도는 우리의 범위를 넘어 계신 분이었으며, 우리를 위해 효과적으로 일하시는 분이셨다. 그렇게 "우리 안에" 계신 분이셨다. 이런 새로움이 성령의 세례를 통해 나타났다.[113] 이런 성령의 세례에 반응하여 우리는 순종하는 인간의 반응을 가져야 했다. 그 기초는 그리스도의 명령들과 세례 안에 있다.[114] 그 목표는 우리의 순종하는 삶으로 이끄는 하나님의 화해하시는 능력이셨다.[115] 그 의미는 마치 하나님의 주도권에 대한 인간의 신실한 반응 대신에 발견될 수 있는 것처럼 성례전적 실제를 가지지 않았다.[116]

오스카 쿨만(Oscar Cullman)은 즉시 칼 바르트에 대해 답변했다. 루터교도였던 오스카 쿨만은 바젤(Basel)대학에서 신약성경과 초대교회사 교수로서 봉직했으며 칼 바르트의 동료였다.[117] 바르트에 대한 다수의 개혁신

---

113 Barth, *Church Dogmatics*, IV/4, 3-40.
114 Ibid., 50-68.
115 Ibid., 68-100.
116 Ibid., 100-164.
117 Barth와 Cullmann은 강연과 글, 그리고 학문적인 세미나에서 유아세례의 주제를 토론했다. 그들의 대화는 20세기 개신교에 있어서 세례에 관하여 가장 영적이고 유명한 토론의 하나임을 보여주었다. Cullmann의 기본적인 교의(doctrine)는 예수 그리스도의 죽으심과 부활하심을 통해 그에 의해 이루어진, 그리고 모두에게 그들의 지식능력이나 반응에 관계없이 주어진 "일반적인 세례"(general baptism)였다(Oscar Cullman, *Baptism in the New Testament*, trans. J. K. S. Reid [Piladelphia: Westminster Press, 1950], 9-22). 이런 일반적인 세례는 사람을 "그리스도의 통치"의 일원으로 만든다. 그 안에 하나님의 선행하는 은혜가 모든 사람에게 제공된다. 이런 외적인 궤도(circle) 안에서 "내적 궤도"인 그리스도의 몸, 또는 교회가 놓여 있다. 그것은 하나님의 선행하는 은혜의 특별한 나타남인 세례의 은혜의 범위 안에 있었다(Cullmann, *Baptism*, 27-44). 믿음에 관하여 Cullmann은 믿음의 삼중적인 관점을 주장했다. 성인들에 대해서는 세례 전에

학자들의 반응 가운데 세 사람이 이 연구에 도움이 되었다. 두 사람의 매우 다른 목소리는 프랑스 개혁주의 전통 안에 있는 신학자들로부터 나왔다. 1946년 프란츠 레엔하르트(Franz Leenhardt)의 세례에 관한 작품이 신약성경 본문들 자체를 가지고 주의 깊게 연구되었다.[118] 그는 제네바대학의 신약교수였다. 그는 세례요한으로부터 사도바울까지 초대교회 역사를 추적했다(제2-5장). 그는 세례가 "예수 그리스도의 복음 안에서 믿음으로 모든 사람들을 구원하기 위하여 하나님의 뜻을 표현했고 구체화했으며 행동화했다"라는 것으로 이해하면서, 초대교회가 하나님의 계획에 정확히 따랐다고 주장했다.[119] 이러한 근본적인 주장은 그가 유아세례에 관한 문제에 관심을 돌렸을 때 자연스러운 것이었다(제6장). 여기에서 그는 초대교회가 유아들에게 세례를 주었는지 아닌지에 관한 문제를 결정할만한 결정적인 증거를 유아세례의 옹호자들이라 할지라도 신약성경에서 발견할 수 없다고 말함으로써 시작했다. 게다가 칼빈이 자신의 주석에서 하나님이 유아세례를 제정하셨다는 것은 상세히 드러나지 않는다고 말했다.[120] 이와는 대조적으로, 세례는 "성취되었고 인정된 충분한

믿음이 요구되었다. 세례 받는 동안에 믿음이 회중에게 요구되었다. 그리고 세례 후에 믿음은 세례 받는 모든 사람에게 요구되었다(51-55). 마지막으로, Cullmann은 유아할례의 계속과 완성으로서 세례를 주장하면서 유아세례의 옹호에 세부적으로 상술했으며 활력을 불어 넣었다(57-69).

118 Franz J. Leenhardt, *Le Baptême chrétien, son origine, sa signification*(Neucha^tel and Paris: Delachaux & Niestle′, 1946).
119 Ibid., 42.
120 Ibid., 66. Joachim Jeremias와 Kurt Aland는 초대교회가 유아세례를 베풀었는지, 어느 누구도 달리 말할 수 없는 일반적인 합의가 있었는지에 관해 철저하게 토론하였다. 아마도 사도시대 교회는 유아세례를 주었거나 주지 않았을 것이다. Kurt Aland, *Did the Early Church Baptize Infants?* trans. and with an introduction by G. R. Beasely-Murray(Philadelphia: Westminster Pressm 1963); Joachism Jeremias, *Infant Baptism in the First Four Centuries*, trans. David Cairns(Philadelphia: Fortress Press, 1960).

중생"의 표징이 아니라 "구원에 이르는 하나님의 표징"이라는 것이다. 믿는 자는 자기반성으로부터 벗어나 하나님의 자비로우신 뜻을 구현하신 예수 그리스도를 향하여 부름 받았다.[121] 그래서 레엔하르트는 유아세례의 사도적인 의미를 부정하지 않는 방식으로 사람이 유아세례를 정당화할 수 있다고 결론을 맺었다. 아이들은 하나님의 약속 안에서 세례 받는다. 그분의 뜻은 구원하는 일이시다. 그리고 부모들의 의무는 항상 약속을 받은 아이들을 세워주는 것이다. 그래서 아이들은 자신이 성장할 때 그것의 실제를 인가(appropriate)할 수 있다. 이와 같은 방식으로 부모들과 공동체는 유아세례 예식에 있어서 결함이 무엇인지를 원만하게 해결해야 한다. 이런 책임을 무시하는 것은 성례를 남용하는 것이다.[122]

피에르 마르셀(Pierre Marcel)은 프랑스 개혁교회 입장에서 칼빈의 이해와 함께 성경에 근거하여 바르트에게 도전했다.[123] 성례의 문제를 정립하기에 노력하는 레엔하르트의 비평적인 방법이 주석적 방법으로 신학을 본연의 모습으로 일괄해서 다룬 반면, 마르셀은 명백히 "교의적" 주석을 사용했다. 이 말에 대해서 그는 "개혁주의 주석 작품들에" 의존했다는 것과 "그것의 권징(discipline)을 특징으로 하는 표준과 일치하여 통합(synthesis)을 가져왔다. 다시 말하면, 이것은 비평적인 주석에 있어서 체제(order)에 있어서나 방법(methods)에 있어서나 얽매이지 아니한 것이다"라는 것을 의미했다. 이러한 연구가 레엔하르트와 같은 성경학자들이 주장했다고 할지라도, 유아세례가 "성경적이며 기독교적이며 개혁주

---

121 Leenhardt, *Baptême chrétien*, 71.
122 Ibid., 71-72.
123 Pierre Charles Marcel, *The Biblical Doctrine of Infant Baptism: Sacrament of the Covenant of Grace*, trans. Philip Edgcumbe Hughes(London: James Clarke & Company, 1953).

의적이다"라는 것을 보여준 것이라고 마르셀은 주장했다.[124]

마르셀은 칼빈의 중심사상에 따랐다. 왜냐하면 그것은 영적으로 중심사상이었으며, 하나님의 은혜언약(covenant of grace)의 일치였기 때문이었다. 그 약속(promise)은 아브라함과 그의 씨 그리고 신약시대의 교회에 주어졌다. 교회는 이처럼 항상 하나가 된다.[125] 그 약속은 단체적으로(corporately) 주어졌으며, 하나의 "법적 관계"인 것이다. "법적 관계"가 "살아있는 관계"가 되었을 때, 조만간 이 공적이고 단체적인 의미는 약속의 개인적인 인가(appropriation)에 의해 균형을 갖게 되었다.[126] 이 언약의 일치(unity)는 하나님의 은혜언약의 주권적인 경륜(sovereign decree)이었기 때문에, 언약은 세례의 기초(base)였다. 유아세례에 대하여 오직 명시된 성경적인 금지만이 교회에서 유아들에게 세례 베푸는 것을 단념시킬 수 있을 것이다.[127]

네덜란드 개혁교회(Dutch Reformed Church)는 유아세례를 부정하는 바르트에게 응답했다. 그리고 언약방어(covenant defence)뿐만 아니라 개혁주의 신학의 다른 관점인 예정(predestination)에 호소함으로써 유아세례를 옹호했다.[128] 네덜란드 개혁교회가 『하이델베르크 신앙교육서』(Heidelberg Catechism, 1562), 『벨직 신앙고백서』(Belgic Confession, 1566), 그리고 『도르트 규범』(the Canons of Dort, 1619)을 살펴보았을 때, 그들은 자신들이

---

124 Ibid., 13, 22-23.
125 Ibid., 72-98.
126 Ibid., 106-23.
127 Ibid., 187-203.
128 네덜란드 개혁주의 신학자들과 남아프리카 신학자들을 위한 저서목록 뿐 아니라, 네덜란드 개혁교회 안에 이 문제에 관한 세부적인 요약을 위해서는 Moody, *Baptism*, 73-77을 보라.

믿었던 것이 하나님의 무조건적 선택(unconditional election)을 강조한 것임을 발견했다. 그것은 재세례파의 신자세례에 반대하는 그들의 중추적 입장이 되었다. 하나님의 언약적 약속들과 함께 연결되는 하나님의 주권적 예정은 유아세례의 실천을 위한 기초를 형성했다. 이 입장은 어려움이 없는 것이 아니다. 왜냐하면 어른들을 위한 규범적인 결과-타락, 선택, 성령에 의한 중생, 그리고 세례를 포함하여 믿음과 선택의 열매-는 유아세례의 경우에 뒤따르지 않을 수 있었다. 유아들 가운데 "믿음의 가능성"의 개념처럼(믿음을 실현하는 것에 비교되는 것으로서), 선택의 예정이 유아세례와 언약신학과 함께 연계되어 있을 때 "활발치 않은 중생"의 개념 또는 "잠자고 있는 중생"은 고유의 문제들을 극복하는 데 필요했다.

『하이델베르크 신앙교육서』에 관한 노이저의 연구는 다시 언급할 가치가 있다. 바르트의 도전을 대항하여 말했던 노이저는 특수한 역사적인 문서를 사용함으로써 어떻게 이 신앙교육서의 성례와 세례 항목들이 유아세례의 의문들을 대답하기 위해 고안되었는가를 보여주었다.[129] 그는 『하이델베르크 신앙교육서』가 아주 의식적으로 성례들을 정의하는 처음 질문으로부터(제66문답), 그리고 유아세례에 관한 질문으로부터(제74문답) 신실한 입회에 관한 논의로 이동했다는 것을 보여주었다. 동시에 이 신앙교육서는 외적인 표징으로써 소속을 나타내며 같은 내용을 가지고 있는 복음의 약속이라는 탁월한 문제로 이동했다.[130] 설교에서처럼, 세례는 말씀이 주어지고 집례된 구체화된 표징이었으며 그리고 성령을 통하여 믿음을 불러일으켰다. 믿음은 말씀의 선포 이전에 요

---

129 Neuser, *Tauflehre*, 특히 5-6, 11-16, 23-33.
130 Ibid., 6-23.

구되지 않았다. 세례 후에, 말씀은 성령을 통하여 그리고 표징에 부착되어 믿음과 사람에게 선포되어 증가하는 성화를 불러일으키기를 계속했다.[131] 이렇게 『하이델베르크 신앙교육서』는 성례와 세례신학을 말씀과 통합된 것을 제공했다. 이는 루터, 멜랑히톤, 그리고 칼빈에게서 빌려온 것으로 동시에 그들의 실수를 피하는 것이었다.[132]

5. 요약

개혁주의 세례에 관한 종교개혁 후의 긴 궤도를 세 가지로 요약하고자 한다.

첫째, 성례의 적법성과 효과성 사이에 시간과 게다가 구분이 만들어졌다. 하나님이 그리스도를 주심은 사람이 믿음을 갖고 있든지 아니든지 성례 고유의 적법성을 굳게 세워주었다. 게다가 신실한 인가를 위한 요구는 거기에 역시 있었다. 거기에 객관적인 제안에 관해 더 많은 강조를 알맞게 두었든지, 아니면 믿음을 위한 관심 없이 적법한 행위가 너무

---

131 Ibid., 23-29.
132 Ibid., 33-38. Neuser는 Barth가 본문을 잘못 읽었던 곳을 보여주면서(29) 『하이델베르크 신앙교육서』를 읽으면서 바로 잡았다. 또한 Neuser는 Marcel이 이 신앙교육서와 교육서의 영적인 관련을 잘못 이해한 것을 보여주었다(6). 여기에는 어떤 아이러니가 있다. 왜냐하면, 우리가 보아 온대로, Marcel은 Leenhardt가 유아세례의 교의적 주석(dogmatic exegesis)을 행하지 않은 것을 비평하였기 때문이다. 개혁주의 전통과 유아세례를 주석했던 것으로 되돌아가서 Marcel은, Leenhardt가 유아세례를 성경적으로 증거하고 있다는 것을 보여주었다고 주장하였다. 그리고 Marcel은 Leenhardt가 유아세례를 주석적으로 정당화한 사람들이 "그들의 무기로 사용하기 위해 집요하게 본문의 작은 조각을 만들어 내었다"고 잘못 말했던 것이었다고 주장하였다(Leenhardt, *Baptême chrétien*, 67).

자주 행해졌든지, 개혁주의 신학자들은 세례를 베풀어야 한다고 강조했다(슐라이어마허, 브루너, 그리고 바르트).

둘째, 슐라이어마허를 통해 개혁주의 신앙고백들로부터 궁극적으로 주어졌던 것은 그리스도의 은혜들 혹은 은혜의 언약뿐만 아니라 그리스도 자신이었다. 여기에서 개혁주의 궤도(trajectory)는 종교개혁자들의 첫 두 세대가 역시 논의했던 것을 계속했다. 개혁주의 신앙고백들과 신학자들의 일부는 더욱 그들의 기독론적인 표현에서 언약 중심적이었다. 예를 들어, 불링거, 『웨스트민스터 신앙고백』과 『대/소 신앙교육서』(catechisms), 개혁교회 정통주의, 바르트, 네덜란드 개혁교회, 마르셀 등이다.

셋째, 유아세례의 옹호자들은 유아들을 포함하여 거룩하게 가입되었던 언약에 일반적으로 호소하면서, 또한 표징에 부착되었던 하나님의 약속들이나 뜻에 호소하면서 항상 하나님의 주도권에 호소했다.

제 5 장

어디로 갈 것인가?『공동예배서』(BCW)

본 장과 함께 이 책은 완전한 정점에 이르렀다. 이 책의 서론은 근대 예배갱신운동과 역사, 그리고 "기독교 성인 입교예식"(Rite of Christian Initiation of Adults, RCIA)을 논의했다. 교회론의 논제에서 살펴본 간략한 요지는 "기독교 성인 입교예식"에 시행되고 있는 예배신학(liturgical theology)이 루터와 칼빈의 예배신학과 양립할 수 없다는 것을 제시했다. 사람들이 신학을 채용하지 않고 형태만을 빌려올 수 있다는 반론에 답변하면서, 서론의 마지막 절에서는 예전갱신에 의해 영향 받았던 개신교 첫 예배서, 즉 탁월하고 많이 사용되었던『루터교 예배서』(Lutheran Book of Worship, LBW)에 관해 간략한 고찰을 했다. 마지막 부분에서 루터의 예식서(rite), 홍수기도(the Flood Prayer) 및『루터교 예배서』를 비교하면서, 루터가 본래 의도했던 것이 상실되었다는 것을 나는 제시했다. 개혁주의 세례신학과『공동예배서』(Book of Common Worship, BCW)에 나타난 세례예식(the rite of baptism) 사이에도 유사한 문제가 있지는 않을까?

이미 앞에서 개혁주의 세례신학을 살펴보았다. 제1장에서는 제1세대 종교개혁자들인 츠빙글리, 루터, 부처 등을 연구함으로써 개혁주의 세례신학의 근원을 살펴보았다. 제2장에서는 제2세대 종교개혁자들인 불링거와 칼빈을 연구했다. 제3장에서 예정과 유아세례의 논제에 대한 칼빈의 입장을 연구했다. 그리고 나서 제4장에서는 개혁주의 신앙고백들, 개혁파 정통주의(Reformed orthodoxy), 슐라이어마허 그리고 20세기 세례논쟁들을 통해 개혁주의 세례신학의 궤도를 살펴보았다. 이처럼 개혁주의 세례신학의 역사적-신학적 과제를 논했다. 본 장에서는 실천신학의 과제를 살펴보고자 한다.

먼저 다음과 같은 질문을 할 수 있을 것이다. 『공동예배서』 안에 있는 세례예식이 개혁주의 세례신학을 잘 드러내주고 있는가? 그렇지 않다면, 적합한 개혁주의 세례신학으로 교정될 수 있는가? 본 장의 첫 절에서는 이전에 나온 네 개의 장들로부터 개혁주의 세례실제(material)에 관해 숙고하고자 한다. 다음 절에서는 예전실제 그 자체를 살펴보고, 마지막 절에서는 『공동예배서』의 세례예식을 적합하게 개정할 수 있는 논의와 제안을 요약하고자 한다.

1. 개혁주의 세례신학의 반성

1) 하나님의 은혜로우신 주권과 언약

개혁주의 신학에 관한 얼마간의 해설들이 세례를 포함하여 이루어질 수 있을 것이다.

첫째, 세례는 하나님의 주권적 은혜를 선포한다. 이것은 구원과 유기에 이르는 하나님의 예정적인 선택에 대한 강조가 그 자체로 세례에 있어서 선포된 하나님의 행위에 **중심적인**(central) 관점이 아니라는 것을 부정적으로 의미한다. 먼저, 주권적이며 예정적인 힘의 탁월성은 16세기 고전적인 개혁주의 개신교의 기독론적인 중심을 놓치고 있다.[1] 이 것은 또한 개혁주의 신앙고백들, 슐라이어마허의 "그리스도-형태"신학(christo-morphic theology), 기독론적인 강조, 그리고 바르트의 그리스도 중심적 신학적 접근을 놓치고 있다.[2]

개혁주의 신학에서 하나님의 주권적 은혜는 하나님의 본래적이고 선행적인 행위를 강조하는 것에 관련된다. 하나님은 우리와 함께 하시며 우리를 위해 계시는 분이시며 감사에서 충성에 이르도록 우리를 부르신 분이 자신임을 드러내신다. 이러한 강력한 사례가 칼빈 때까지 아치 모양을 이루는(overarching) 신학적 주제로 그리고 특히 그의 성례신학적인 관점에서 형성되었다.[3] 16세기 개혁주의 세례예식에 관한 세부적인 작품이 바로 이런 하나님의 자비로우신 행동의 우선권에 관한 강조에서

---

1 Calvin과 Schleiermacher의 저작들에 대한 입문서로는 B. A. Gerrish, *Tradition and the Modern World: Reformed Theology in the Nineteenth Century*(Chicago: University of Chicago Press, 1978), 99-150; idem, *Old Protestantism*, 131-49; B. A. Gerrish, ed., *Reformers in Profile*(Philadelphia: Fortress Press, 1967), 142-64를 보라. 또한 Charles Partee, "Calvin's Central Dogma, Again," *Sixteenth Century Journal* 18(1987): 191-99를 보라. 이 글은 그리스도 안에서의 연합이 Calvin 저술의 유기적인 중심인 것을 논한다. 그러나 Muller, *Christ and the Decree*, 17-38에서는 기독론과 선택의 엄격한 상호연결을 논하고 있다.

2 Niebuhr, *Schleiermacher*, 210-14.

3 B. A. Gerrish, *Grace & Gratitude: The Eucharistic Theology of John Calvin*(Minneapolis: Fortress Press, 1993). 또한 Pamela Ann Moeller, *Calvin's Doxology*(Allison Park, Pa.: Pickwick Publications, 1997)를 보라.

나타난다.[4] 약간 다양한 방법으로, 우리는 우리와 함께 그리고 우리를 위한 분으로서 하나님의 자기-노출(self-disclosing)과 같은 은혜에 관한 동일한 주장을 개혁주의 궤도를 통하여 보아왔다. 20세기 개혁주의 세례 논쟁들 속에서, 은혜언약으로 나타난 하나님의 선택이라는 바르트의 개념으로부터 구원하시기 위한 하나님의 은혜로우신 뜻이라는 레엔하르트의 주장과 마르셀의 은혜언약에 이르기까지, 이 형식의 관점은 모든 중요한 신학자들 가운데 두드러졌다. 그들 모두는 하나님의 은혜로우시고 주권적인 주도권이 그리스도를 통하여 알려졌으며 세례 성례의 기본을 형성하고 있음을 동의했다.

둘째, 언약사상은 개혁주의 세례신학이 인간을 향하여 하나님의 자비로운 주도권을 표현하고 있는 방식을 전형적으로 특징짓고 있다. 츠빙글리의 언약 세례신학(covenant baptismal theology)에 대한 발전은 언약의 표징으로 제공되는 언약의 일체성과 하나님의 은혜에 관하여 강조하는 단계들을 통하여 진전되었다. 마찬가지로, 부처는 창세기 17장에 나오는 영원한 은혜언약을 세례와 할례에 대한 바울의 견해와 연결하면서 언약의 일체성을 강조했다(골 2장). 불링거는 그의 언약개념에 대해 츠빙글리와 다르게 독자적으로 생각하여 아담으로부터 나아가는 단일한 은혜언약을 발전시켰다. 칼빈은 그의 언약개념을 부처와 츠빙글리의 라틴어 작품들로부터 배웠다. 칼빈은 에큐메니칼한 관심을 가졌다. 그리고 그는 루터와 츠빙글리로부터 성례적인 개념들을 융합했다. 또한 칼빈은 스트라스부르크 목회기간 동안에 부처에게 큰 영향을 받았다.[5]

---

4 Old, *Reformed Baptismal Rite*, 83, 124, 129, 135-40, 178, 286.
5 Calvin이 Augustine을 읽으면서 세례에 관한 언약신학을 배웠다는 것은 가능한 말이다.

츠빙글리, 칼빈, 불링거, 16세기 후기와 17세기의 언약신학자들(federal theologians)을 통해서 개혁주의 신학은 하나님의 은혜언약에 관한 사상과 할례라는 옛 표징을 대체한 새로운 표징으로서의 세례에 관한 사상을 유지했다.[6] 20세기 개혁주의 세례신학은 이 궤도를 이어갔다. 바르트는 세례가 그리스도와 함께 하는 연합을 포함하였으며, 이렇게 하나의 영원한 은혜언약 안에서의 참여가 그리스도 안에 실현되었다고 주장했다. 그리고 마르셀은 은혜언약에 관한 주장과 함께 옛 언약과 새 언약 사이에 형성된 연합에 관한 주장을 통해서 유아세례를 옹호했다.

언약(covenant)은 『프랑스 신앙고백』, 『벨지 신앙고백』, 『하이델베르크 신앙교육서』 그리고 슐라이어마허 등의 세례신학에서 두드러지지 않았다.[7] 대신에 그리스도 중심의 방향이 두드러져 있었다. 마지막으로 칼빈, 『하이델베르크 신앙교육서』 그리고 약간의 개혁파 정통주의는 표징-약속 세례신학에 중요한 목소리를 내었다.

2) 언약신학의 두 유형

제2장은 불링거가 모든 백성을 하나의 언약 가운데 부르신 하나님의

1539년 Calvin은 폭 넓게 교회 교부들을 읽었다. 그리고 Augustine은 언약신학의 근거와 지지가 되어주었다. 이와 유사하게 Bullinger도 그의 저서, *One and Eternal Covenant of God*에서 Augustine을 자주 인용하고 있으며, 마찬가지로 Bucer도 유아세례에 관한 그의 1533년 에세이에서 Augustine을 인용하고 있다. McCoy and Baker, *Fountainhead of Federalism*, 99-138을 보라.

6 언약신학의 서론에 관하여 McCoy and Baker, *Fountainhead of Federalism*, 11-44, 63-79를 보라. Bullinger와 언약의 이슈에 관하여 제2장 제2절을 보라. 또한 McCoy와 Baker는 언약과 정치신학의 흥미 있는 절을 보여주고 있다. *Fountainhead of Federalim*의 45-62, 80-98을 보라.

7 Bullinger, Barth, 그리고 Schleiermacher에 관하여는 다음 주석을 보라.

부르심으로서의 언약을 고찰했다는 것을 보여주었다. 그 언약은 아담과 함께 시작되었으며 예수 그리스도 안에서 성취되었음을 발견했다. 불링거는 오직 선택된 자에게 이루어진 영원하시고 자비로우신 부르심(call)에 대해 생각할 때, 단일한 예정에 관한 것보다는 실용적으로 하나님의 우주적인 자비로우신 부르심에 관해 집중했다. 바르트는 이 언약신학에 관하여 20세기의 변형을 가져왔다. 그는 그의 책『교회교의학』(Church Dogmatics) 제32-35절까지 하나님의 선택을 논의했다. 그의 사상의 세부적인 것들은 잘 알려져 있으나, 필자는 여기서 깊이 있게 다룰 수 없다. 그럼에도 불구하고 세례를 생각해 볼 때, 불링거의 개념들과 비슷하게 함께 움직이는 두 개의 일반적인 언약개념들을 가졌던 개혁주의 전통을 암시하는 유사성이 있다. 바르트는 성경으로 자신의 입장을 돌렸던『교회교의학』에서 서론 이후에(제32항), 선택의 기독론적인 기초를 주장했다(선택하시는 하나님으로서의 예수와 선택받은 인간으로서의 예수). 그는 신론에서 선택을 다루어야 한다고 주장했다. 그리고 그는 예수 그리스도의 선택을 논의했다(제33항). 하나님의 아들로서 예수 그리스도는 선택하시는 하나님이셨다. 사람의 아들로서 예수 그리스도는 선택 받은 인간이셨다. 그래서 예수 그리스도는 모든 것을 포함하여 복음의 요지(sum)-모든 사람들을 공로 없이, 은혜롭게 받아들이심-를 드러내셨다. 이것은 하나님의 영원하신 예정적인 뜻이었다. 그 뜻의 내용은 전통적인 의미에서 모호한 것이 아니었다. 개인이 하나님의 은혜언약 안에서 선택되었을 뿐만 아니라 그 공동체도 그러했다(제34항). 바르트가 개인에게 눈을 돌렸을 때(제35항), 그는 각 사람이 이미 예수 그리스도 안에서 선택되었다는 것을 분명히 했다. 인간은 이 선택을 거부할 수도 있었으며, 선택의 약속을 받아들임으로 살 수도 있었다. 또는 각 개인은 선택을 거부할 수도 있었다. 이 거부 자체는 그리스도 안에서 뒤집힐 수 있었으며 거부될 수도 있었다. 모든 사람은 선택 받은 구원을 알지 못했으며, 예배(the service)가 요구되지 않았으며, 성령은 하나님의 뜻을 수행하도록 움직이시지도 않으셨다. 모든 사람은 하나님의 제공과 그들 자신의 결정에 의해 직면하여 살았다. 하나님의 은혜로우시며 영원하신 선택은 뒤에 남아 있었다.[8]

특히 종말론에 관련하여 불링거와 바르트 사이의 차이는 매우 주목할 만한 가치가 있다. 거기에 하나님이 선택된 자는 구원을 받고, 유기된 자는 저주를 받는 어떤 미래의 종말론적 사건이 있을 것인가? 이것은 불링거와 바르트가 문제로 본 것으로 만인구원설에 대하여 무슨 의미가 있을 것인가? 이제까지 문제가 바로 가까이에 **이 세상에서의 교회의 사역**일 때, 불링거와 바르트의 언약신학은 매우 유사하다. 하나님은 인간의 언약의 수용이나 거부에 상관없이 모든 인류와 언약을 맺으신다. 모든 사람들은 그 언약을 받아들일 기회를 가지고 있으며, 그 은사와 요구들에 따라 살아간다. 선택받은 사람으로서 그 자신이나 그녀 자신에 언약을 취하는 자는 누구나 교회에 들어온다. 그래서 교회는 하나님의 은혜로우신 행위를 인정하며 적절하게 삶을 약속하는 사람들로 이루어진다.

개혁주의 신학과 세례신학에 있어서 선택된 언약공동체의 두 번째 유

---

8 Karl Barth, *Church Dogmatics* II/2, trans. G. W. Bromily(Edinburgh: T. & T. Clark, 1957). Bullinger와 Barth의 언약에 관한 논의는 Schleiermacher에게 흥미로운 연결을 일으켜 준다. Schleiermacher가 언약언어에 관해 흥미를 가지고 있지 않았다고 하지만, 그의 선택에 관한 논의는 Bullinger와 Barth에게 언약이 무엇이었는가 말해주는 것이었다. 그리스도가 행하신 일은 단지 어떤 선택된 소수만을 위한 것뿐 아니라 모든 인류를 위한 것이었다.

형은 칼빈신학에서 발견된다. 칼빈은 이중 언약(double covenant), 즉 아브라함과 그의 씨에게 주어진 일반적 선택(general election)과 구원에 이르는 하나님의 예정에 따르는 선택의 일행 가운데 있는 사람들에 대한 비밀한 선택(secret election)을 가정했다(posited).[9] 1550년대 중반을 통해 그리고 1545년『기독교 강요』에서 전형적으로 칼빈은 그의 성례신학, 기독론 그리고 이중-언약 공동체(double-covenant community)인 가시적 교회와 불가시적 교회를 함께 주장할 수 있었다. 그러나 칼빈이 유기자에게 또는 이미 언약 안에서(into) 태어난 아이들에게 세례가 효과를 갖지 못한다는 비난에 대항해서 그의 세례신학을 옹호하기 위해 노력했을 때 문제점들이 나타났다. 요약하자면, 언약 논의에 있어서 예정을 인정함으로써 칼빈은 불링거와 달리 선택의 공동체를 생각해냈다. 또한 이 예정의 도입(introduction)으로 불링거의 입장을 따르지 않은 그의 성례신학에서 그 어려움을 찾아볼 수 있다.

20세기에 유아세례에 대한 바르트의 도전에 대해 응전하면서 네덜란드 개혁교회는 언약 세례신학의 현시대적인 변화를 대변했다. 네덜란드 개혁교회가 도르트 총회(Synod of Dort)와 무조건적인 선택 그리고 이와 같이 예정을 되돌아보았다는 것을 상기해보라. 그들이 세례를 논의했을 때, 근대 네더란드신학자들에 의해 입혀진 역사적인 유산의 부분은 개혁주의 전통에서 나타난 칼빈주의 날개의 일부분에서 대중적으로 알려진 하이 칼빈이즘(high Calvinism)이었다. 칼빈주의의 형태는 알미니우스(Arminius) 신학에 대항하여 프란시스쿠스 호마루스(Franciscus

---

9 앞을 보라. 특히 제3장을 보라.

Gomarus)와 도르트 총회(Synod of Dort)의 응전을 통해 저명한 명성을 얻었다. 이 전통에서 이중 언약(double covenant)이 세워졌다. 일들의 언약은 모든 인간과 함께 만들어졌다. 그것은 성취될 수 없다(which was unable to be fulfilled). 그리고 은혜 언약은 하나님의 주권적인 예정을 통해 선택된 자들과 함께 이루어진다.[10]

이 견해에 대한 문제들이 일어났다. 왜냐하면 유아세례는 타락, 중생, 믿음 그리고 선택의 결과들에 대한 보통의 순서를 어지럽혔기 때문이다. 이 논점을 다루기 위하여 네덜란드 개혁주의 신학은 잠자고 있는 중생과 믿음의 가능성과 같은 교리를 주장했다. 더 나아가, 거기에는 어떤 아이들은 전혀 살아있는 중생과 진정한 믿음을 성취할 것으로 보이지 않는다는 문제가 있었다. 또한 문제점들이 선택된 자 가운데 있는 유아들의 세례를 설명하면서 칼빈의 세례신학에 나타났다.[11]

그리고 이와 같이 선택된 사람의 언약공동체의 두 유형은 개혁주의 세례신학에서 확인될 수 있었다. 하나의 유형은, 부르시지만 수용을 보증하지 않는 단일하고 은혜로운 언약이 하나님의 능력을 통해 모든 사람과 행하시는 일들에 이루어졌다는 것을 가정한다. 다른 하나의 유형은, 두 개의 언약을 가정한다. 즉 모두에게 해당되는 가시적이고 일반적인 언약과, 그리고 그것의 결과들을 보증하는 하나님의 능력을 통해 궁

---

10 McCoy and Baker, *Fountainhead of Federalism*, 24-26, 65-69를 보라. 이 이중 언약이 분명히 Zwingli에게서 우리가 보아 온 것과는 다른 언약신학을 보여주고 있음에 유의하라. 그는 재세례파에 반대한 마지막 저서들에서 하나님의 단일하고 참된 언약을 묘사했다(위의 제1장). 이것은 또한 우리가 Calvin에게서 볼 수 있는 것과는 다른 것이다. 그는 옛 언약과 새 언약을 포괄하는 언약의 일치를 주장했으며, 그것은 실체와 그림자로서, 성취와 약속으로서 관계되는 것이었다(제2장). 그리고 그것은 Bullinger의 단일한 양면성을 말하는 언약과는 다른 것이었다.

11 앞의 제3장을 보라.

극적으로 일하시는 하나님이 선택자들에게 예정하신 사람들과 함께 하는 불가시적 언약이다. 개혁신학이 세례신학에 있어서 두 번째 유형보다 첫 번째 유형을 더 선호했는가?

칼빈의 세례신학과 네덜란드 개혁교회의 세례신학은 내적인 문제점들을 보여주었다. 칼빈의 은혜언약과 예정의 통합은 교회가 적어도 한 세례를 적법한 것으로 여기는 심각한 문제로 인도했다. 또한 그것은 유아세례에 관한 주장으로 인도했다. 즉 어떻게 아이들이 검증(Test)되었어야 하는가와 어떻게 하나님의 행동이 나타났는가에 관한 혼동을 보여주는 것이다. 네덜란드 개혁교회는 활발하지 않거나 잠자고 있는 중생 그리고 믿음의 가능성에 관한 주장을 함으로써 오직 유아세례와 예정을 함께 유지했다. 이런 주제들이 과연 의미 있게 회복될 수 있을까? 대조적으로, 만일 칼빈주의 유형의 언약이 세례신학에 있어서 거부된다면, 거기에는 불링거-바르트 유형의 언약을 선택하기 위한 **구조상의** (constructive) 이유가 있겠는가?

한 사례가 하나님의 주권에 관한 논의에서 최근 만들어지고 있다. 즉 완성된 성경해석적인 진지함을 가지고 구원이나 유기의 문제가 하나의 주제로서 더 이상 일어나지 않도록 하기 위해 하나님의 예정의 문제를 바르트의 그리스도 중심적인 접근방식으로 보는 것이었다.[12]

첫째, 그 언어는 아주 초기 기독교인의 증거에 의해 전형적으로 (typically) 사용되었다. 그것의 모두는 다양하지만, 동일한 성격을 가지고서 하나님의 **인격적인** 대행(personal agency)을 말하고 있다. 용서, 의롭다

---

12 Philip I. Devenish, "The Sovereignty of Jesus and the Sovereignty of God," *Theology Today* 53 I(1996): 63-73.

하심, 화해, 구속, 치유, 사랑과 같은 이런 단어들은 하나님과의 만남을 증거하고 있다. 그 만남 안에서 하나님은 그 결과들을 보증하는 힘으로 일하시지 않으신다. 하나님이 인격적인 대행자들이 증거할 때 어떻게 일하는 것과 비슷한 방식으로 일하신다.

둘째, 보증-전형(guarantee-type) 권세를 가지고 있는 사람으로서 **문화적으로 조절된 관점**을 조정하기 위해 시도하는 동안, 우리는 우선 이 사도적 증거들을 정확히 수용하는 신약성경의 저자들을 본다. 마가는 **신성을 가진 인간**(theios aner)을 바로 잡기 위해 기독론을 시도했다. 바울은 십자가의 말씀을 선언했다. 그것은 표징이나 기적들을 원했던 사람들에게는 장애물이었다. 요한은 믿음의 정황(context)으로 표징의 근원(the Signs Source)을 바꾸었다. 그래서 만일 예수께서 하나님에 관해 생각하는 것을 출발점으로 삼는다면, 그러면 하나님의 권능은 불링거-바르트 유형의 언약에 의해 대표되는 방식으로 설명될 수 있다. 하나님은 은혜로운 언약과 응답되어야 하는 인류를 선언하신다.

개혁주의 전통과 그 전통 자체를 바라보는 기준에서, 역사적·신학적인 고려들을 단순히 놓고서-성경-이 불링거와 바르트에 의해 예시된 세례언약 신학을 위해 탁월한 타당성을 제시한다.

3) 유아세례

마지막 논제는 유아세례에 관한 것이다. 이 논의는 역사적-신학적 관찰을 통해 살펴볼 수 있을 것이다.

첫째, 제1장에서는 성례의 적법성이 성례의 효과성과 구별되지 않는다면 성례신학이 적절히 이해될 수 없다는 것을 보여주었다. 이 점은 결정적으로 도나티스트 논쟁(Donatist controversy) 동안에 어거스틴에 의해 주어진 것이었으며, 그리고 루터시대에 다시 명확히 주어졌다. 특히 재세례파와 함께 한 대화에서 드러났다.[13] 몇몇의 개혁주의 신앙고백들과 마찬가지로 칼빈은 이 같은 관점을 주장했다.

> 그러나 그들은 인간의 배은망덕이 하나님의 약속의 신실성으로부터 손상시키거나 또는 방해하는 것에 불가능하다는 것을 반대한다. 물론 그렇다. 나도 동의한다. 그러나 나는 신비의 능력이 영향 받지 않고 남아있다고 말한다. 그렇지만 자기들 안에(in se) 그것이 있는 한에 있어서 악한 자들은 그것을 약하게 하기 위해 열심이다. 왜냐하면 하나는 제공받는 것이며, 그리고 또 다른 하나는 받아지는 것이기 때문이다.[14]

둘째, 1528년 초에 마틴 루터가 두 명의 목회자에게 보낸 편지를 상기해보라. 그들은 재세례파에 의해 내밀어진 논쟁들과 싸우면서 루터의 도움을 구했다.[15] 그가 내민 논증을 더 자세히 말하는 가운데 인간의 믿음에 관한 다음과 같은 논의가 있었다.

> 그들은 사람이 믿기 전에 세례 받아서는 안 된다는 것을 의미하는 이 구절(막 16:16)을 취하기를 원한다. 나는 그들이 매우 큰 추정을 강행하고 있다는 것을 말한다. 왜냐하면 만일 그들이 그런 믿음을 따르기 원한다면, 세례 받는 사람이 믿는다는 것을 그들이 확실히 알기 전에 그들은 세례를 받지 않을 것이기 때문이다. 어떻게, 그리고 언제 그들이 항상 이것을

---

13 특히 Luther의 *Von der Wiedertaufe*, W.A. 26.144-74; *Concerning Rebaptism*, L.W. 40.229-62를 보라.
14 O.S. 5.393.16-20; Inst. 4.17.33.
15 *Concerning Rebaptism*, W.A. 26.144-74; L.W. 40.229-62.

알기 원하는가? 그들은 믿는지 아니면 믿지 않는지 지금 사람들의 마음에 있는 것을 볼 수 있는 신들(gods)이 되어 있는가? 만약 그들이 믿고 있는지 아닌지를 모른다면, 그들은 왜 세례를 받는가? 왜냐하면 그들은 믿음이란 세례 전에 있어야 한다는 것을 주장하기 위해 그렇게 열심히 싸웠기 때문이다. 믿음이 거기에 있는지, 없는지를 알지 못하는 때에 세례 받는다는 것은 그들 스스로에 반대 하는 것이 아닌가?[16]

믿음(faith)이라는 단어가 신약성경을 통해서 우선적으로 의미하는 것은-구체적인 정황에서-하나님을 신뢰라는 뜻을 가지고 있다고 보는 한, 루터의 관점은 논쟁의 여지가 없는 것으로 보인다. 바르트의 신학적 적극성이 인간의 관념들(ideas)과 말들(words) 위에서보다 기독교 교리와 하나님의 말씀 위의 공동체를 세우기 위해-즉 인간론(anthropology) 위보다는 신학(theology) 위에-관계되어 있다는 것은 하나의 아이러니이다. 게다가 어떻게 다른 사람이 충실하게 순종했던 것인지, 아닌지를 언젠가 알 수 있었는가? 그것은 쉽게 예상된다. 그러나 어떤 사람도 세례의 순간에 다른 사람이 믿음을 가지고 있는지를 확실히 알지 못한다. 따라서 마지막으로, 교회는 세례가 세례 받는 이들에 의해 마음에 받아지는 것을 주장하면서 하나님의 은혜의 선택에 근거하여 세례를 베푼다.[17]

그 일에 관하여, 유아세례는 대부분의 신학자들이 보아왔던 것보다 성인세례에 **더 가까이**(much closer) 서 있다. 원리적인 차이는 유아가 세례에 관하여 **말해질 것이며**(will have to be told), 그리고 세례가 선언했던 하나님의 약속을 사용하는 것을 도와주었다는 것이다. 성인은 세례에

---

16 W.A. 26.154.3-11; L.W. 40.239-40.
17 우리가 살펴온 대로, 이것은 근본적으로 프랑스 개혁신학자들이 보여준 Barth에 대한 반응이었다.

관해 **말해지며**(is told), 세례가 선언하는 하나님의 약속을 사용하는 것을 도와주었다.[18] 어느 경우든지 우리는 세례 받는 사람이 믿음을 가지고 있다고 확실히 말할 수 없다.

요약하자면, 교회는 인간의 반응 위에서가 아니라 하나님의 말씀 위에 세워진다. 성례가 올바로 하나님의 말씀을 선언하고, 외부적이고 가시적인 표징과 함께 이 하나님의 약속을 표징할 때, 그 성례는 적법하게 시행된다. 그러나 슐라이어마허와 바르트가 유아세례에 대해 비판적이었다는 상황을 아무리 이해한다 할지라도, 또한 우리가 임시적이며 무계획적인 세례들에 대해 아무리 반대한다 할지라도, 심지어 우리가 성인세례를 유아세례보다 더 바람직한 것으로 생각해야 한다고 할지라도, 유아세례는 교회의 실천(practice of the church)으로서 배제되어서는 안 된다.[19]

2. 『공동예배서』에서의 세례

개혁주의 세례신학에 관한 이런 반영은 1993년 『공동예배서』에 있는 세례예식(the baptism rite)을 평가하기 위한 충분한 배경을 제공한다.[20] 여기서는 세례 자료의 모든 요소들이 분석될 수 없지만, 토의를 위해 두 개의 일반적인 영역, 즉 예식(rite)의 구조와 예전적인 자료를 나누어서 살펴보고자 한다.

---

18 Schleiermacher의 해설(위의 제4장 3절), 그리고 Leenhardt, Marcel, Neuser(제4장)의 해설을 상기하라.
19 여기에서 계속 허용되어야 하는 유아세례에 관하여 그리고 견진의 역할에 관하여 주의 깊은 Schleiermacher의 해설은 탁월하게 감각능력을 갖춘 것으로 보인다.
20 *Book of Common Worship*(Louisville, Ky.: Westminster/John Knox Press, 1993), 403-17.

1) 예식의 구조

잘 알려 진대로 『공동예배서』는 주일예배(Sunday worship)에서 성경봉독과 설교를 통한 말씀선포(the proclamation of the Word) 이후에 세례예식을 배열한다. 설교는 성례와 함께 칼빈과 루터, 개혁주의 전통과 루터교 전통의 공통적인 통찰이다. 즉 교회의 삶은 선포를 실행하는 것이다. 하나님의 약속을 말하는 성례, 즉 들리는 성례는 가견적 말씀(the visible Word)과 함께 연결되어 있다. 그래서 동시에 하나님의 약속을 증명하고 그 약속에 의존한다.[21] 이 세례예식에 관해 언급되는 그 밖의 무엇이든지 예배 동안에 세례예식의 구조적 위치는 **우선적으로 하나님의 선포임**(*primarily divine proclamation*)을 가리킨다. 이 예식 자체가 그 목적을 가리키며, 그러한 방법으로 따르는 것이 개혁주의 신학과 회중들에게 적절한 것인가? 이 예식의 구조는 다음과 같은 순서로 이루어져 있다.

수세자 소개(Presentation)
신앙고백(Profession of Faith)
세례수를 위한 감사기도(Thanksgiving over the Water)
세례(The Baptism)
안수(Laying on of Hands)
환영(Welcome)
평화기원(he Peace)

---

21 아마도 Karl Barth보다 이것을 더 좋은 것으로 말한 개혁주의 신학자는 없다. 따라서 성례 단독으로도 아니고, 설교 단독으로도 아니고 아직 설교나 성례를 세심하게 말하기 위한 것도 아니다. 다만 하나님의 행위로서 인간의 말을 구성하는 가견적 행위와 함께하는, 즉 성례와 함께 하는 설교는 본질적인 요소이며 교회생활의 명료한 중심이다(*Church Dogmatics*, I /1, trans. G. W. Bromily [Edinburgh: T. & T. Clark, 1975], 70).

신학적인 주장이 예배순서에서 세례예식의 배치에 의해 반복되었다는 것을 보여주고 있음에도 불구하고, 수세자 소개(Presentation)에 대한 고찰은 이 예식이 하나님의 자비로우신 행위와 함께 시작되지 않고 있음을 보여준다. 세례는 우선적으로 하나님의 선언이다. 수제자 소개에서 회중의 반응에 의해 뒤따라오는 개회(session) 대신에, 예전대화(liturgical dialogue)는 회중에게 행하는 세례예비자의 소개와 관계한다. 이것이 곧 **세례에 관한 예전대화**(liturgical dialogue about baptism)이다. 그리고 이와 관련하여 세례예식은『루터교 예배서』의 세례예식에 반영된 것이다.[22]

『공동예배서』에 있는 세례예식의 두 번째 요소는 신앙고백이다. 이것은 포기(renunciation), 신앙고백(profession), 사도신경(the Apostles' Creed), 지역교회의 신앙고백 등을 포함한다. 다시 한 번, 이 예식서의 활동성은 개인적이며 단체적이고, 모인 공동체의 다른 회원들을 향한 직접적인 예전대화(liturgical conversation)로 구성된다. 어떤 사람은 이 말이 하나님의 존전 앞에서 말해지는 것이며, 제3의 인간언어(the third-person language)은 **이 대화에 대해 주로 예배 가운데 그리고 모여 있는 회중을 위해 일어난다**(this dialogue happens primarily amid and for the gathered congregation)는 것이 확실하다고 주장할지도 모른다.

이런 신앙고백 이후에, 감사기도는 물 위에다 기도하는 것이다. 처음으로 여기에 회중은 하나님을 향해 말을 한다. 감사기도와 그것의 선택들은 어느 정도로 다음의 세부적인 것에서 논의된다. 세례는 감사기도의 뒤에 나온다. 그리고 세례는 안수와 연계된다. 그것으로 하나님의 보

---

22 위의 서론을 보라.

호(preservation)를 기원하며, 하나님의 언약 안으로 들어오는 선언이 선포된다(적어도 선택1과 함께). 회중의 환영과 평화의 기원으로 이 예식을 끝마친다.

『공동예배서』의 세례예식은 근본적으로 『루터교 예배서』의 세례예식의 구조와 유사하다. 공동체 안에 있는 예전대화, 즉 무엇이 세례인가를 설명하는 것은 포기, 신앙고백, 세례 그리고 공동인사에 뒤따라 나온다. 이것은 현재 로마 가톨릭과 개신교단과 같은 예배서들을 위한 규정에서 **사실상**(de facto) 표준적 구조가 되었다.

왜 이 기본구조가 사용되어야 하는가? 그 이유에 대한 세 가지 해설이 있다.

첫째, 이 구조는 교회의 교부시대, 확실히 2세기와 부분적으로 2세기 중반으로부터 연유된다. 이것은 초대교회의 상황적 다양성에 있는 환경이 점차적으로 예배, 교리, 법(canon), 교회의 구조에 있어 점차 통일성 있게 움직였음을 대변한다. 교회일치운동은 왜 이 예식이 『공동예배서』 안에서 사용되었는지에 대한 답변으로 주어졌을 것이다. 그렇다면 왜 교회일치운동이 예식의 통일을 통해 나타나야 하는가라고 질문해야 하는가?

둘째, 이 교부적인 입교구조는 유일하게 사용되었을 세례예식의 구조가 결코 아니다. 이들을 비교해 보면, 루터의 1526년 예식(그리고 감사기도)이 옛 기도로부터 새 기도로, 즉 당시의 기도로 바꾸는 것을 불러일으키는 하나님의 자비로우신 행동의 기본구조를 가지고 있었음을 생각해 보라.[23]

---

23 위의 서론을 보라.

셋째, 『공동예배서』에 있는 세례예식의 **구조**는 하나님의 은혜로우신 행위를 시작하기 위해 개인적으로나 회중적으로 **1차적으로 인간의 반응에 관계한다**(primarily concerns human response)는 것을 보여준다. 그러나 『공동예배서』의 주일예배에서 이 예식의 위치는, 그것이 **1차적으로 하나님의 선언에 관계한다**(it primarily concerns divine proclamation)는 것을 가리킨다. 거기에는 이 예식의 구조와 예배 안에서의 그 역할 사이에 걸맞지 않는 것으로 보인다.

여기에서 나타난 문제점은 하나님의 주도권(initiative)이나 인간의 응답이 아니라, 오히려 근본적인 것이 무엇이냐 하는 것이다. 루터의 예전과 기도는 인간의 반응 위에 역사하는 하나님의 선언의 우선성을 보여준다. 그러나 둘 다 필요하다. 또한 인간과 하나님 사이의 불균형의 관계에 관하여 말할 수 있다.

하나님은 은혜로 시작하시고(initiative) 우리는 그것을 받는다. 제2장에서 세례에 있어서 그렇게 남는 것이 1차적으로 무엇인가-하나님의 자비로우신 행위-그리고 항상 필요하게 남아있으나 2차적인 것, 즉 그 은혜에 대한 인간의 반응이라는 것에 대한 칼빈의 분명한 강조를 생각해 보아야 한다.

2) 예전 자료

형식적인 구조로부터 자료내용으로 이동하면서, 이 예전의 요소들이 개혁주의 세례신학에 적합한가? 모든 예전요소를 토의할 수 없지만, 몇 개의 주요소들이 두드러지게 나타난다. 수세자 소개(Presentation)는 이런 성경구절과 함께 시작한다.

> 우리 주님 예수그리스도의 말씀들을 들어라.
> 하늘과 땅의 모든 권세는
> 나에게 주어지고 있도다.
> 그러므로 가서 모든 족속으로 제자를 삼아
> 그들에게 아버지의 이름과
> 아들과
> 성령의 이름으로 세례를 주고,
> 내가 너희에게 분부한 모든 것을 순종하도록 가르치고
> 그리고 내가 항상 너희와 함께 있는 것을 기억하라
> 세상 끝날까지.

우선 이것은 세례예식에 있어서 분별 있는 출발순서로 보인다. 왜냐하면 이것은 소위 주님의 세례제정(dominical institution)을 인용함으로써 시작하기 때문이다. 또한 개혁파 정통주의는 이 구절이 세례예식에서 두 가지, 즉 근거(warrant)와 복음의 선포로서 사용되고 있음을 주장했다. 또한 이 구절은 하나님의 주도권(initiative)과 함께 예전대화(liturgical dialogue)를 갖고 있는 회중에게 소개를 시작하는 것으로 보인다. 그럼에도 불구하고 몇 가지 이유들이 이 시작부분을 다시 생각하도록 논의한다.

첫째, 성경학자들은 마태복음 28장이 마태 자신의 첫 세기 선교, 그리고 유대교 내부의 대결장소를 가리키는 교회적인 조직이라는 것에 동의한다. 이것은 세례를 위한 주님의 보증이 아니다. 주님의 세례제정-세례 요한에 의한 예수의 세례-을 암시하는 확실한 성경구절은 여기서 사용될 수 있으나, 신앙고백(Profession of Faith)이 논의될 때 이 주제를 위한 더

좋은 위치가 있다.

둘째, 불링거-바르트의 언약신학 유형은 아담과 하와로부터 시작해서 **모든 인간에게**(all human beings) 주어졌던 하나님의 영원한 은혜언약을 통한 하나님의 자비로운 주권을 표현한다. 세례 받은 자를 위하여 구체적으로 체계화했던 이 우주적인 언약(universal covenant)의 관념(sense)은 마태복음의 구절에는 결여된 것으로 보인다. 이것은 모든 사람에게 이미 공언했던 하나님의 주권적 은혜의 선포보다는 마태 공동체에게 더 큰 명령이다.

수세자 소개가 만일 공동체에 첫 번 주어진 말씀에 개혁주의 헌신을 반영하면서 성경과 함께 시작했다면, 따라서 선택 5의 성경(행 2:39)은 자비롭게 우리와 함께 언약한 하나님의 주권을 위해 개혁주의 관심을 더욱 적절히 말하고 있다.

> 약속은 당신을 위해, 당신의 자녀들을 위해,
> 그리고 멀리 있는 모든 사람들을 위해,
> 우리 주 하나님이 부르시는 모든 사람들을 위해 있습니다.

또한 세례수를 위한 감사기도는 우리가 이미 살펴본 것처럼 개혁주의 세례신학에서 나타나지 않은 요소이다. 우리는 이 기도를 『루터교 예배서』에 있는 기도, 그리고 1526년 예식의 루터의 원래 기도와 비교할 수 있다.[24] 『공동예배서』에 있는 감사기도(선택 1)는 『루터교 예배서』에 있는 것과 매우 유사하다.

---

24 위의 서론을 보라.

『루터교 예배서』	『공동예배서』
거룩하신 하나님, 전능하신 주님, 은혜로우신 아버지, 우리는 감사드립니다. 왜냐하면 태초부터 성령께서 물들 위에 움직이셨기 때문입니다. 그리고 당신께서 하늘과 땅을 지으셨기 때문입니다. 물의 선물로(by the gift of water) 당신은 우리와 모든 살아있는 것들을 기르시고 유지시켜 주십니다. 당신은 홍수의 물로(by the waters of the flood) 악한 자들을 심판하셨으며 당신이 택하신 자들, 노아와 그의 가족들을 구원하셨습니다. 당신은 바다 가운데서 구름기둥과 불기둥을 통해 이스라엘을 속박에서 약속된 자유로 인도하셨습니다. 당신의 아들께서는 요단의 물들로(in the waters) 요한에게 세례를 받으셨으며 성령으로(with the Spirit) 세례를 받으셨습니다. 당신의 사랑하는 아들께서는 그분 자신의 죽으심과 부활의 세례에 의해(by baptism) 우리를 죄와 죽음의 속박에서 자유롭게 하셨습니다. 그리고 영원한 기쁨과 자유를 얻는 길을 열어 주셨습니다. 그는 왕국과 깨끗케 함과 중생의 표징으로 물을 준비하셨습니다. 우리는 그의 명령에 순종하여 모든 족속으로 제자를 삼아 아버지와 아들과 성령의 이름으로 세례를 줄 것입니다.	우리는 당신께 감사를 드립니다. 영원하신 하나님, 당신은 모든 것을 물의 선물로(gift of water) 기르시고 유지시켜주십니다. 시간의 시작에서 당신의 영은 물의 혼돈(chaos) 위에 움직이셨습니다. 그리고 질서와 삶을 일으키셨습니다. 당신은 노아시대에 홍수의 물들로(by the waters of the flood) 악을 멸하셨습니다. 새로 시작하는 이들에게는 의를 주셨습니다. 당신은 이스라엘을 속박으로부터 바다의 물들을(the waters of the sea) 통해 약속의 땅으로 인도해 주셨습니다. 요단의 물들로(in the waters) 예수님은 요한에게 세례를 받으셨습니다. 그리고 당신의 성령으로(by your Spirit) 기름부음 받으셨습니다. 그리스도 자신의 죽으심과 부활의 세례로 그분은 우리를 죄와 죽음으로부터 구하여 주셨습니다. 그리고 영원한 생명의 길을 열어 주셨습니다. 오, 하나님 우리는 세례의 물 (the water of baptism)을 인하여 감사드립니다. 그 안에서 우리는 그리스도의 죽음 안에서 그와 함께 장사되었습니다. 그로부터 그분의 부활 안에서 우리는 부활을 나눠 갖기 위해 부활됩니다. 이것을 통해 우리는 성령의 능력으로 거듭납니다.

당신의 성령을 부어주소서. 그래서 여기에서 세례 받는 이들이 새로운 삶을 살도록 하여 주옵소서. 이들의 모든 죄를 씻어 주시고 물로써 정결케 하여 주시고 당신의 영화로우신 왕국의 상속자로서 열매 맺게 하옵소서. 당신께 찬송과 존귀와 예배를 드립니다. 당신의 아들 예수 그리스도를 통해서, 성령의 일치 안에서, 이제와 영원히.

이 물 위에 움직이시는 성령을 보내주소서. 그래서 인도하심과 거듭남의 근원이 되게 하소서. 우리 모두의 죄를 씻어주시고 그것으로 깨끗해지게 하옵소서. 그들을 새로운 삶으로 일으켜 주시고 그들을 그리스도의 몸으로 접붙임받게 하소서. 그들에게 당신의 성령을 부어 주소서. 그래서 그들이 당신의 뜻대로 행할 능력을 갖게 하소서. 그리고 영원히 그리스도의 부활하신 삶 안에서 살게 하소서. 성부와 성자와 성령, 한 하나님, 당신께 모든 찬송, 존귀, 영광을 드립니다. 이제와 영원히.

『공동예배서』에 있는 기도는 루터교의 기도와는 다른 몇 가지 변화가 있어 보인다. 거기에는 하나님과 그리스도에 대한 언어와 관련하여 더 많은 성(性)을 포함하고 있다. 또한『공동예배서』에 있는 기도는 명백하게 삼위일체 하나님을 믿는 자가 되기를 구하고 있다. 반어적으로,『루터교 예배서』도 역시 삼위일체 하나님을 믿는 자가 되기를 시도하고 있다. 왜냐하면 어떤 사람들은 루터의 기도에서 삼위일체적인 언어가 결핍되어 있는 것이 문제로 이해하고 있었기 때문이다. 아마도 바르트의 영향을 받아, 세례를 위한 성경적인 이미지들의 넓은 범위가 그리스도와 더불어 죽고 사는 것에 대한 강조와 함께 사용되고 있다. 또한『겔라시안 성례집』(Gelasian sacramentary; Reginensis Vaticanus 316) 안에서 발견된 중세의 세례반(font) 기도로부터 온 이미지의 힌트가 있다. 그 책 안에 성령이 세례반 위에 임하기를 간청하고 있다. 그래서 그 세례반이 자궁처럼 사물을 나타내는 곳이 되며, 그 물들로부터 생명을 전하는 것이 된다. 이러한 차이점을 넘어서서 기도들은 매우 유사하다. 『루터교 예배서』의 홍수기도(Flood Prayer)는 사람이 생각할 수 있을 정도로 그리고 세례기도의 장르(genre)가 지금 존재하는 것으로 생각할 수 있는 정도로 그렇게 유행되어 있다.

『공동예배서』에 있는 감사기도는 하나님의 주권에 대한 강한 의식을 나타내고 있다. 하나님의 "성령이 카오스(chaos, 혼돈)의 물 위에 움직였다"라는 그 시작 절로부터 세례의 순간에 "이 물 위에 움직이기를" 하나님의 성령이 기원하는 끝마치는 절까지 하나님이 끊임없이 물로부터 삶을 낳게 하는 구원역사에 있어서 다양한 장면을 통해 이 기도는 진행된다. 이러한 열린 주장(opening assertion)은 하나님의 영원하신 자아(self) 속에 모든 하나님의 활동에 근거를 두고 있다. 하나님은 언제나 "물의 선물(the gift of water)을 통해 살아있는 만물을 기르시고 유지하신다." 언약(covenant)은 이 기도 어디에도 언급되지 않는다.

또한 감사기도의 두 번째 선택은 모든 세대를 통해 영원하신 하나님의 자비로우신 자기-계시(self-revealing)에 관한 선언과 함께 시작한다. 이 기도는 루터의 기도를 그렇게 엄밀하게 따르지 않고 있다. 그리고 노예에서 이스라엘이 자유롭게 된 구약의 단일한 사건이 예수에 의해 노예에서 자유롭게 된 그의 세례인 신약의 단일한 사건과 균형을 이루고 있다. 다시 한 번 언약은 언급되지 않는다.

감사기도의 세 번째 선택은 오직 붉은 글씨(rubric, 역주: 예식의 지침서. 옛날에는 붉게 인쇄했음) 안에 있다. 남자 혹은 여자 자신의 말들을 사용하면서 목회자는 확실한 안내지침에 따라 기도할 수 있다. 그 첫 번째는 "언약 안에서 하나님의 신실하심을 위해 찬양함"이다. 단지 세 번째 선택에서 언약이라는 언어를 배치하는 것은 물의 선물을 통해 일하시는 하나님의 은혜라는 주제를 언약이라는 주제 아래 두는 것이다. 그리고 이것은 하나님의 자비로우신 주권이라는 주제를 언약에 이르는 그것의 관계와 구분하는 것이다.

이것은 개혁주의 세례예식에 있어서 세례의 중심적인 기도가 언약이라는 주제에 필요한지, 아닌지에 대한 의문을 일으킨다. 개혁주의 언약신학이 예수 그리스도의 구체적 내용(material content)을 낳게 했다는 점에서와 그래서 인간에 대한 하나님의 은혜의 영원한 제공에 대한 구체적 내용을 낳게 했다는 점에서, 하나님의 은혜의 동일한 **궁극적 관점**(ultimate point)이 다른 **근사한 언어**(proximate language)를 사용하게 만들 수는 없을 것이라는 이유는 없다. 예를 들어, 만일 칼빈이 루터의 표징-언약(sign-promise) 신학으로부터 배웠다면, 그리고 게다가 칼빈이 언약개념들을 사용함으로 다르게 그의 관점을 표현했다면, 개혁주의 전통은 실제로 언약개념을 시행하는 것 없이도 언약의 의미에 유사하게 신실하지 않을 수 있겠는가?

중요한 의문은 언약언어(covenant language)에서 물의 심상(imagery)으로 변화함에 있어서 결정적인 어떤 것이 상실되는가, 아닌가의 문제이다. 바르트는 이 토론을 도울 수 있는 은혜에 관하여 로마 가톨릭과 종교개혁의 관점 사이에서 나타나는 기본적인 차이에 관하여 강조한다.

> 그러나 종교개혁자들은 그들 스스로 예수 그리스도의 은혜를 이런 (물질적인[material]) 방식으로 설명하는 위치에서 보지 않았다. 그들은

그것이 원인(cause)과 결과(effect)가 아니라 말씀(Word)과 믿음(faith)으로서 이해되어야 한다고 생각했다. 이런 이유로 그들은 교회의 삶의 중심에 대표적인 사건을 선언으로서 말하고 듣는 것과 관계된 행위로서 여겼다. 역시 선언된 일 가운데 무엇이 논쟁 중인가라는 사실을 나타내는 교회의 삶이 물질적인(material) 관계가 아니라 **인격적인 만남**(personal encounter)이다.[25]

진정한 본질로, 언약언어(covent language)는 두 개의 인격적인 실제 사이의 교통과 관계한다. 즉 하나는 은혜의 말씀을 말하는 것이요, 다른 하나는 듣는 것과 반응하는 것이다. 역사적으로 말해서, 언약언어는 엄밀히 루터의 표징-언약 성례신학과 함께 개인적인 특질로 나눈다. 그리고 이와 같이 루터의 관점의 특정한 재진술로 그 자신을 가지고 서 있을 수 있었다. 동일한 표현이 『공동예배서』 안에 있는 두 개의 감사기도에 대해 언급될 수 없다. 이런 기도들은 위에서 논의한 불링거와 바르트 유형의 언약신학에 궁극적인 의미를 뜻할 수 있을 것이다. 하나님은 영원히 은혜를 모든 사람들에게 제공하신다. 그리고 모든 사람들은 그런 은혜를 조건적으로 받아들이는 것을 선택하며 그 선물과 요구에 의해 살아간다. 그렇지만 이런 기도들의 언어는 물질(물)과 함께 하는 하나님의 행위에 관계하여 인격적인 하나님의 말씀(address)과 인간의 반응으로 확산된다. 이것을 우리는 그렇게 해석해야만 한다. 다른 말로 하면, 원리상으로(in principle) 언약언어는 시적인 물 심상(water imagery)이 그렇게 잘 전달하지 못하는 인격적인 말씀(address)과 만남(encounter)을 전달하고 있다.

---

25 Barth, *Church Dogmatics*, I/1, 69-70: 볼드체는 첨가한 것임.

그것이 『공동예배서』 안에 나타나는 것처럼, 언약에 관하여 토론하기에 다른 문제점들이 있다. 세례가 사람을 언약안으로 들어가게 하는가, 그렇지 않은가 혹은 세례가 세례 받은 사람과 함께 세웠던 언약의 보증(seal)인가, 아닌가 하는 문제이다. 이 질문에 응답하는 것이 때로는 용어들(terms)이 사용되는 모호한 방법들 때문에 복잡하게 되었다. 이 질문에 관한 가치는 다양하지만 제한된 가능성을 통해 정리함으로써 얻을 수 있을 것이다.

적어도 부모 중에 한분이라도 신자인 아이가 세례 받은 경우에, 그러면 개혁주의 전통은 보통 그런 세례를 아이가 이미 회원자격(membership)을 가졌다는 언약의 인침으로 판단해왔다. 우리가 보아온 대로, 바로 그 시작부터 유아세례에 대한 언약방어는 개혁주의 신학자들의 특징(hallmark)이었다. 그리고 이것은 진실로 지속되었다. 즉 언약이 역사를 통해서 본질적으로 동일한 것으로 고찰되었는지 아닌지(예: 불링거), 또는 언약이 작은 자로부터 큰 자에 이르는 변화(movement)를 가진 것으로 고찰되었는지 아닌지(예: 칼빈), 또는 두 언약들이 하나는 일에 관해, 즉 율법에 관해 표현되었는지 아닌지(예: 하이 칼빈이즘). 이스라엘의 아이들은 그들이 태어났을 때 언약의 표징으로 인침 받았다. 그래서 기독교인 아이들은 새로운 언약표징(covenant sign)으로 인침 받는다.

세례 받은 사람이 성인이며, **하나님의 예정**이 단일 또는 이중적으로 **주장되는 때에** 세례 받은 개인은 선택 받은 자이거나 유기자 중 하나이다. 만약 신앙고백하는 성인이 선택된 자 가운데 있다면, 세례가 언약 안에 있는 남자나 여자로서 이미 회원이 됨을 말한다. 왜냐하면 이 세례는 이미 존재하는 언약 회원됨을 인친 것이기 때문이다. 그러나 만약 세레 받은 성인이 유기된 자라면, 그 사람은 단지 세례의 외적인 표징을 받는 것이다. 이 세례는 언약 안으로 남자나 여자를 명백하게 들여 보내지 않는다. 개혁파 정통주의는 이 점에서 명백했다.

세례 받은 개인이 성인이며 **하나님의 예정이 주장되지 않는다**면, 하나님 측면에서 볼 때 세례는 언약으로 사람을 들여보내지 않는다. 왜냐하면 하나님은 이미 자비롭게 모든 사람을 은혜의 범위 안으로 포함해 왔기 때문이다. 모든 세례는 하나님이 이미 자비롭게 결정해 오신 것들을 인치기 위해 행할 수 있는 것이다. 그러나 인간의 측면에서 볼 때 사람은 언약에 들어가는 것으로 세례에 대해 말할 수 있다. 어기에서 "언약에 들어가는 것"은 세례 받은 사람이 남자 또는 여자의 궁극적인 최종방향(orientation)을 위해 결정된 것으로서 이미 사람과 함께 세웠던 하나님의 언약을 취하는 것을 의미한다.

사람은 언약의 선물과 요구에 따라 살기 위해 서약한다. 그런 사람은 결코 하나님의 언약 밖으로 떨어지지 않으며, 그래서 언약에 들어갈 필요가 없다. 그러나 언약은 사람이 이미 언약 안에서의 제공에 동의하거나 수납하는 것을 포함할 때만 효과를(effect) 가지고 있다. 유사한 방식은 불링거와 바르트에서 뿐만 아니라 츠빙글리와 부처의 세례신학에서도 나타났다(제1장을 보라). 1520년대에 츠빙글리가 영원한 언약이 하나님에 의해 만들어졌던 그 한 가지를 포함하기 위해 그의 언약 토론을 바꾸었음을 기억하라. 마찬가지로 부처가 인간이 타락한 가운데 은혜의 언약만을 토론하였다는 것을 기억하라.

간략하게 말해서, 개혁주의 언약신학은 인간 자신을 위해 이미 받아들인 하나님의 언약을 인가한다는 점에서 오직 언약 안으로 들어오는 세례에 관하여 말할 수 있다. 비유로 말하자면, 이전 섭정(regent)의 죽음으로 일어났던 그의 대관식의 방법이 특유한 왕이나 여왕을 만들 수 없다는 것을 생각할 수 있을 것이다. 그러나 모든 사람들은 이 새로운 실재에 바르게 순응한다. 그래서 그것은 그들의 새로운 세상이 된다.

『공동예배서』는 그것의 언약 언어에 의해 의미하는 것이 무엇인가? 언약의 개념이 세례예식의 위임명령(mandated)의 부분으로 오직 한번 나타난다. 신앙고백(the Profession of Faith) 항은 목사에 의해 다음과 같이 선언하면서 시작한다.

> 세례를 통하여 우리는 하나님이 세우신 언약에 들어간다.
> 하나님은 그의 언약 안에서 우리에게 새로운 삶을 주시며,
> 악으로부터 우리를 지키시며
> 그리고 우리를 사랑 가운데 양육하신다.
> 이 언약을 붙잡고서 우리가 봉사할 분을 선택한다,
> 악으로부터 돌이켜서 예수 그리스도에게로 돌이킴으로 해서.

그 후, 목회자는 세례예비자(candidate)에게 혹은 세례예비자가 아이라면, 부모들이나 보호자에게 다음의 현안 사항을 부탁한다.

> 하나님이 우리를 이 언약가운데로 받아들인 것과 같이,
> 나는 당신에게 부탁한다,
> 죄를 거부하며, 그리스도 예수 안에서 당신의 믿음을 고백하며
> 그리고 교회의 신앙을 고백하며
> 우리가 세례 베푸는 그 신앙을 고백하기를 부탁한다.

이런 문구들은 여러 가지 뜻으로 해석할 수 있는 것처럼 보인다. 첫째 문구(선언)는 **인간의 측면에서** 본 불링거와 바르트의 언약 언어 계열을 따라 읽을 수 있다. 하나님이 이미 우리를 포함하는 영원한 은혜의 언약을 세우셨다. 그리고 우리의 세례에 의해서 생명의 최종방향(orientation)으로 우리가 이 언약을 인정한다. "세우신"이라는 구절은 이런 해석을 포함할 수 있다.

마찬가지로, 두 번째 문구(질문)는 하나님이 세례 받은 자를 언약 안에서 환영하신다(embraces)는 것을 선언한다. 이것은 하나님의 언약이 이미 은혜의 제공과 함께 사람을 환영하셨다(has embraced)는 것을 의미한다.

그러나 우리는 또한 이렇게 말해야 한다. 이런 문구들은 다른 방법으로 쉽게 해석될 수 있다. 이러한 목회적인 제언(address)의 두 부분은, 세례가 이전에 포함하지 않았던 우리를 실제로 하나님과의 은혜로운 관계로 안내하는 것이라는 것을 의미할 수 있는 것이다. 여기에서 도움을 줄 다른 증거들이 있겠는가?

언약 언어는 안수(the Lying of of Hands)의 신호 국면에서 나타난다(선택 1). 그러나 이 언약 언어는 중립적이며 『공동예배서』의 관점을 결정하는 데 도움을 주지 않는다("언약의 아이인 ㅇㅇㅇ에게, 그대는 세례에 있어 성령에 의해 인침 받았으며 영원히 그리스도의 소유로 표시되었노라"). 그러나 이 예식의 환영부분에서 개시선언(opening declaration)은, "언약에 들어옴"이라는 이 문구의 다른 의미는 아래의 내용을 의미한다는 것을 제안한다(여기서 볼드체를 첨가했다).

○○○와 ○○○는 세례를 통하여
하나의 거룩한 보편적이고(*catholic*), **사도적인**(*apostolic*)
교회 안에 받아들여졌습니다.
하나님은 그들을 하나님의 가족의 일원으로 **만들어 주셨습니다**.
그리스도의 제사장직 안에서 우리와 함께 나누어주기 위하여.
새로 세례 받은 자들을 환영합시다.

『공동예배서』에 있는 언약 언어는 애매하다. 비록 사람을 언약 안으로 들어오게 하는 것으로 보는 세례 보다는 사람과 이미 세워놓은 언약 관계를 인치는 것으로 보이는 세례의 변화가 있다 할지라도, 최악의 상태로 개혁주의 언약신학이 갖고 있는 것을 보여주는 데 실패한다. 오직 언약의 남성 또는 여성의 부분을 집어 드는 사람인 한에 있어서 사람은 언약으로 들어오는 것에 관해 말할 수 있다. 이런 의미는『공동예배서』에서 분명하게 나타나 있지 않다.

3. 요약 및 제안

1) 요약

만약 개혁주의 세례신학의 특징이 (1) 자비로운 하나님의 주권과 (2) 언약신학을 통한 주권의 표현이라면,『공동예배서』안에 있는 세례예식의 결과는 기껏해야 부분적인 것이라고 할 수 있다.

첫째, 수세자 소개(Presentation)로 시작하는 성경적인 부분은 아마도 모인 회중에게 행하는 말씀이 되기를 의도한 것인데, 일반적으로 포괄적이고 자비로운 하나님의 주권을 전달하는 데 실패하고 있다. 수세자 소개와 신앙고백은 하나님에 관한 우선적인 대화이다. 감사기도는 구원 이야기 안에 있는 하나님의 주권적인 사역에 대한 강한 의식이다. 그러나 이것은 언약을 통하기 보다는 물을 통해서 하나님의 활동성에 연결된 것으로 나타난다. 결국 이런 분석은 우선적으로 인간의 반응으로 구성되어 있는(이것은 교부시대의 입회양식에서 차용한 것인데) 세례예식의 구조가 하나님의 선언이 되기를 의도하고 있는 주일예배에서 개혁주의 입장과 엇갈린 목표(cross-purposes)에 서 있음을 제시하고 있다.

둘째, 언약주제는 더 나아지고 있지 않다. 언약은 이 예식에서 드물게 나타난다. 단지 대위임명령(mandated) 부분에서, 즉 이 예식의 신앙고백 부분으로 시작하는 목회적인 선언과 질문에서 한 차례 나타난다. 언약 언어가 나타날 때, 그것의 의미는 기껏해야 모호한 것으로 보이며, 최악의 상태로는 혼동된 것으로 보인다.

이런 구조적이고 주제적인 문제들의 근원은 비교적 간단한 것으로 보인다. 현대 예배갱신운동으로부터 온 주된 예전적인 요소는 그곳에 중요한 차이점을 가지고 있는 특별한 신학적이고 예전적인 전통 안에서 접붙여졌다.

(1) 제안된 수정안

현대 예배갱신운동의 신학, 예식, 개혁주의 예배신학 그리고 세례신학과의 차이점에도 불구하고, 약간의 단순한 변화들이 점차적으로 현대 세례예식에서 새로운 형태를 취하도록 형성될 수 있을 것이다.

① 수세자 소개(The Presentation)

이상하게 들릴지 모르지만, **세례는 세례에 관한 것이 아니라 하나님의 자비로우신 행동에 관한 것이다.** 세례는 궁극적인 실재에 있어 그 자체보다도 뛰어난 것을 지시하는 가장 가까운 표징이다. 수세자 소개 부분을 시작하는 개시 성경구절(opening Scripture passage)은 우리에게 세례 자체를 향해 교훈적으로 지시하기보다는 선행하는(prevenient) 하나님의 언약의 은혜를 선언해야 한다. 성경선택에 관하여 현재 이용할 수 있는 선택 5는 사도행전 2:39을 택하고 있다.

그러나 더 좋은 구절로 창세기 17:1-8을 어떤 형태로든 사용할 수 있을 것이다. 아브라함과 그의 씨에게 주어진 우주적인 언약(the universal covenant)은 개혁주의 전통에서 언약신학에 오랫동안 이어져 오고 있다. 부처와 불링거, 두 사람은 그들의 세례신학에서 창세기 17장을 사용했다. 칼빈은 평생 자신 스스로를 방황하는 망명자로, 스트라스부르크에서 이주한 회중을 위해 사역자로, 제네바에서 외국인으로 살았던 사람이었다. 그는 창세기 17장이 기독교인의 실존을 위한 중심적인 주제가 된다는 것을 발견했다. 좀 더 일반적으로, 아브라함을 부르신 소명은 전적으로 개혁주의 전통과 연결되었다. 개혁주의 전통들은 지상의 통치자에 의해서가 아니라 하나님의 언약에 의해 연결되었다. 무엇이 개혁주의 세례신학을 시작하기 위해 역사적으로나 신학적으로 더 나은 통로인가?

또한 사도행전 2:39 또는 창세기 17:1-8 이외의 구절도 명백히 발견될 수 있을 것이며 선택될 수도 있을 것이다. 여기에 수세자 소개는 하나님의 주권과 자비로운 행위에 관한 선언과 함께 강력하게 시작하는 것을 필요로 한다는 점이 있다. 그래서 실질적인 소개가 이 은혜의 선언에 대한 반응으로 나온다는 것을 보여준다. 이 임무를 위해 선택된 특별한 통로는 지역의 회중을 위해 가장 적절한 것에 기초되어 있다.

이 제안은 16세기 개혁주의 세례예식에 관한 역사적인 관찰을 정당화한다. 이 예식의 대부분은 일반적으로 세례의 권고 부분에 있어서 세례에 관한 교훈적인 자료를 포함했다. 종교개혁자들은 가끔 중세 후기시대에 의해 줄어들었던 교부적인(patristic) 예식의 신앙교육적인(catechetical) 관점에 대해 알았다. 종교개혁자들은 세례에 관해 도움 되는 신앙교육적인 자료를 가지고 교육시켰다. 그래서 그들은 세례 받는 사람과 마찬가지로 자신의 세례에 대해서도 더욱 책임질 수 있었다.[26] 그러나 이 교육적 필요가 세례예식 자체 안에서 예전학적으로 만날 때, 예전은 성례전들이 하나님의 자비로우신 말씀에 대하여 본래 보이는 형태들이라는 개신교 주장과 함께 어떤 긴장을 가진 채로 남아 있다. 바로 종교개혁자들이 조직했다는 이유로, 그들의 예식서가 교육하기 위해 세례 권고와 함께 실행이 계속될 것이라는 것을 의미하지 않는다. 더 적절한 세례교육을 위해 다른 방법들이 발견될 수 있다. 거기에 교부시대적인 양식을 반복하기보다는 종교개혁의 예전양식을 반복할 더 큰 이유가 없다. 종교개혁자들이 세례에 관해 가졌던 신학적인 성찰은 새로운 방법으로 작성될 수 있으며 그렇게 되어야 한다.

② 신앙고백(Profession of Faith)

세례예식에서 이 부분은 대개 『루터교 예배서』가 세례에 관한 조직내부의(inhouse) 대화와 함께 시작하는 것처럼, 목회자(pastor)가 세례란 무

---

26 Old, *Reformed Baptismal Rite*, 51-76, 145-78을 보라.

엇을 의미하는지를 교훈적으로 설명하면서 시작한다. 여기서 또 다른 방안을 제안하고자 한다. 마가복음 1:9-11을 읽어보라. 그리고 다음과 같이 선언하라. "○○○, 당신은 나의 사랑하는 딸(아들)이요, 당신을 기뻐합니다." 여기서 신앙고백은 세례 받는 사람이 이미 세례 전에 사랑받는 아이라는 것을 주장하면서 하나님의 선언과 함께 열게 될 것이다. 그러면 세례는 이미 진정한 언약의 실제를 받아들인다. 그리고 그것은 실제적으로 세례예비자들, 가족들, 선재(先在)하는 언약공동체를 바르게 놓는다. 진정으로 그들의 세계를 새로운 세계로 만든다. 이 성경구절을 사용하는 것은 또한 실제적인 주님의 제정(예수에 대한 요한의 세례)에서 현재 세례의 기회에 근거를 둔다. 그래서 세례의 기독론적 성취(telos)를 강화한다.

사람들은 이런 개회(opening)가 "너무 제사장적이다"(priestly)라고 반대할지도 모른다. 왜냐하면 목회자는 제단(altar)에 서서 그리스도의 희생을 되풀이 하여 바쳤던 중세의 사제(priests)들과 거의 비슷하게 신적인 존재로 서있기 때문이다. 그러나 그 자신의 방법대로, 개혁주의 전통은 강력한 제사장적 주제와 예배생활에 이르는 높은 성례적인 특성을 가지고 있다. 설교와 성례가 하나님의 말씀을 백성들에게 선포하는 것을 통해 수단이 될 수 있다는 개혁주의 개념은 설교와 예전언어가 "제사장적이다"(priestly)는 것을 의미한다. 하나님은 인간의 언어들을 통해 나타내시며 그리스도의 현존하심으로 하나님의 백성들을 만나신다. 더욱 개혁주의 신앙고백들의 성례신학과 세례신학을 간결하게 살펴보면 말씀과 성례는 같은 직임, 즉 그리스도 자신과 함께 한 백성들에게 나타내기 위한 직임을 갖고 있음을 지적하고 있다. 칼빈과 슐라이어마허의 설교에 관한 주의 깊은 연구는 이런 관점을 보여주고 있다.[27] 성찬 요소들 (eucharistic elements)에 관해 분명히 말했던 칼빈은 '**변화하는 일이 변화되기에 따른**'(mutatis mutandis) 원칙을 설교와 성례에 있어서 선언의 행위에 적용한다. 우리의 단어들은 하나님의 말씀을 위한 매개체가 될 수 있다. 그리고 우리는 두 가지를 서로 "분리하지" 않아야 한다. 동시에 우리는 선언자인 여성이나 남성을 하나님의 실제 성육신하신 분처럼 그렇게 많이 높여서도 안 된다. 우리는 분리하지 않고 구분해야 하며 동일시하지 않고 결합시켜야 한다.

여기에 슬픈 아이러니가 있다. 개혁주의 예배는 의심할 것 없이 너무 교훈적이고 되어 가고 있다.[28] 그리고 『공동예배서』는 성례생활을 새롭게 함으로써 장로교회(the presbyterian Church, U.S.A.) 안에 있는 교회의 예배생활을 새롭게 시도하고 있다. 세례에 관하여 『공동예배서』는 (추정상) 교부들의 교회들을 활기 띠게 했으며, 제2차 바티칸 공의회가 로마 가톨릭교회들의 예배생활을 새롭게 했던 기독교 입교예식에서 중요한 착안점을 발견했다. 그러나 개혁주의 전통은 그 안에 생동적인 예배 신학(liturgical theology)을 포함하고 있다. 설교(preaching)와 성례(sacrament)에 있어서 예배 인도자에 의해 나타내고 있는 성례와 말씀은 바로 그리

---

27 Dawn DeVries, *Jesus Christ in the Preaching of Calvin and Schleiermacher*(Luisville, Ky.: Westminster John Knox Press, 1996), 14-25, 48-70, 95-107을 보라. 또한 Moeller, *Calvin's Doxology*, 53-83을 보라.

28 B. A. *Gerrish, Grace & Gratitude*(82)를 보라. "어떻게 칼빈주의에서 인식 입장이 빈약한 지성주의를 이끌어 줄 수 있었는가를 보는 것은 너무 어려운 일이 아니다. 그래서 낙담한 학교 학급학생들을 예배하는 공동체로 변모시킨 것이다. 무거운 교훈주의는 항상 개혁주의 예배에 해악을 주고 있다. 그리고 가끔 그것의 요점은-하나님의 부성적인 얼굴을 명백하게 보이게 해야 하는-덜 명백한 것이다." 또한 White, *Protestant Worship*에서 개혁주의 예배에 관한 장을 보라.

스도께서 활동적으로 우리와 만나시고 우리에게 기쁜 감사를 드리게 하는 바로 그 수단이다.

③ 세례수를 위한 감사기도(Thanksgiving over the Water)

위에서 언급한 이유로 기도 1이나 기도 2는 예배갱신운동으로부터 온 기도들의 좋은 예들이기는 하지만 특별히 개혁주의 예전을 위해 적합하지 않은 것으로 보인다. 기도를 구성하는 세 번째 선택은 여기서 가장 좋은 선택으로 보인다. 『공동예배서』는 "언약 안에서 하나님의 신실하심에 대해 하나님을 찬양함"을 포함하면서 그런 기도를 위한 예배규정(rubric)을 제공해 주고 있다.

일반적으로, 어떤 기도를 위한 전통적인 구조는 아주 단순하다.

첫째, 하나님의 지속적인(enduring) 성품들을 묘사한 언어로 하나님이 말씀하심으로 시작한다. 『공동예배서』는 감사기도 1과 2에서 "영원하신 하나님"과 "영원하시고 자비하신 하나님"을 사용한다. 하나님을 부르는 것(address)은 아마도 그 날의 예전 혹은 찬양이라 할지라도 지역적 상황에 알맞아야 한다. 예를 들어, 회중이 포스딕(H. E. Fosdick)의 위대한 찬양 "은혜의 하나님과 영광의 하나님"을 노래한다면, 세례기도는 "은혜의 하나님과 영광의 하나님, 우리는 당신께 감사드립니다…"라고 시작해야 할 것이다.

또한 이런 부름의 개회(opening address)는 하나님의 은혜의 특성들을 이름 부르는 "who 절"(clause)로 시작할 수 있다. 예를 들어, "아브라함을 은혜의 언약으로 부르시는(who called…) 자비로우신 하나님, 우리 모두를 받아들이셔서…" 여기서 "who 절"은 특별한 언약주제나 신학에 맞출 수 있다.

둘째, 세례기도는 전형적으로 우리를 위하여 세대를 넘어 현재에 이르기까지 하나님의 사역에 대하여 하나님께 감사를 표현한 것이다. 세례기도는 물과 관련되어 나타나는 하나님의 구속하시는 사역을 포함한다. 왜냐하면 그 강조는 언약에 있기 때문이다. 만약 노아와 홍수가 언급된다면, 언약과 그 표징(sign)이 언급되어야만 할 것이다. 만약 바다를 통하여 선택받은 하나님 백성의 구속이 언급된다면, 아브라함에 대한 언약이 언급되어야만 한다. 사용되는 주제는 특별한 예배상황, 아마 그 날에 대한 성경구절에 달려있을 것이다. 그 해결의 열쇠는 언약언어가 사용될 때, 우리를 부르시는 하나님에 의해 이뤄지는 인격적인 선언에 초점을 둔다.

셋째, 세례기도는 세례 받는 동안에 그리고 세례 받는 자의 생활에서 하나님의 현존에 대한 기원(invocation)으로 끝마친다. 예를 들어, 하나님의 현존에 대한 루터의 간구를 주목하여 보라.

> 우리는 바로 이 ○○○에게 베푸시는 당신의 그 끝없는 자비를 통해 기도합니다. 그리고 바른 믿음으로 성령 안에서 그에게 복 주시옵소서. 그리하여 아담으로부터 그에게 태어난 모든 것과 그 자신 스스로 공헌했던 모든 것이 물에 빠지게 하시며 가라앉게 하소서. 불신앙의 사람들로부터 떼어지게 하소서. 그리고 기독교인들의 거룩한 방주에서 마르고 안전하게 지켜 주옵소서. 항상 성령에 불타오르며, 당신의 이름을 섬기면서 소망 가운데 즐겁게 하소서.

사람들은 루터의 기도문을 축어적으로(verbatim) 반복하기를 원하지 않을 것이지만, 심상(imagery)의 시적인 사용과 세례 받은 자를 위한 하나님의 은혜롭고 자비로운 현존의 능력을 주의해야 한다.

순서에 있어서 이러한 단순한 제안과 함께 혹은 비슷하게 그것들을 바꾸어서, 현재의 예식은 개혁주의 세례신학과 함께 한 방향으로 주위를 환기시키고 있다.

첫째, 수세자 소개와 신앙고백은 세례에 관한 예전 대화가 아닌 하나님의 은혜의 선언과 함께 시작한다. 따라서 하나님의 주도적 행위는 인간의 반응을 불러일으킨다. 세례예식의 예전구조는 주일예배에서 반응을 불러일으키는 하나님의 주된 선언으로 세례의 위치와 기능에 서로 관계가 있다.

둘째, 수세자 소개를 시작하면서 창세기 17장의 언약언어와 감사기도에 있는 언약언어와 함께, 언약은 하나님의 자비로운 주권의 표현으로 예전에 있어서 더욱 충분하게 나타날 것이다. 거기에는 이미 순서에 있어서 언약을 인치면서 세례에 관해 더욱 명쾌함이 있을 것이다. 또한 "언약에 들어옴"은 하나님이 이미 자비롭게 행해오신 것들에 대한 사용을 의미하는 명쾌함이 더욱 있을 것이다.

셋째, 그것은 이런 변화들의 의미(intent)가 개혁주의 예배를 "순수하게" 그리고 다른 전통들에 의해 더럽혀지지 않게 지키는 것이 아니라는 것을 말해야 한다. 그보다는 두 개의 다른 의미를 이 장에서 안내한다. 첫째, 개혁주의 예배는 하나님의 바로 그 현존하심이 예배에서 우리와 만나는 것을 강조하는 유산을 가지고 있다. 회중이 그들의 예배생활을 새롭게 간구할 때 한번씩 이 유산이 기억되기 위해 필요하다. 물론 하나님의 현존이 기쁨과 위로뿐만 아니라 기회로도 올 수 있다. 둘째, 공동체의 예배생활이 가끔 그것의 무의식적인 경건과 신학을 더 많이 반영하면 할수록 더욱 더 어지럽혀진 공동생활이 적게 생길 수도 있다. 성인기로 진행 중인 성장과정은 경건한(religious) 환경의 부분들 사이에 더 나은 조화와 함께 도움이 될 수 있을 것이다.

Baptism in the Reformed Tradition

결 론

개혁주의 세례신학과 성례신학의 형태

개혁주의 세례신학과 성례신학에 관하여 다소의 일반적인 해석이 제시되었기 때문에 자연스럽게 좀 더 상세히 다룰 필요가 있다.

1. 세례는 **본래**(primarily) 하나님의 은혜로운 약속, 제안 혹은 보증이다. 이것은 "교회"가 지역 회중으로 생각되든지 아니면 그리스도의 신비로운 몸으로 생각되든지 간에 본래 교회 안으로의 입회가 아니다. 이러한 외관상 두드러진 주장은 몇 가지 방법들로 입증될 수 있다.

   첫째, 개혁주의 신학은 주의 만찬과 마찬가지로 세례란 하나님이 우리에게 은혜를 선언하신다는 것을 의미하는 것으로 항상 유지해왔다. 1536년에 젊은 칼빈이 "성례는 하나님의 말씀보다 더 역할을 가지고 있지 않다. 그것은 그리스도와 그 안에서 하늘의 은혜의 보물을 우리를 위하여 제공하고 나타낸다"라고 썼다.[1] 칼빈

---

1 O.S. 5.274.18-20; Inst. 3.14.17.

은 결코 이 생각에서 흔들리지 않았다. 첫 두세대의 종교개혁자들과 대부분의 개혁주의 신앙고백들 그리고 개혁파 정통주의 모두는 이러한 성례전을 이해하기 시작했다.[2]

둘째, 말씀처럼 하나님의 은혜의 수단으로 성례가 믿음으로 받아들여지지 않는다 할지라도 그것의 특성을 유지한다. 칼빈이 성례와 세례에 관계하여 사용했던 단어들을 보면, 성례의 "본성"(substance) 혹은 "본질"(nature)은 심지어 사악한 자들이 그것을 받아들이지 않는다 할지라도 남아있다. 불링거는 이것을 그의 『제2스위스 신앙고백』에서 분명히 말했다.

> 바로 하나님의 말씀이 참된 하나님의 말씀으로 남아 있는 것처럼-꾸밈없는 말씀으로 낭송되어졌을 때뿐만 아니라 동시에 말씀에 의해 상징되고 표시된 실체가 하나님에 의해 제공된다는 것이 설교되었을 때-심지어 만약 불경건한 자들과 믿지 않는 자들이 그 말씀을 듣고 이해한다면, 상징된 실체를 즐기지 못할 것이다. 왜냐하면 그들은 그 말씀을 신실한 믿음으로 받아들이지 않기 때문이다. 그래서 또한 말씀과 표징으로 구성된 성례들, 그리고 상징된 실체들은 참된, 부패되지 않은 성례들로 남아있다. 심지어 불신자들이 제공된 실체를 받아들이지 않는다 할지라도, 그것들이 거룩한 실체를 상징하기 때문뿐 아니라, 하나님이 그렇게 상징된 실체를 제공하시기 때문이다.[3]

---

[2] Neuser는 다양한 신앙고백들 가운데 세례부분이 항상 그것들을 앞서는 성례부분에 비추어 읽어야 한다는 것을 『하이델베르크 신앙교육서』에서 바로 해설하였다. Neuser, *Tauflehre*. 5.

[3] Müller, *Bekenntnisschriften*, 208.22-29. Inst. 3.14.7 서두의 Calvin 해설을 비교하라.

셋째, 아담으로부터 나아가서 언약이 단일한 언약(single covenant)으로 이해되었는지, 아니면 이중 언약(double covenant)(행위와 은혜)으로 이해되었는지, 그리고 하나님이 언약 안에 있는 자들을 예정하셨는지 그렇지 않았는지에 상관없이, 세례란 하나님의 은혜가 관계하는 한에 있어서 어떤 사람을 언약으로 가입시킬 수 없었다는 것을 보아왔다. 하나님 편에서 언약은 이미 포함되었던 사람들을 받아들였다. 단지 인간의 측면에서 볼 때, 사람은 세례입문(baptism initiation)을 언약 안에서 부를 수 있는 것이다. 그래서 세례를 통하여 제공되었던 언약 약속(covenant promises)들을 취한 사람인 한에서, 남자나 여자는 개인적으로 그 사람을 **이미 포함했던** 언약의 선물과 요구를 차지한 것이었다.

2. 입문으로서의 세례는 세례의 2차적인 관점이다. 약속 또는 그리스도, 그리고 가시적인 교회로의 입문을 통한 언약 안으로의 입문은 서로 구분되는 세례의 관점들이다. 신학자들과 신앙고백들의 대부분에서 우리는 바로 이 구분을 보아 왔다. 이것은 소위 이중-방향(double-front) 문제라고 불렀던 제1세대들 종교개혁자들 가운데 특별히 분명하게 나타났다. 신앙적인 인가는 중세 후대의 경건에 강조되었다. 그러나 세례의 근본적인 적법성(primary validity)은 종교개혁의 과격파들에게 강조되었다.

『제2스위스 신앙고백』이 그렇게 한 것처럼, 심지어 세례 받은 사람이 "언약 가운데 등록되고 들어가며 받아들여진" 것을 신학자와 신앙고백이 말했던 것처럼 돌봄은 그 과정과 상황에 그리고 저자의 역사적인 상황에 제공되어야 한다. 그래서 예를 들어, 불링거가 비록 『세례에 관해』에서 이 주장을 하긴 했지만, 그는 "세례 받는 것이 무엇을 의미하는가"에 대해 이 주장을 한 것이었다. 그는 세례를 받기 위해 온 믿음의 사람들에게 세례가 무엇을 의미하는지 혹은 의미하지 않는지를 설명했다. 또한 앞에서 분명히 보여준 인용과정에서처럼, 그는 비록 세례가 믿음 안에서 받아들이지 않았던 어떤 사람에게 제공되고 있다고 할지라도 세례 그 자체가 참되게 부패하지 않은 채로 남아있다고 주장했다.

3. 역사적으로 말해서, 개혁주의 신학자들과 신앙고백서들은 둘째 관점에서 뿐 아니라 첫째 관점과 인간의 반응을 통한 입회에서 전형적으로 하나님의 제안을 주장한 반면에, 이 관점은 상황에 의존되어 있는 다른 강조점을 받아들였다. 예를 들어, 칼빈은 『기독교 강요』와 1545년 『신앙교육서』에서, 불링거는 『제2스위스 신앙고백』과 『웨스트민스터 신앙고백』에서 모두 특별히 명쾌하게 이 배열을 알았다. 그들의 신학적인 상황은 비교적 안정된 것이었다. 그리고 그들의 목소리는 그들의 환경에서 소수의 신학적 목소리가 아니었다. 그러나 다른 상황에서 신실한 기독교인은 위태로워진 것처럼 보였다. 그리고 거기에는 세례에 대한 믿음의 사용을 강조할 필요가 있었다. 『벨직 신앙고백』, 슐라이어마허, 브루너 그리고 바르트, 모두 이런 상황에서 그들 자신을 발견했다. 이것은 슐라이어마허, 브루너 그리고 바르트에게 교회와 국가의 상호 협력관계(symbiosis)를 포함하는 것이었다. 그 안에 형식적인 유아

세례가 거의 시민의 권리로 되어있었다. 개혁주의 목소리의 두 그룹은 기억하거나 들어야 한다. 잭 스토츠(Jack Stotts)가 말한 것처럼, 개혁주의 전통은 "그 자체가 많은 지류들을 가지고 있는 넓은 강이다."[4] 그 전통의 다양한 부분들은 다양한 상황들 안에서 들려지거나 강조되는 것을 필요로 한다. 대안(alternative)의 목소리들이 도움이 된다.

건설적으로 말해서, 근본적인 신학적 관점은 칼빈이 1536년 『기독교 강요』에서 가르친 한 가지이다. 필요한 것은 두 가지 관점, 즉 하나님의 은혜의 선물로서의 세례의 적법성과 수납자(recipient)에 의한 믿음의 증거를 함께 붙잡는 것이다. 다만 중요한 관점에 있어서 우선권이 있다는 것을 이해해야 한다.[5] 우리는 일차적인 것, 즉 우리의 의존적인 반응을 일으키는 은혜의 주도적 제공을 대신하여 이차적인 것, 즉 은혜에 대한 인간의 반응을 취급하지 않아야 한다. 이것은 불변하며 흔들리지 않는 유일한 실재에 근본적으로 기초를 둔 성례의 본질이다. 인간에게 제공된 은혜로서의 하나님의 품성(character)에 우리는 (이차적이거나 또는 파생적으로) 우리의 반응을 보이는 것이다.

루터와 칼빈이 교회의 두 표시(marks)에 대해 선포된 말씀과 올바로 시행되는 성례전이라는 것을 엄격한 의미에서 주장했을 때, 이것은 마음에 두고 있었던 요점이 아닌가? 두 가지는 그리스도를 제공했다. 그리고 이것은 개혁주의 신앙고백의 기독론적 특성 뒤에

---

4 Rohls, *Reformed Confession*, XI.
5 Inst. 3.14.13.

놓여있는 것이 아니었는가? 즉 그리스도 안에서 초점을 믿는 이들의 신앙에 두는 것이 아니라 그리스도를 통해서 하나님의 은혜에 두었던 것이 아닌가?⁶ 또한 이 접근은 마치 슐라이어마허의 신학체계와 바르트의 신학체계와의 차이처럼, 신학체계 안에서 인간의 반응 너머에 있는 은혜의 우선성을 반복해서 말하는 것이 아닌가? 개혁주의 신학이 좀 더 광범위하게 처리했던 것처럼, 이 우선성에서 은혜와 감사는 개혁주의 성례신학의 특징이다.⁷

4. 세례가 단일한 결과(event)를 함께 형성하는 두 관점을 가진 것으로 나타내고 있을 때, 그러면 믿음이 그리스도에게 밀착되어 그리스도가 제공되고 그리고 하나님의 현존이 믿는 이들에 의해 실현된다. 이와 같은 방식으로, 전체의 개혁주의 전통이 주장해오는 것처럼, 세례는 중생을 가져온다. 유기 혹은 구원에 이르는 하나님의 선택을 고수하는 이유로 개혁파 정통주의가 여기에 따로 떨어져 서있다. 그래서 바르트도 세례에 관한 그의 마지막 작품에서 그렇게 했다. 동시에 개혁주의 신학자들은 하나님이 세례 주는 임무를 맡겨 오셨기 때문에 세례는 중생을 가져온다고 주장했다.

더 나아가, 성인으로 세례 받는 것과 마찬가지로 유아로서 세례 받는 이들을 위해 세례가 효과를 가져 온다는 주장이 진실한 것으

---

6 Gerrish의 해설을 참조하라. "신앙고백들의 가르침 가운데 구원받는다는 것은 그리스도에 이르는 우리 자신의 외부를 정확히 보는 것이다. 그 안에서 우리는 우리 자신들 안의 부족한 모든 것을 회복한다(*Geneva Confession*, V, VI, IX를 참조하라). 칭의 교리는 우리 자신들로부터-심지어 우리의 믿음으로부터!-오직 그리스도에게로 우리를 돌이키는 것으로 그렇게 나타나고 있다("Confessional Heritage," 130).
7 예를 들어, Moeller, *Calvin's Doxology*를 들 수 있다.

로 여겨졌다. 이것은 유아세례에 대한 개혁주의 전통의 강력한 위기에 의해 엄밀하게 그리고 명확하게 언급된 것이었다. 슐라이어마허는 심지어 세례 받을 때 믿음이 없었던 곳에서 실행하는 유아세례는 특별한 사례이고, 세례는 믿음을 구하는 자에 여전히 효과적이라고 주장했다.

> 반면에, 만약 세례 받을 때 믿음이 아직 존재하지 않는다면, 그것은 세례 받은 **후에**(*after*)뿐만 아니라-영향력 있는 전체 시리즈 가운데 첫 번 종목인 세례를 교회가 세례 받는 자들에게 전달하기 위해 가져온다-세례를 **통해서**(*through*) 일어 날 것이다.[8]

5. 개혁주의 신학자들과 신앙고백들은 항상 그런 것은 아니지만 보통 세례의 특성을 표현하기 위해서 첫째로 하나님의 제안과 둘째로 인간의 반응으로 언약언어(covenant language)를 사용해왔다. 이런 비대칭의 구조 속에서 하나님은 자신이 포함해 오신 사람들을 포함하기 위해 언약을 확장하면서 은혜의 행위에 의한 관계를 시작하셨다. 이에 대해 인간은 반응한다. 심지어 은혜에 대한 배은망덕의 반응이 있다할지라도, 인간의 행위는 그 언약을 폐기할 수 없다. 하나님과 인간의 이 관계를 예증하는 다른 방법이 개혁주의 세례전통 안에서, 즉 칼빈과『하이델베르크 신앙교육서』에서 현저하게 나타나고 있는 표징-약속 신학(the sign-promise theology)에서 대부분 두드러지게 발견된다. 마치 칼빈의 작품들이 분명히 말하

---

8 *Christian Faith*, 137.2, 632(2:333)항을 보라. "다른 측면에서 사람들은 믿음이 아직 세례에 있지 않다고 말하지만, 믿음은 여전히 세례로 향하고 있으며, 또한 이것은 교회가 세례를 통해 발생하는 세례자에 의존하는 행위의 전 과정의 시작이다.

고 있는 것처럼, 비록 한 주제가 특별한 신학구조 안에서 지배적으로 주어진 경우라 할지라도, 언약언어와 표징-약속 언어는 본질적으로 모순된 것이 아니다.

역사적인 관점에서 볼 때, 개혁주의는 항상 유아세례를 주장하면서 기독교인의 세례를 설명하기 위해 언약을 사용했다. 다른 말로 해서, 그 근원은 이러한 신학이나 세례에 관한 주석학적 반영(reflection)에서 기인한 것이 아니라 유아세례에 대하여 오랫동안 유지된 실행에 도전을 준 특별한 반응(response)에 기인한 것이다. 신학적인 관점에서 비록 언약언어가 세례의 어떤 개혁주의 신학들에서 탁월한 위치를 가지고 있다할지라도-예를 들어, 불링거, 웨스트민스터 신앙고백, 개혁교회 정통주의, 바르트, 그리고 마르셀-그런 언어는 엄밀히 인접한 것이었고, 세례예배의 궁극적인 방향으로 성례에서 그리스도를 제공하면서, 믿음과 함께 그리스도 자신 안에로 접목된 것이었다. 세례에 있어 기독론적이고 신비적인 것에 근접한 특성은 칼빈, 개혁주의 신앙고백들 그리고 특히 슐라이어마허에게서 많이 관찰되었다.

6. 제5장의 끝부분에서 『공동예배서』에 있는 세례예식에 수정보완을 제의했다. 그래서 이 예식이 (1) 하나님의 말씀의 형식으로서의 성례전, (2) 세례의 제1관점과 제2관점 사이의 구별, 그리고 (3) 언약으로의 "입문"하는 것은 무엇을 의미하는가? 등에 관하여 개혁주의 신학을 반영하도록 했다. 이것은 후속적인 설명을 요구한다.

지금까지 『공동예배서』에서 다른 전통이 개혁주의 전통 안으로 접목되어 왔다는 중요한 주장이 있어 왔다. 이것은 단순히 **기술적인**(descriptive)것이다. 이런 접목이 진보적인 것이었다는 관찰과 생각에 동의할 수 있을 것이다. 어느 날 국제적으로 알려진 개신교 예배학자와 함께 점심을 하고 있을 때, 나는『루터교 예배서』의 세례예식이 "루터를 가혹하게 다루었다"고 논평했다. 그 예배학자는 "그것은 그렇다. 그것은 맞는 말이다"라고 대답했다. 그 방식에 따라 기술적인(descriptive) 관점에 추가하여 **기준되는**(normative) 관점을 제안했다. 다른 전통이 개혁주의 전통에 접목되고 있을 뿐 아니라 개혁주의 전통이 이미 접목된 것보다도 더 적절하게 예배신학을 가지고 있었다. 이 연구의 주어진 범위에서 오직 어떤 기본적인 차이점이 제시될 수 있을 것이다.

첫째, 개혁주의 전통은 보통 표징과 실체가 다음과 같은 방법으로 주의 깊게 구분되어야 한다는 점을 일반적으로 주장해왔다. 표징이 **표징으로서의**(sign) 기능을 상실하지 않고 실체가 외적인 표징과 동일시되지 않기 때문에 표징과 실체는 밀접하게 동일시되어서는 안 된다. 성찬의 요소들(역주: 빵과 포도주를 의미함) 스스로가 경배되지 않았다 할지라도 숭배될 때, 이것은 중세기 성찬식의 우상화의 한 원인이 되었다. 다른 한편으로 표징과 실체는 그들 사이를 떼어 놓는 방식으로 구분되지는 않는다. 그래서 실체 그 자체는 표징과 함께(with) 혹은 통하여(through) 참여하지는 않는다. 이것은 성례에 관한 종교개혁의 과격파들의 실수였다.[9] 거기에 개혁주의자

---

9 Gerrish, "Sign and Reality," 128-30에 있는 주석을 보라.

들이 걸어가기를 노력했던 좋은 길이 있었다. 그것을 칼빈은 간결하게 표현하고 있다.

> 이제 여기서 우리는 두 가지 실수에 대하여 삼가야만 한다. 첫째, 우리는 표징을 신비로부터 분리하여 너무 작게 여기지 않아야 한다. 둘째, 우리는 그것을 어느 정도 신비가 숨겨진 것으로 보아 과도하게 칭찬하지도 않아야 한다.[10]

최근에 테오도레 베자와 에드워드 쉴레벡스의 표징신학의 주의 깊은 분석은 주의 만찬에 있어서 개혁주의 표징신학과 쉴레벡스의 견해에 나타나는 주의 만찬 요소들의 화의설(化意說, transignification, 성례 집례자가 떡과 포도주를 신자의 몸에 제공하듯이, 신자가 성찬에 참예할 때 그리스도께서 자신의 몸과 피를 신자의 영혼에 제공하신다는 견해로 성찬의 떡과 포도주의 의미의 변화를 강조한다-역주)을 주장하는 표징신학의 현저한 유사성을 보여주고 있다.[11] 그러나 두 명의 표징신학자들 가운데 하나의 차이점은 표징의 기능이 요소들 **안에**(*in*)(쉴레벡스), 또는 요소들을 **통해**(*through*) 혹은 **때문에**(*because*)(베자) 나타나느냐 하는 것이다. 개혁주의 전통은 그것의 친밀한 연결을 여전히 단언하는 동시에 다시 표징과 실제를 주의 깊게 구분해야 한다. 이것은 어떻게 말씀과 성례, 혹은 예전(liturgy)이 표현되고 있는가를 함축하는 것이다.

---

10 Inst. 4.17.5.

11 Jill Raitt, "Roman Catholic New Wine in Reformed Old Bottles? The Conversion of the Elements in the Euchatistic Doctines of Theodore Beza and Edward Schillebeeckx,"("로마 가톨릭의 개혁주의의 오래된 병 안에 있는 새 포도주인가? Theodore Beza와 Edward Schillebeeckx의 성찬교리에 있어서 요소(빵과 포도주)의 전환(conversion)." *Journal of Ecumenical Studies* 8(1971): 581-604.

개혁주의 전통에서 말씀과 성례는 은혜의 방편이다. 왜냐하면 그것을 통하여 하나님의 실재("그리스도의 실제적 임재")가 하나님의 자비로우신 현존으로부터 오는 위로이며 기회와 함께 우리와 만나는 것이기 때문이다. 개혁주의 예배는 본질적으로 "성례전적이며" "현현적인(epiphanic) 것이다." 여기서 개혁주의 성례신학은 예배갱신운동에 동의한다.[12] 이와 대조적으로, 개혁주의 전통은 항상 말씀과 성례를 통해서 제공되시는 그리스도가 말씀과 성례 안에서 나타나지 않고 있음을 주장해왔다. 그 요구를 이루기 위해 표징과 실제를 너무 밀접하게 동일시한다면 은혜 자체를 은혜의 방편으로 잘못 생각하는 것이다. 개혁주의 전통은 예전(예배)이 "행동-안의-계시"(revelation-in-motion)**이다**(is), 혹은 예전이 현현적**이다**(is), 또는 예전이 교회의 존재론**이다**(is)라는 주장을 반대했다.

둘째, 표징과 실체를 넘어서는 차이는 개혁주의 성례신학과 예배갱신운동의 성례신학 사이에 다른 점을 알려준다. 계시에 대한 신약성경의 의미는 인간실존 안에(in) 그리고 인간실존에(to) 이미 계시하셨던 하나님이 그 나름대로 더 이상 감추신 것을 남겨두지 않고 예수 그리스도를 통해서 지금 개인들에게 계시하여 주신다는 것이다.[13] 이것은 기독교 예배(worship)와 유사성을 가지고 있다.

---

12 반대방향에서 볼 때, 하나님의 현존에 개인적으로 접근할 때 은혜의 수단을 유지하는 것에 실패하는 것은 은혜로부터 타락한 예배를 가지고 있는 것이며, 외관상 거짓된 예배의 끝없는 형태 안으로 타락하는 것이다. 기념설, 도덕주의, 교훈적인 가르침 또는 오락 등등. 모든 개혁주의 예배도 역시 가끔 그 자신의 통찰력을 잃고 이러한 예배로 타락한다.
13 Bultmann의 고전적 에세이, "신약성경의 계시의 개념"을 보라. 이 에세이는 Schubert M. Ogden이 발췌하고 번역하였으며 서론을 썼던 Existence and Faith: Shorter Writings of Rudolf Bultman(New York: Meridian Books, 1960), 58-91을 보라. 또한 Ogden이

대부분의 개혁주의 신학자들은 말씀이 선포되고 성례전들이 올바로 시행될 때에 단지 그리스도의 능력이나 혹은 은혜만이 아니라 그리스도 자신이 제공되는 것으로 이해하고 있다.[14] **그리스도 자신이** 예배자를 만나주신다. 그래서 팔레스틴에서 예수님이 어떤 사람들을 만났을 때 나타났던 사건이 예배드리는 동안에 비슷하게 일어날 수 있다.[15] 하나님은 말씀과 성례 안에서 그리스도를 통하여 자신을 계시하신다. 그러나 다시 신약성경의 본문에 유추해 보면 주님을 만났던 한 사람의 신앙이 그런 만남을 위해 필요하다. 그런 믿음이 있는 곳에 신앙인은 "그리스도 안에 접붙임 되는 것"이다. 그리고 이것은 성례에서와 마찬가지로 말씀에서도 신비스럽게 일어나는 것이다. 이와 대조적으로, 신앙 없는 말씀과 성례는 사회적 교제의 단순한 사건으로만 남아 있다. 말하자면 말씀과 성

편집한 에세이 *Existence and Faith*, 92-110에 있는 "The Historicity of Man and Faith"를 보라. 세부적인 논의가 여기서 자세히 열거할 수 없지만, 두 인용구는 Bultmann의 신약성경에서 계시의 주석적인 평가를 요약할 수 있다. "계시의 개념"에서 Bultmann은 다음과 같이 말했다. "창조에 있어서 이미 항상 비춰온 것과 다른 빛이 비치는 것이 예수 안에는 없다. 사람은 구속계시의 빛 안에서 자신을 이해하기를 배운다. 이것이 그가 이미 항상 창조와 율법 안에서 계시와 대면하여 자신을 이해해야만 했던 것과 다르지 않다. 즉 하나님의 피조물로서 그가 하나님에 의해 제한되어 있으며 하나님의 요구 아래서 있다. 그것은 죽음의 길 또는 삶의 길을 그에게 열어 놓고 있는 것이다"(86). 그러면 사람이 예수를 통해 계시의 사건을 알 수 있는가라는 질문에 대하여 Bultmann은 유추로 말한다. "그렇다면 나는 실제적 우정의 관계에 있을 때 무엇을 '더 많이' 알고 있는가? 아무 것도 없다-아무튼 우정에 관해 아무 것도 더 많이 알고 있지 않다. 내가 '더 많이' 알고 있는 것이란 내가 지금 나의 친구를 알고 있다는 것이며 또한 나 자신을 새롭게 알고 있다는 것이다. 이런 의미에서 나의 친구를 이해한다는 것에 대해, 그것의 행위와 기쁨, 힘, 고통 안에 있는 나의 구체적인 삶은 새 생활 안에서 제한되는 것이다"("The Historicity of Man and Faith," 100).

14 이 연구에 있어서 Calvin, Bullinger, 『프랑스 신앙고백』, 그리고 『스코틀랜드 신앙고백』, Schleiermacher등이 그리스도에 관해 가장 탁월한 표현을 하고 있다.

15 제4장은 어떻게 Schleiermacher가 그리스도의 몸인 세례 베푸는 교회에 관한 동일한 관점을 주의 깊게 많이 논의했는지를 약술하였다.

례는 "단지 목수를 돕는 소년"(the carpenter's boy)인 것이다.

그러므로 개혁주의 성례신학은 예전이 "현현적"**이다**(is) 또는 "행동-안의-계시"**이다**(is)라는 주장을 반대한다. 왜냐하면 이 주장은 오직 믿음이 있었던 곳에서만 그렇게 될 수 있기 때문이다. 예전은 믿음이 있는 때와 장소(when and where)에 현현적이라 **할 수 있다**(can be). 그러나 그런 의미에서 "교회"는 참된 신자들로 구성된 교회이다. 그것은 오직 하나님의 눈에만 보이는 불가시적 혹은 감추어진 교회이다. 왜냐하면 오직 하나님만이 믿음을 가진 자를 보실 수 있으시기 때문이다.

요약컨대, 이 연구에서 살펴본 것처럼, 예배갱신운동과 개혁주의 전통 사이에 존재하는 예전신학과 세례신학에서의 차이점들은 표징과 실체 사이의 관계, 그리고 교회론의 관계의 차이점을 오랫동안 나타내고 있다. 더군다나, 더 적절하게 표징과 실체 사이의 관계를 구분하는 개혁주의 전통에서 그리고 더 적절하게 믿음의 본질과 불가시적이며 가시적인 교회의 본질을 제시하는 개혁주의 전통에서, 개혁주의 성례신학은 예배갱신운동에서 활동적인 신학과 정확히 다른 것이 아니다. 그것은 더욱 적절한 것으로 보인다.

7. 이 논의는 제2차 바티칸 공의회의 개혁이나 교회일치운동을 비판하기 위해 의도된 것이 결코 아니다. 서론에서 "기독교 성인 입교 예식"이 로마 가톨릭의 교회론과 세례신학, 이 두 가지를 창조적으로 재구상했던 방법을 논의했다. 교회의 기초는 성령의 선물을 통해 목회자를 각기 보존하고, 모든 구성원들의 목회에서 위를 향

해 세우는 건축물로 표현되었다. 동시에 옛 어거스틴주의자들은 유아들의 구원을 위해 필요한 것으로 원죄(original sin)로부터 깨끗하게 된 유아들에게 주는 세례의 강조점과 함께 기독교 입교의 새로운 시각을 이어주고 있다.

더 나아가, 교회일치운동은 에큐메니즘이 서로 다른 전통을 믿는 것이 무엇이며, 거기에는 실제적인 차이점이 어디에 있는가에 대하여 현명한 가치판단을 가지고 시작한다는 것을 이해하고 있다. 이러한 접근은 너무 쉽게 합의하는 것을 삼가고, 다른 전통으로부터 배우는 것과 마찬가지로 그들 자신에 관해 배우는 전통을 허용한다. 성례신학에 관하여 개혁주의 전통이 적절한 통찰력을 가지고 있다고 주장하는 것은 거기에 개혁주의 전통이 더 넓은 교회로 만들어 줄 수 있는 공헌들이 있다는 것을 주장하기 위한 것이다. 아마도 이것은 개혁주의 전통 그 자체가 항상 인식해오고 있는 공헌이다.

8. 기독교 예배는 분명히 올바른 교리에 의해 알려진 예식(ritual) 그 이상이다. 예배갱신운동에 의해 얻어진 언어를 사용하기 위하여 예배는 2차적인 신학 그 이상이다. 동시에 2차적인 신학은 1차적인 신학인 예배로부터 얻어 낸 것을 단순하게 반영한 강연(discourse) 그 이상이다. 2차적인 신학은 그 자체가 예배를 위해 규범적인(normative) 것이다. 왜 그러한가? 그 대답은 여기서 다만 간략히 약술할 수 있을 것이다.

예전을 위해 규범적인 것이 되지 않아야 하는 2차적인 신학이 신양적인 권위의 구조에 관한 실수를 범한다는 주장은 현대 예배갱신운동 안에서 많은 사람들에 의해 형성되었다(다비드 파거버그와 아이단 카바나의 경우처럼). 기독교 예배가 예배자와 만나시는 하나님의 현존을 통한 방편이 된다면, 예배는 참으로 하나님의 현존에 대한 예배자의 경험에 이르는 규범적인 관계를 갖는다.

그러나 참된 권위의 개념을 생각해보라. 권위를 가지고 있는 것과 권위에 의해서 통치되는 것은 서로 **권위를 공인하는 그것에** 관계하여 동일한 기초(ground) 위에 서있다. 두 가지 예를 생각해 보자. 법관은 피고에 대해 권위를 가지고 있다. 왜냐하면 그는 그런 권위를 갖는 법률에 의해 공인되었다. 그러나 법률에 관계하여 피고는 법관과 동일한 기초위에 서 있다. 모든 피고는 법률 그 자체에 따라 재판관의 결정에 호소할 수 있다. 이것은 재판의 호소적인 기능이다. 또는 교수는 학생에 대해 권위를 갖고 있다. 왜냐하면 그는 그런 권위를 갖는 학력의 법규(canons)에 의해 권위를 가지고 있다. 그러나 규율을 사용하는 학력의 규범에 관련하여 학생과 교수는 동일한 기초에 서있다. 학생은 학력의 기준에 따라 교수의 판단에 항상 호소할 수 있다.[16]

---

16 여기서 성경에 관한 Luther의 입장이 직접적으로 생각에 떠오른다. 한편으로 성경은 모든 신앙적인 권위 위에 군림하는 여왕이다(W.A. 40'.119, L.W. 26.57; W.A. 40'.120, L.W.26.58). 어떤 사람도 성경을 유효하게 할 수 없다. 성경은 그 자체가 유효하게 하며 그 자체가 항상 그리스도를 향한 관점으로 해설한다. 그리스도는 성경의 중심이시다. 대조적으로, 그리스도는 성경에 권위를 주는 왕이시다. 권위의 근원이신 그리스도와 비교하여 권위(성경)와 그 권위 아래 있는 사람(기독교인)은 동일한 기초에 서 있다. 그리고 예를 들어, Luther는 만약 대적자들이 그에게 성경을 내 보인다면, 그는 그들에게 그리스도를 내 보일 것이라고 똑바로 말할 수 있을 것이다(W.A. 40'.459, L.W. 26.295; W.A. 39'.47, L.W. 34.112). 또한 Kavanagh와 다른 사람들이 사용했던 것으로서 Paul Bradshaw의 1차 및 2차 신학에 대한 비평, "Difficulties in Doing Liturgical Theology,"

예배와 계시와의 관계도 역시 그렇다. 그를 만나는 하나님의 방편에 의해서 주어진 예전이 예배자에 대해 권위를 가지고 있는 동시에, 예배자와 예배형식들을 드러낸 하나님의 현존에 관련된 것은 동일한 기초 위에 서있다. 그리고 그렇게 모든 예전형식은 우리에게 믿을 만한 것이 되어야 한다. 즉 단순히 인간으로서 인간 실존의 모습들에 따라 우리를 하나님의 계시의 수용자(recipients)로 만드는 것이다. 2차적인 신학은 그런 모습들과 그것의 함의를 반영하고 있다. 그리고 그것은 예배를 말하기 위해 어떤 규범적인 것(normative)을 갖는다.

2차적인 신학은 예배를 형성하는 데 있어 다른 역할을 갖고 있다. 그것은 신약성경 연구의 훈련(discipline)을 통해서 온다. 모든 예전 형태는 세대에서 세대로 전해진다. 그러나 예배 형태는 대략 2세기 중반에 발견되는 기본적인 형태로부터 분명히 발전한 것이다. 이 시기 전에 신약 공동체의 경우 그들의 예배생활이 굉장히 다양했다.[17] 세 가지 단순한 예를 들어보자. 바울에 따르면, 고린도

Pacifica 11(1998): 190-93에 있는 글을 보라.
17 다소 연대가 오래 되기는 했음에도 불구하고, 신약교회에서 나타난 폭 넓은 예배의 다양성에 관한 가장 탁월한 개론은 Ferdinand Hahn의 저작에 남아 있다. 이 저작은 John Reumann에 의해 편집되었고 David E. Green에 의해 *The Worship of the Early Church*로 번역되었다(Philadelphia: Fortress Press, 1973). 초대교회에서 예전의 다양성에 관한 논의를 위해서는, Paul Bradshaw, *The Search for the Origins of Christian Worship*(London; SPCK/New York: Oxford University Press, 1992)을 보라; Bradshaw, "Doing Liturgical Theology"; Paul V. Marshall, "Reconsidering 'Liturgical Theology': Is there a Lex Orandi for all Christians?" *Sudia Liturgica* 25(1995): 129-51; James F. White, "How Do We Know It IS Us?", 55-65 in *Liturgy and the Moral Self*, ed. E. Byron Anderson and Bruce T. Morril, S. J. (Collegeville, Minn.: Liturgical Press, 1998).

교회는 죽은 사람 대신에 대리 세례를 실행하였다[18]("만일 죽은 자들이 도무지 다시 살지 못하며 죽은 자들을 위하여 세례 받는 자들이 무엇을 하겠느냐 어찌하여 저희를 위하여 세례를 받느뇨." 고전 15:29). 요한 공동체는 그들의 예배생활에서 발 씻는 행위가 중심이 되어 있다. 이것은 부분적인 발 씻음을 통해서 "포괄적인 전체를 실행함"(praxis of inclusive wholeness)을 나타낸 것이다.[19] 예루살렘 근처에 있는 기독교인들은 성전과 그 기도시간의 리듬에 자신들을 연결했다. 이런 예배형식들의 복수성을 넘어서 더욱 연대순으로 정착된 것은 교회를 시작했던 예수님에 대한 사도들의 증거였다.

가장 초창기의 사도적 증거는 예수님을 통해 알려진 하나님의 참된 현존을 보여준다. 이러한 사도적인 증거들의 의미에서 모든 후세대의 그리스도인들은 인간의 경험 안에(in) 또는 경험에(to) 현존하시는 하나님의 계시를 이름지으며 형성하는 데 안내 받도록 되어 있다. 이것은 살아있는 기독교 공동체와 그 전통을 되풀이 한 옛 개신교도의 성경적 주장이 아니다. 그보다는 이 주장은 성경 그 자체가 전통이며, 초기 그리스도인의 성경 안에 그 자체가 후기 전통들을 인도하는 전통이 있었다는 것을 인식하고 있다.[20] 우리는

---

18 Morton Smith, "Pauline Worship as Seen by Pagans," *Harvard Theological Review* 73(1980): 241-49.
19 Elizabeth Schüssler Fiorenza, *In Memory of Her* (New York: Crossroad, 1988), 323-34. 어떤 요한 공동체들에서 출입 가능한 예식으로서 발 씻음에 관해서는 Martin Connell, "Nisi Pedes' Except for the Feet: Footwashing in the Community of John's Gospel" *Worship* 70(1996): 20-30을 보라.
20 최근 세대의 신약성경 학자 가운데 Willi Marxsen, *The New Testament as the Church's Book*, trans. James E. Mignard (Philadelphia: Fortress Press, 1972)에서 가장 분명히 밝혔다.

모두 우리가 "받아 온 것"을 "유산으로 남기고" 행하기를 원한다. 그래서 적절하게 우리는 예수님에 대한 초대의 사도적인 증거의 의미를 의지하는 사람이 되어야만 한다. 이런 의미에서 기독교는 에베소서 2:20에서처럼 "모퉁이 돌로서 그리스도 예수 자신과 함께 한 사도들과 선지자들의 기초 위에" 세워진 것이다. 그리고 이것은 과거에도 계셨고 현재도 계시는 그리스도 한 분에 의해 세워졌으며 형성되었던 믿음으로 우리가 사도적인 전통에 따라 예배드린다는 점에서 동일하게 기독교 예배를 위해 진행된 것이다.

참고문헌

1. PRIMARY SOURCES

The Ante-Nicene Fathers. Edited by Alexander Roberts and James Donaldson. Edinburgh, 1885–. Reprint, Grand Rapids: 1990.
Aquinas, Thomas. *Summa Theologica*. Translated by the Fathers of the English Dominican Province. London: R. & T. Washbourne; New York: Benziger Brothers, 1914.
Die Bekenntnisschriften der reformierten Kirche. Edited by E. F. Karl Müller. Leipzig: A. Deichert (Georg Böhme), 1903. Reprint, Waltrop: Spenner, 1999.
Bekenntnisschriften und Kirchenordnungen der nach Gottes Wort reformierten Kirchen. 3d ed. Edited by Wilhelm Niesel. Zollikon-Zurich: Evangelischer Verlag, 1940.
Bibliotheca Symbolica Ecclesiae Universalis: The Creeds of Christendom, with a History and Critical Notes. 4th ed. Edited by Philip Schaff. 3 vol. New York: Harper & Brothers, 1919.
Book of Common Worship. Louisville, Ky.: Westminster/John Knox Press, 1993.
Bucer, Martin. *Martin Bucers Deutsche Schriften*. Gütershloh: Gütershloher Verlaghaus Gerd Mohn, 1960.
Bullinger, Heinrich. *Adversus Anabaptistas*. Translated by Josiah Simler. Zurich: Froschouer, 1560.
———. *Catechesis*. Zurich: Froschauer, 1561.
———. The Decades of Heinrich Bullinger. Translated by H. I; edited for the Parker Society by Thomas Harding. Cambridge: University Press, 1849–1852.
———. *Heinrich Bullinger Theologische Schriften*. Edited by Hans-Georg vom Berg, Bernhard Schneider, and Endre Zsindely. Zurich: Theologischser Verlag, 1991.
———. *Sermonum Decades Quinque*. Tomus 1–3. Zurich: Froschouer, 1549–1551.
———. *Summa Christenlicher Religion*. Zurich: Froschouer, 1556.
Calvin, John. *Calvin: Institutes of the Christian Religion*. Edited by John T. McNeill. Translated and indexed by Ford Lewis Battles. 2 vols. Library of Christian Classics 20–21. Philadelphia: Westminster Press, 1960.
———. *Institutes of the Christian Religion, 1536 Edition*. Translated and anno-

tated by Ford Lewis Battles, rev. ed. Grand Rapids: Wm. B. Eerdmans Publishing Co., 1986.
———. *Concerning the Eternal Predestination of God*. Translated and edited by J. K. S. Reid. London: James Clarke, 1961.
———. *Ioannis Calvini opera quae supersunt omnia*. Edited by Wilhelm Baum, Edward Cunitz, and Edward Reuss. 59 vols. Volumes 29–87 of *Corpus Reformatorum*. Brunswick: C. A. Schwetschke and Son (M. Bruhn), 1863–1900.
———. *Ioannis Calvini opera selecta*. Edited by Peter Barth, Wilhelm Niesel, and Dora Scheuner. 5 vols. Munich: Chr. Kaiser Verlag, 1926–52.
———. *Institution de la religion chrestienne*. Edited by Jean-Daniel Benoit. 5 vols. Paris: J. Vrin, 1957–63.
———. *Institution of the Christian Religion (1536)*. Translated by Ford Lewis Battles. Atlanta: John Knox Press, 1975.
———. *The Piety of John Calvin: An Anthology Illustrative of the Spirituality of the Reformer*. Translated and edited by Ford Lewis Battles. Music edited by Stanley Tagg. Grand Rapids: Baker Book House, 1978.
———. *Theological Treatises*. Translated, with introductions and notes, by J. K. S. Reid. Library of Christian Classics 22. Philadelphia: Westminster Press, 1954.
———. *Tracts and Treatises on the Reformation of the Church*. Edited by T. F. Torrance. Translated by Henry Beveridge. 3 vols. Edinburgh: The Calvin Translation Society, 1844–51. Reprint, Edinburgh and London: Oliver and Boyd, 1958.
Collectio confessionum in ecclesiis reformatis publicatarum. Edited by H. A. Niemeyer. Leipzig: Klinkhardt, 1840.
The Heidelberg Catechism: 400 Anniversary Edition. Translated by Allen O. Miller and M. Eugene Osterhaven. New York: United Church Press, 1962.
Luther, Martin. *D. Martin Luthers Werke: Kritische Gesamtausgabe*. Weimar: Hermann Böhlaus, 1883–.
———. *D. Martin Luthers Werke: Kritische Gesamtausgabe. Die Deutsche Bibel*. Weimar: Hermann Böhlaus, 1906.
———. *Luther's Works*. Edited by Jaroslav Pelikan and Helmut T. Lehmann. 55 vols. St. Louis: Concordia Publishing House; Philadelphia: Fortress Press, 1955–1986.
Reformed Confessions of the 16th Century. Edited by Arthur C. Cochrane. Philadelphia: Westminster Press, 1966.
Schleiermacher, Friedrich. *The Christian Faith*. Philadelphia: Fortress Press, 1976.
———. *Der Christliche Glaube nach den Grundsätzen der evangelischen Kirche im Zusammenhange dargestellt*. 7th ed. Edited by Martin Redeker. Berlin: Walter de Gruyter, 1960.
Theologische Realenzyklopädie. s.v. "Orthodoxie." Berlin and New York: Walter de Gruyter, 1995.5: 464–97.
Zwingli, Huldrych. *Huldreich Zwinglis sämtliche Werke*. Edited by Emil Egli, Georg Finsler, et al. 14 vols. Volumes 88–101 of *Corpus Reformatorum*. Vol. 1: Berlin: C. A. Schwetschke und Sohn, 1905. Vols. 2–5, 7–12: Leipzig: M. Heinsius Nachfolger, 1908– . Vols. 6/1, 6/2, 13–14: Zurich: Verlag Berichthaus, 1944– .

---. *Huldrych Zwingli Writings.* Translated and edited by H. Wayne Pipkin. Allison Park, Pa.: Pickwick Press, 1984.
---. *The Latin Works of Huldreich Zwingli.* Edited by Clarence Nevin Heller. Philadelphia: Heidelberg Press, 1929.
---. *Selected Works of Huldreich Zwingli.* Edited by Samuel Macauley Jackson. Philadelphia: University of Pennsylvania Press, 1901.

2. SECONDARY STUDIES

Aland, Kurt. *Did the Early Church Baptize Infants?* Translated and with an introduction by G. R. Beasely-Murray. Philadelphia: Westminster Press, 1963.
Althaus, Paul. "Martin Luther über die Kindertaufe." *Theologische Literaturzeitung* 3 (1948): 705–14.
Armstrong, Brian G. "Calvin and Calvinism." Pp. 75–103 in *Reformation Europe: A Guide to Research II*, edited by William S. Maltby. St. Louis: Center for Reformation Research, 1992.
Bainton, Roland. *Here I Stand!* New York: Abingdon-Cokesbury Press, 1950.
Baker, J. Wayne. *Heinrich Bullinger and the Covenant: The Other Reformed Tradition.* Athens: Ohio University Press, 1980.
---. "Jérome Bolsec." In *The Oxford Encyclopedia of the Reformation.* Oxford: Oxford University Press, 1996.
---. "The Reformation at Zurich in the Thought and Theology of Huldrych Zwingli and Heinrich Bullinger." Pp. 47–73 in *Reformation Europe: A Guide to Research II*, edited by William S. Maltby. St. Louis: Center for Reformation Research, 1992.
Balke, Willem. *Calvin and the Anabaptists.* Translated by William Heynen. Grand Rapids: Wm. B. Eerdmans Publishing Co., 1981.
Barth, Karl. *Church Dogmatics.* I/1. Translated by G. W. Bromiley. Edinburgh: T. & T. Clark, 1975.
---. *Church Dogmatics.* II/2. Translated by G. W. Bromiley. Edinburgh: T. & T. Clark, 1957.
---. *Church Dogmatics.* IV/4: *The Christian Life* (fragment). Translated by G. W. Bromiley. Edinburgh: T. & T. Clark, 1969.
---. *The Teaching of the Church Regarding Baptism.* Translated by E. A. Payne. London: SCM Press, 1948.
Barth, Markus. *Die Taufe—Ein Sakrament?* Zollikon-Zurich: Evangelischer Verlag, 1951.
Barth, Peter. "Calvins Verständnis der Kirche." *Zwischen den Zeiten* 8 (1930): 216–33.
Beauduin, Lambert. *La Piété de l'église.* Brussels: Vromant & Co., 1914.
Beckmann, Joachim. *Vom Sakrament bei Calvin.* Tübingen: J. C. B. Mohr (Paul Siebeck), 1926.
Bicknell, E. J. *A Theological Introduction to the Thirty-nine Articles of the Church of England.* 3d ed. Revised by H. J. Carpenter. London: Longman, 1961.
Bizer, Ernst. "Die Entdeckung des Sakraments durch Luther." *Evangelische Theologie* 17 (1957): 64–90.
---. *Fides ex auditu: Eine Untersuchung über die Entdeckung der Gerichtigkeit*

Gottes durch Martin Luther. 2d ed. Neukirchen Kreis Moers: Verlag der Buchhandlung des Erziehungsvereins, 1961.
Blanke, Fritz, and Immanuel Leuschner. *Heinrich Bullinger: Vater der reformierten Kirche.* Zurich: Theologische Verlag, 1990.
Bohatec, Josef. *Calvins Lehre von Staat und Kirche mit besonderer Berücksichtigung des Organismusgedankens.* Breslau: M. and H. Marcus, 1937. Reprint, Aalen: Scientia, 1961.
Bornert, René. *La Réforme protestante du culte a Strasbourg au XVI^{e}siècle (1523-1598).* Leiden: E. J. Brill, 1981.
Bouwsma, William. "Calvin and the Renaissance Crisis of Knowing." *Calvin Theological Journal* 17 (1982): 190-211.
―――. *John Calvin: A Sixteenth Century Portrait.* New York: Oxford University Press, 1988.
Bradshaw, Paul. "Christian Initiation." Pp. 601-12 in *The New Dictionary of Sacramental Worship.* Edited by Peter E. Fink, S.J. Collegeville, Minn.: Liturgical Press, 1990.
―――. "Difficulties in Doing Liturgical Theology," *Pacifica* 11 (1998): 181-94.
―――. *The Search for the Origins of Christian Worship.* London: SPCK/New York: Oxford University Press, 1992.
Brand, Eugene. "New Rites of Initiation and Their Implications in the Lutheran Churches." *Studia Liturgica* 12, 2-3 (1977): 151-65.
Brecht, Martin. "Herkunft und Eigenart der Tauferanschauung der Züricher Täufer." *Archiv für Reformationsgeschichte* 64 (1973): 147-65.
―――. *Martin Luther: His Road to Reformation, 1483-1521.* Translated by James L. Schaaf. Philadelphia: Fortress Press, 1985.
―――. *Martin Luther: The Preservation of the Church, 1532-1546.* Translated by James L. Schaaf. Minneapolis: Fortress Press, 1993.
―――. *Martin Luther: Shaping and Defining the Reformation, 1521-1532.* Translated by James L. Schaaf. Minneapolis: Fortress Press, 1990.
Brinkel, Karl. *Die Lehre Luthers von der fides infantium bei der Kindertaufe.* Berlin: Evangelische Verlagsanstalt, 1958.
Brinkoff, L., O.F.M. "Chronicle of the Liturgical Movement." Pp. 40-67 in *Liturgy in Development.* New York: Sheed and Ward, 1965.
Bromiley, Geoffrey W. *Historical Theology: An Introduction.* Grand Rapids: Wm. B. Eerdman's Publishing Co., 1978.
Brunner, Emil. *The Misunderstanding of the Church.* Translated by Harold Knight. Philadelphia: Westminster Press, 1965.
―――. *Truth as Encounter.* Translated by A. W. Loos and David Cairns. Philadelphia: Westminster Press, 1964.
Bullinger, Heinrich. *Sermonum Decades Quique.* 3 vol. Zurich: Froschouer, 1549-1551.
―――. *The Decades of Heinrich Bullinger.* Translated by H. I; edited for the Parker Society by Thomas Harding. Cambridge: Cambridge University Press, 1849-1852.
Burnett, Amy Nelson. "Church Discipline and Moral Reformation in the Thought of Martin Bucer." *Sixteenth Century Journal* 22, 3 (1991): 438-56.
―――."Martin Bucer and the Anabaptist Context of Evangelical Confirmation." *Mennonite Quarterly Review* 68 (1994): 95-122

―――. *The Yoke of Christ: Martin Bucer and Christian Discipline*. Vol. 26 of Sixteenth Century Essays & Studies. Kirksville, Mo.: Sixteenth Century Journal Publishers, 1994.
Chandlee, H. Ellsworth, "The Liturgical Movement." Pp. 307–14 in *The New Westminster Dictionary of Liturgy and Worship*, edited by J. G. Davies. Philadelphia: Westminster Press, 1986.
Cheyne, Alex. "The Scots Confession of 1560." *Theology Today* 17 (1960): 323–38.
Chrisman, Miriam Usher. *Strasbourg and the Reform: A Study in the Process of Change*. New Haven, Conn.: Yale University Press, 1967.
Connell, Martin. "'*Nisi Pedes*' Except for the Feet: Footwashing in the Community of John's Gospel" *Worship* 70 (1969): 20–30.
Cottrell, Jack Warren. "Covenant and Baptism in the Theology of Huldreich Zwingli." Unpublished Th.D. dissertation, Princeton Theological Seminary, 1971.
Courvoisier, Jacques. "Bucer et Calvin." Pp. 37–66 in *Calvin à Strasbourg, 1538–1541*, edited by Jean-Daniel Benoit, Jacques Courvoisier, Pierre Scherding, D. A. Kuntz, *Calvin à Strasbourg*, 1538-1541. Strasbourg: Editions Fides, 1938.
―――. *La Notion d'église chez Bucer*. Paris: Librairie Félix Alcan, 1932.
Crichton, J. D. "A Theology of Worship." Pp. 3–31 in *The Liturgy of the Church*, 2d ed., edited by Cheslyn Jones, Geoffrey Wainwright, Edward Yarnold, and Paul Bradshaw. London: Oxford University Press, 1992.
Cullmann, Oscar. *Baptism in the New Testament*. Translated by J. K. S. Reid. Philadelphia: Westminster Press, 1950.
Depperman, Klaus. *Melchior Hoffman. Soziale Unruhen und apokalyptische Visionen im Zeitalter der Reformation*. Göttingen: Vandenhoeck & Ruprecht, 1979.
Devenish, Philip I. "The Sovereignty of Jesus and the Sovereignty of God." *Theology Today* 53, 1 (1996): 63–73.
DeVries, Dawn. *Jesus Christ in the Preaching of Calvin and Schleiermacher*. Louisville, Ky.: Westminster John Knox Press, 1996.
Doumergue, Emil. *Jean Calvin. Les Hommes et les choses de son temps*. 7 vols. Lausanne: Georges Bridel, 1899–1924.
Dowey, Edward A., Jr. *A Commentary on the Confession of 1967 and an Introduction to* The Book of Confessions. Philadelphia: Westminster Press, 1968.
―――. "Heinrich Bullinger's Theology: Thematic, Comprehensive, Schematic." Pp. 41–60 in *Calvin Studies V*, edited by John Leith. Richmond: Union Theological Seminary in Virginia, 1991.
―――. *The Knowledge of God in Calvin's Theology*. 2d edition. New York: Columbia University Press, 1952.
Edwards, Mark U., Jr. "Luther's Biography." Pp. 5–20 in *Reformation Europe: A Guide to Research II*, edited by William S. Maltby. St. Louis: Center for Reformation Research, 1992.
Eells, Hasting. *Martin Bucer*. New Haven, Conn.: Yale University Press, 1931.
Engel, Mary Potter. *John Calvin's Perspectival Anthropology*. Atlanta: Scholars Press, 1988.

Fagerberg, David W. *What Is Liturgical Theology?* New York: Pueblo Publishing Company, 1992.
Farner, Oskar. *Huldrych Zwingli*. 4 vols. Zurich: Zwingli-Verlag, 1946-60.
———. *Zwingli the Reformer: His Life and Work*. Translated by D. G. Sear. Hamden, Conn.: Archon Books, 1968.
Fatio, Olivier. "Orthodoxie" (II. Reformierte Orthodoxie). In *Theologische Realenzyklopädie*. Vol. 25. Berlin and New York: Walter de Gruyter, 1995.
Ferel, Martin. *Gepredigte Taufe: Eine homilitische Untersuchung zur Taufpredigt bei Luther*. Tübingen: J. C. B. Mohr (Paul Siebeck), 1969.
Finsler, Georg. *Zwingli-Bibliographie: Verzeichnis der Gedruckten Schriften von und über Ulrich Zwingli*. Nieuwkoop: B. de Graaf, 1968.
Fiorenza, Elizabeth Schüssler. *In Memory of Her*. New York: Crossroad, 1988.
Fischer, J. D. C. *Christian Initiation in the Medieval West*. London: SPCK, 1965.
Fischer, J. D. C., and E. J. Yarnold, S.J. "The West from about AD 500 to the Reformation." Pp. 144-52 in *The Liturgy of the Church*, 2d ed., edited by Cheslyn Jones, Geoffrey Wainwright, Edward Yarnold, and Paul Bradshaw. London: Oxford University Press, 1992.
Friedmann, Robert. *The Theology of Anabaptism*. Scottdale, Pa.: Herald Press, 1973.
Friedrich, Reinhold. "Martin Bucer—Ökumene im 16. Jahrhundert." Pp. 1:257-68 in *Martin Bucer and Sixteenth Century Europe*, 2 vols., edited by Christian Krieger and Marc Lienhard. Leiden: E. J. Brill, 1993.
Funk, Virgil C. "The Liturgical Movement (1830-1969)." Pp. 695-715 in *The New Dictionary of Sacramental Worship*, edited by Peter E. Fink, S.J. Collegeville, Minn.: Liturgical Press, 1990.
Gäbler, Ulrich. *Huldrych Zwingli: His Life and Work*. Translated by Ruth L. C. Gritsch. Philadelphia: Fortress Press, 1986.
———. *Huldrych Zwingli im 20. Jahrhundert: Forschungsbericht und annotierte Bibliographie, 1897-1972*. Zurich: Theologischer Verlag, 1975.
———. "Die Zwingli-Forschung seit 1960." *Theologische Literaturzeitung* 96, 7 (1971): 481-90.
Gagnebin, Bernard. "L'incroyable histoire des sermons de Calvin." *Bulletin de la société d'histoire et d'archéologie de Genève* 10, 4 (1955): 311-34.
Gamble, Richard C. "Current Trends in Calvin Research, 1982-1990." Pp. 96-108 in *Calvinus Sacrae Scripturae Professor*, edited by Wilhelm Neuser. Grand Rapids: Wm. B. Eerdmans Publishing Co., 1994.
Ganoczy, Alexandre. *Calvin théologien de l'église et du ministère*. Paris: Éditions du Cerf, 1964.
———. *The Young Calvin*. Translated by David Foxgrover and Wade Provo. Philadelphia: Westminster Press, 1987.
Gerrish, B. A. "The Confessional Heritage of the Reformed Church." *McCormick Quarterly* 19 (1966): 120-34.
———. *The Faith of Christendom: A Source Book of Creeds and Confessions*. Cleveland and New York: World Publishing Company, 1963.
———. *Grace and Gratitude: The Eucharistic Theology of John Calvin*. Minneapolis: Fortress Press, 1993.
———. *The Old Protestantism and the New: Essays on the Reformation Heritage*. Chicago: University of Chicago Press, 1982.

———. *A Prince of the Church: Schleiermacher and the Beginnings of Modern Theology*. Philadelphia: Fortress Press, 1984.
———. *Tradition and the Modern World: Reformed Theology in the Nineteenth Century*. Chicago: University of Chicago Press, 1978.
———. *Saving Faith and Secular Faith*. Minneapolis: Fortress Press, 1992.
———, ed. *Reformers in Profile*. Philadelphia: Fortress Press, 1967.
Grass, Hans. *Die Abendsmahlslehre bei Luther und Calvin*. Gütersloh: C. Bertelsmann Verlag, 1954.
Greschat, Martin. *Martin Bucer: Ein Reformator und seine Zeit*. Munich: Verlag C. H. Beck, 1990.
———. "Das Profil Martin Bucers." Pp. 1:9–17 in *Martin Bucer and Sixteenth Century Europe*, 2 vols., edited by Christian Krieger and Marc Lienhard. Leiden: E. J. Brill, 1993.
Grislis, Egil. "Calvin's Doctrine of Baptism." *Church History* 3 (1962): 46–65.
Grönvik, Lorenz. *Die Taufe in der Theologie Martin Luthers*. Göttingen and Zurich: Vandenhoeck & Ruprecht, 1968.
Hahn, Ferdinand. *The Worship of the Early Church*. Edited by John Reumann. Translated by David E. Green. Philadelphia: Fortress Press, 1973.
Hakkenberg, Michael A. "Belgic Confession." In *The Oxford Encyclopedia of the Reformation*. Edited by Hans J. Hillerbrand. Oxford: Oxford University Press, 1996.
Hamman, Gottfried. "La Démarche théologique de Bucer." Pp. 1:71–81 in *Martin Bucer and Sixteenth Century Europe*, 2 vols., edited by Christian Krieger and Marc Lienhard. Leiden: E. J. Brill, 1993.
———. *Entre la secte et la cité: le project d'église du réformateur Martin Bucer*. Geneva: Labor et Fides, 1984.
Hartin, James. "Catechisms." Pp. 154–63 in *The Study of Anglicanism*, edited by Stephen Sykes and John Booty. London: SPCK, 1988; Philadelphia: Fortress Press, 1988.
Haugaard, William P. *Elizabeth and the English Reformation*. Cambridge: Cambridge University Press, 1968.
———. "From the Reformation to the Eighteenth Century." Pp. 3–28 in *The Study of Anglicanism*, edited by Stephen Sykes and John Booty. London: SPCK, 1988; Philadelphia: Fortress Press, 1988.
Hazlet, W. Ian P. "The Scots Confession 1560: Context, Complexion and Critique." *Archiv für Reformationsgeschichte* 78 (1987): 287–320.
Hemmann, Carl. "Zwingli's Stellung zur Tauffrage im literarischen Kampf mit den Anabaptisten." *Schweizerische Theologische Zeitschrift* 36 (1919): 29–33, 79–85.
Heppe, Heinrich. *Reformed Dogmatics*. Foreword by Karl Barth. Revised and edited by Ernst Bizer. Translated by G. T. Thompson. London: Allen & Unwin, 1950.
Hesselink, John. "Reactions to Bouwsma's 'Portrait' of John Calvin." Pp. 209–13 in *Calvinus Sacrae Scripturae Professor*, edited by Wilhelm Neuser. Grand Rapids: Wm. B. Eerdmans Publishing Company, 1994.
Hillerbrand, Hans J. "The Origin of Sixteenth Century Anabaptism: Another Look." *Archiv für Reformationsgeschichte* 53 (1962): 152–80.
Hopf, Constantin. *Martin Bucer and the English Reformation*. Oxford: Basil Blackwell, 1946.

Höpfl, Harro. *The Christian Polity of John Calvin.* Cambridge: Cambridge University Press, 1985.

Irwin, Kevin. "Liturgical Theology." Pp. 721–33 in *The New Dictionary of Sacramental Worship,* edited by Peter E. Fink, S.J. Collegeville, Minn.: Liturgical Press, 1990.

Jacobs, Paul. *Prädestination und Verantwortlichkeit bei Calvin.* Neukirchen: Kr. Moers, Buchhandlung des Erziehungsvereins, 1937.

Jahr, Hannelore. *Studien zur Überlieferungsgeschichte der Confession de foi von 1559.* Neukirchen-Vluyn: Neukirchener Verlag des Erziehungsvereins, 1964.

Jeremias, Joachim. *Infant Baptism in the First Four Centuries.* Translated by David Cairns. Philadelphia: Fortress Press, 1960.

Jetter, Werner. Review of *Die Taufe in der Theologie Martin Luthers,* by Lorenz Grönvik. In *Lutherische Rundschau* 19 (1969): 249.

———. *Die Taufe beim Jungen Luther.* Tübingen: J. C. B. Mohr (Paul Siebeck), 1954.

Johnson, Maxwell E. "The Role of *Worship* in the Contemporary Study of Christian Initiation: A Select Review of the Literature" *Worship* 75 (2001): 20–35.

Jordahn, Bruno. "Der Taufgottesdienst im Mittelalter bis zum Gegenwart." Pp. 350–425 in *Leiturgia: Handbuch des evangelischen Gottesdienstes,* vol. 5: *Taufgottesdienstes,* edited by Karl Ferdinand Müller and Walter Blankenburg. Kassel: Johannes Stauda Verlag, 1970.

Kavanagh, Aidan. *Confirmation: Origins and Reform.* New York: Pueblo Publishing Company, 1988.

———. "Initiation: Baptism and Confirmation." *Worship* 46 (1972): 262–76.

———. *On Liturgical Theology.* New York: Pueblo Publishing Company, 1984.

———. "The Role of Ritual in Personal Development." Pp. 148–49 in *The Roots of Ritual,* edited by James D. Shaughnessy. Grand Rapids: Wm. B. Eerdmans Publishing Co., 1973.

———. *The Shape of Baptism: The Rite of Christian Initiation.* New York: Pueblo Publishing Company, 1978.

Kawerau, Gustav. "Liturgische Studien zu Luthers Taufbüchlein von 1523." *Zeitschrift für kirchliche Wissenschaft und kirchliches Leben* 10 (1898): 407–31, 466–77, 519–47, 578–99, 625–43.

Kidd, B. J. *The Thirty-nine Articles: Their History and Explanation.* 5th ed. London: Rivingtons, 1925.

Kilmartin, Edward J., S.J. *Christian Liturgy: Theology and Practice.* Vol. 1: *Systematic Theology of Liturgy.* Kansas City, Mo.: Sheed and Ward, 1988.

Kingdom, Robert M. *Geneva and the Coming of the Religious Wars in France, 1555–1563.* Geneva: Librarie E. Droz, 1956.

Kittleson, James. *Luther: The Story of the Man and His Career.* Minneapolis: Augsburg Publishing House, 1986.

Klassen, William. *Anabaptism in Outline.* Kitchener, Ont., and Scottdale, Pa.: Herald Press, 1981.

Koch, Ernst. "Paulusexegese und Bundestheologie: Bullingers Auslegung von Gal 3:17–26." Pp. 342–50 in *Histoire de l'exégèse au XVIe siècle,* edited by Olivier Fatio and Pierre Fraenkel. Geneva: Droz, 1979.

―――. Review of *Heinrich Bullinger and the Covenant: The Other Reformed Tradition*, by J. Wayne Baker. *Theologisches Literaturezeitung* 109 (1984): 43–44.
―――. *Die Theologie der Confessio Helvetica Posterior*. Neukirchen-Vluyn: Neukirchener Verlag des Erziehungsvereins, 1968.
Koch, Karl. *Studium Pietatis: Martin Bucer als Ethiker*. Neukirchen-Vluyn: Neukirchener Verlag, 1962.
Kretschmar, Georg. "Die Geschichte des Taufgottesdienstes in der alten Kirche." Pp. 59–273 in *Leiturgia: Handbuch des evangelischen Gottesdienstes*, vol. 5: *Taufgottesdienstes*, edited by Karl Ferdinand Müller and Walter Blankenburg. Kassel: Johannes Stauda Verlag, 1970.
Krusche, Werner. *Das Wirken des Heiligen Geistes nach Calvin*. Göttingen: Vandenhoeck & Ruprecht, 1957.
Künzli, Edwin. "Aus der Zwingli-Forschung." *Theologische Rundschau* n.s. 37, 4 (1972): 361–69.
Lang, August. "Luther und Calvin." In *Reformation und Gegenwart: Gesammelte Aufsätze*. Detmold: Meyersche Hofbuchhandlung, 1918.
―――. "Die Quellen der *Institutio* von 1536." *Evangelische Theologie* 3 (1936): 104–5.
Leenhardt, Franz J. *Le Baptême chrétien, son origine, sa signification*. Neuchâtel and Paris: Delachaux & Niestlé, 1946.
Leith, John H. *Assembly at Westminster: Reformed Theology in the Making*. Richmond: John Knox Press, 1973.
Littell, Franklin H. *The Anabaptist View of the Church*. Boston: Starr King Press, 1958.
Locher, Gottfried. *Zwingli's Thought: New Perspectives*. Leiden: E. J. Brill, 1981.
Lohse, Bernard. *Martin Luther: An Introduction to His Life and Work*. Translated by Robert C. Schultz. Philadelphia: Fortress Press, 1986.
―――, ed. *Der Durchbruch der reformatischen Erkenntnis bei Luther*. Darmstadt: Wissentschaftliche Buchgesellschaft, 1968.
―――, ed. *Der Durchbruch der reformatischen Erkenntnis bei Luther—Neuere Untersuchungen* Stuttgart: F. Steiner Verlag Wiesbaden, 1988.
Lutterjohann, Rudolf. "Die Stellung Luthers zur Kindertaufe." *Zeitschrift für systematische Theologie* 11 (1934): 188–224.
Made Not Born: New Perspectives on Christian Initiation and the Catechumenate. Notre Dame, Ind.: University of Notre Dame Press, 1976.
Marcel, Pierre Charles. *The Biblical Doctrine of Infant Baptism: Sacrament of the Covenant of Grace*. Translated by Philip Edgcumbe Hughes. London: James Clarke & Company, 1953.
Marshall, Paul V. "Reconsidering 'Liturgical Theology': Is there a *Lex Orandi* for all Christians?" *Studia Liturgica* 25 (1995): 129–151.
Marxsen, Willi. *The New Testament as the Church's Book*. Translated by James E. Mignard. Philadelphia: Fortress Press, 1972.
Mattias, Markus. "Orthodoxie" (I. Lutherische Orthodoxie). In *Theologische Realenzyklopädie*, Vol. 25. Berlin and New York: Walter de Gruyter, 1995. 5: 464–97.
McCoy, Charles S., and J. Wayne Baker, *Fountainhead of Federalism: Heinrich Bullinger and the Covenant Tradition*. Louisville, Ky.: Westminster/John Knox Press, 1991.

McGrath, Alistair E. "John Calvin and Late Medieval Thought." *Archiv für Reformationsgeschichte* 77 (1986): 58–78.
McNeill, J. T. "The Church in Sixteenth-Century Reformed Theology." *Journal of Religion* 22 (1942): 251–69.
Meinhold, Peter. "Calvin und Luther." *Lutherische Monatshefte* 3 (1964): 264–69.
Moeller, Pamela Ann. *Calvin's Doxology*. Allison Park, Pa.: Pickwick Publications, 1997.
Molwitz, P. "Luther's Lehre von der Kindertaufe." *Neue Kirchliche Zeitschrift* 38 (1917): 359–72.
Monter, E. William. *Calvin's Geneva*. New York: John Wiley & Sons, 1967.
Moody, Dale. *Baptism: Foundation for Christian Unity*. Philadelphia: Westminster Press, 1967.
Mueller, William. *Church and State in Luther and Calvin: A Comparative Study*. Nashville: Broadman Press, 1954.
Müller, Johannes. *Martin Bucers Hermeneutik*. Gütersloh: Gütersloher Verlagshaus Gerd Mohn, 1965.
Muller, Richard A. *Christ and the Decree: Christology and Predestination in Reformed Theology from Calvin to Perkins*. Durham, N.C.: Labyrinth Press, 1986.
Nauta, Doede. "Calvin and Luther." *Free University Quarterly* 2 (1952–53): 1–17.
Neuser, Wilhelm. *Die Tauflehre des Heidelberger Katechismus: Eine aktuelle Lösung des Problems der Kindertaufe*. Munich: Chr. Kaiser Verlag, 1967.
Niebuhr, Richard R. *Schleiermacher on Christ and Religion: A New Introduction*. New York: Charles Scribner's Sons, 1964.
Niesel, Wilhelm. *Calvin-Bibliographie, 1901–1959*. Munich: Chr. Kaiser Verlag, 1961.
———. *Die Theologie Calvins*. Munich: Chr. Kaiser Verlag, 1938. English translation as *The Theology of Calvin*. Translated by Harold Knight. Philadelphia: Westminster Press, 1956.
Nümann, K. "Zur enstehung des lutherischen Taufbüchleins von Jahre 1523." *Monatsschrift für Gottesdienst und kirchliche Kunst* 33 (1928): 214–19.
Oberman, Heiko A. *The Dawn of the Reformation*. Edinburgh: T & T Clark, 1986.
———. "*Initia Calvini*: The Matrix of Calvin's Reformation." Pp. 117–27 in *Calvinus Sacrae Scripturae Professor*, edited by Wilhelm Neuser. Grand Rapids: Wm. B. Eerdmans Publishing Co., 1994.
———. *Luther: Man between God and the Devil*. New Haven, Conn.: Yale University Press, 1989.
Ogden, Schubert M., ed. selected, translated, and introduced. *Existence and Faith: Shorter Writings of Rudolf Bultmann*. New York: Meridian Books, 1960.
Old, Hughes Oliphant. *The Patristic Roots of Reformed Worship*. Züricher Beiträge zur Reformationsgeschichte, 5. Zurich: Theologischer Verlag, 1975.
———. *The Shaping of the Reformed Baptismal Rite in the Sixteenth Century*. Grand Rapids: Wm. B. Eerdmans Publishing Co., 1992.

Ozment, Steven. *The Age of Reform*. New Haven, Conn.: Yale University Press, 1980.
―――. *The Reformation in the Cities*. New Haven, Conn.: Yale University Press, 1975.
Pannier, Jacques. *Les origines de la Confession de foi et de la discipline des Église réformées de France*. Paris: F. Alcan, 1936.
Parker, T. H. L. *John Calvin: A Biography*. Philadelphia: Westminster Press, 1975.
Partee, Charles. "Calvin's Central Dogma, Again." *Sixteenth Century Journal* 18 (1987): 191–99.
Pelikan, Jaroslav J. "Luther's Defense of Infant Baptism." Pp. 200–218 in *Luther for an Ecumenical Age*, edited by Carl S. Meyer. St. Louis: Concordia Publishing House, 1967.
Pestalozzi, Carl. *Heinrich Bullinger: Leben und ausgewählte Schriften*. Elberfeld: R. L. Fridrechs, 1858.
Petry, Ray C. "Calvin's Conception of the 'Communio Sanctorum.'" *Church History* 5 (1936): 227–38.
Pfatteicher, Philip H., and Carlos R. Messerli. *Manual on the Liturgy—Lutheran Book of Worship*. Minneapolis: Augsburg Publishing House, 1979.
Pipkin, H. Wayne. *A Zwingli Bibliography*. Bibliographia Tripotamopolitana no. 7. Pittsburgh: The Clifford E. Barbour Library, Pittsburgh Theological Seminary, 1972.
Pollet, J.-V.-M. "Zwinglianisme." In *Dictionnaire de Theologie Catholique*. Paris: Librairie Letouzey et Ané, 1950.
Potter, G. R. *Zwingli*. Cambridge: Cambridge University Press, 1976.
Procter, Francis. *A New History of the Book of Common Prayer*. Revised and rewritten by Walter Howard Frere. London: Macmillan & Co., 1955.
Quistorp, Heinrich. "Sichtbare und unsichtbare Kirche bei Calvin." *Evangelische Theologie* 9 (1949): 83–101.
Raitt, Jill. "Roman Catholic New Wine in Reformed Old Bottles? The Conversion of the Elements in the Eucharistic Doctrines of Theodore Beza and Edward Schillebeeckx." *Journal of Ecumenical Studies* 8 (1971): 581–604.
Redeker, Martin. *Schleiermacher: Life and Thought*. Translated by John Wallhauser. Philadelphia: Fortress Press, 1973.
Riggs, John W. "Emerging Ecclesiology in Calvin's Baptismal Thought, 1536–1543." *Church History* 64, 1 (1995): 29–43.
―――. "Normative Shape for Christian Worship." *Prism* 3, 2 (1988): 34–36.
―――. "The Sacred Food of *Didache* 9 and 10 and Second-Century Ecclesiologies." Pp. 256–83 in *The Didache in Context*, edited by Clayton Jefford. Leiden: E. J. Brill, 1995.
Rogers, Jack. *Presbyterian Creeds: A Guide to the* Book of Confessions. Philadelphia: Westminster Press, 1985.
Rohls, Jan. *Reformed Confessions: Theology from Zurich to Barmen*. Translated by John Hoffmeyer. Introduction by Jack L. Stotts. Louisville, Ky.: Westminster John Knox Press, 1998.
Schmid, Heinrich. *The Doctrinal Theology of the Evangelical Lutheran Church*.

3d ed. Revised and translated by Charles A. Hay and Henry E. Jacobs. Minneapolis: Augsburg Publishing House, 1961.
Schmidt-Clausing, Fritz. *Zwingli als Liturgiker.* Göttingen: Vandenhoeck & Ruprecht, 1952.
———. "Zwingli und die Kindertaufe." *Berliner Kirchen-Briefe* 6 (1962): 4–8.
Schweizer Alexander. *Die protestantischen Centraldogmen in ihrer Entwicklung innerhalb der reformierten Kirche.* 2 vols. Zurich: Orell, Fuessli, and Co., 1854.
Searle, Mark, O.F.M. *Christening: The Making of Christians.* Essex: Kevin Mayhew Ltd., 1977.
———. "The Journey of Conversion." *Worship* 54 (1980): 35–55.
Seeberg, Reinhold. *Text-Book of the History of Doctrines.* Translated by Charles F. Hay. Grand Rapids: Baker Book House, 1983.
Senn, Frank. "The Shape and Content of Christian Initiation: An Exposition of the New Lutheran Liturgy of Holy Baptism." *Dialog* 14 (1975): 97–107.
Smith, Morton. "Pauline Worship as Seen by Pagans." *Harvard Theological Review* 73 (1980): 241–49.
Staedtke, Joachim. "Die Züricher Prädestiationsstreit von 1560." *Zwingliana* 9 (1953): 536–46.
———, ed. *Glauben und Bekennen: Vierhundert Jahre Confessio Helvetica Posterior.* Zurich: Zwingli Verlag, 1966.
Steinmetz, David C. "The Theology of Calvin and Calvinism." Pp. 211–32 in *Reformation Europe: A Guide to Research*, edited by Steven Ozment. St. Louis: Center for Reformation Studies, 1982.
Stephens, W. P. *The Theology of Huldrych Zwingli.* Oxford: Clarendon Press, 1986.
———. *The Holy Spirit in the Theology of Martin Bucer.* London: Cambridge University Press, 1970.
Stookey, Lawrence. "Three New Initiation Rites." *Worship* 51 (1977): 33–49.
Strohl, H. "La Notion d'église chez les Réformateurs." *Revue d'histoire et de philosophie religieuses* 16 (1936): 265–319.
Tappert, Theodore G., ed. *The Book of Concord: The Confessions of the Evangelical Lutheran Church.* Philadelphia: Fortress Press, 1959.
Tice, Terrence N. *Schleiermacher Bibliography: With Brief Introductions, Annotations, and Index.* Princeton, N.J.: Princeton Theological Seminary, 1966.
———. *Schleiermacher Bibliography (1784–1984): Updating and Commentary.* Princeton, N.J.: Princeton Theological Seminary, 1985.
———. "Schleiermacher Bibliography: Update 1987." *New Athenaeum/Neues Athenaeum* 1 (1989): 280–350.
———. "Schleiermacher Bibliography: Update 1990." *New Athenaeum/Neues Athenaeum* 2 (1991): 131–65.
———. "Schleiermacher Bibliography: Update 1994." *New Athenaeum/Neues Athenaeum* 4 (1995): 139–94.
———. *Schleiermacher's Sermons: A Chronological Listing and Account.* Lewiston, N.Y.: E. Mellen Press, 1997.

Tillich, Paul. *A History of Christian Thought*. New York: Simon & Schuster, 1968.
Toon, Peter. "The Articles and Homilies." Pp. 133-43 in *The Study of Anglicanism*, edited by Stephen Sykes and John Booty. London: SPCK, 1988; Philadelphia: Fortress Press, 1988.
Torrance, Thomas F. *The Hermeneutics of John Calvin*. Edinburgh: Scottish Academic Press, 1988.
Tracy, James D. "Humanism and the Reformation." Pp. 33-57 in *Reformation Europe: A Guide to Research*. Edited by Steven Ozment. St. Louis: Center for Reformation Research, 1982.
Usteri, Johann Martin. "Calvins Sakraments und Tauflehre." *Theologische Studien und Kritiken* 3 (1884):419-56.
———. "Darstellung der Tauflehre Zwinglis." *Theologische Studien und Kritiken* 3 (1884): 205-84.
———. "Die Stellung der Strassburger Reformatoren Bucer und Capito zur Tauffrage." *Theologische Studien und Kritiken* 3 (1884): 456-524.
Venema, Cornelis P. "Heinrich Bullinger's Correspondence on Calvin's Doctrine of Predestination, 1551-1553." *Sixteenth Century Journal* 17 (1986): 449.
von Geusau, Alting. *Die Lehre von der Kindertaufe bei Calvin*. Bilthoven: Uitgeverij H. Nelissen, 1963.
Walker, Williston. *John Calvin: The Organizer of Reformed Protestantism, 1509-1564*. New York: G. P. Putnam's Sons, 1906. Reprint, New York: Schocken Books, 1969.
Wallace, Ronald S. *Calvin's Doctrine of the Word and Sacrament*. Edinburgh: Oliver and Boyd, Ltd., 1953.
———. *Geneva and the Reformation: A Study of Calvin as Social Reformer, Churchman, Pastor, and Theologian*. Grand Rapids: Baker Book House, 1988.
Walser, Peter. *Die Prädestination bei Heinrich Bullinger im Zusammenhang mit seiner Gotteslehre*. Zurich: Zwingli-Verlag, 1957.
Wendel, François. *Calvin: sources et évolution de sa pensée religieuse*. Paris: Presses universitaires de France, 1950.
———. *L'Eglise de Strasbourg, sa constitution et son organization, 1532-1535*. Paris: Presses Universitaires de France, 1942.
Whale, J. S. *The Protestant Tradition: An Essay in Interpretation*. Cambridge: Cambridge University Press, 1955.
White, James F. *Protestant Worship: Traditions in Transition*. Louisville, Ky.: Westminster John Knox Press, 1989.
Williams, George H. *The Radical Reformation*. 3d ed. Sixteenth Century Essays & Studies 15. Kirksville, Mo.: Sixteenth Century Journal Publishers, 1992.
———. "How Do We Know It Is Us?" Pp. 55-65 in *Liturgy and the Moral Self*, edited by E. Byron Anderson and Bruce T. Morrill, S.J. Collegeville, Minn.: Liturgical Press, 1998.
Yoder, John Howard. "The Turning Point in the Zwinglian Revolution." *Mennonite Quarterly Review* 32 (1958): 128-40.

Baptism in the Reformed Tradition

색인

〈ㄱ〉

개신교 예배 17, 39
개신교 정통주의(Orthodox Protestantism) 209
개혁교회 정통주의(Reformed orthodoxy) 208, 209, 232, 280
개혁주의 신앙고백 234, 235, 244, 266, 274, 280
개혁주의 전통 41, 50, 55, 88, 92, 177, 179, 180, 181, 191, 199, 222, 238, 240, 243, 247, 256, 258, 264, 266-267, 277-278, 280, 281, 283, 285-286
- 성례신학 120, 128-129, 193, 200, 214, 273, 278, 283, 285
- 세례신학 129-130, 133, 170, 213, 242
- 언약('언약'[covenant]을 보라) 62-67, 96, 97-98, 101, 160, 279
- 하나님의 주권 241, 252, 262
거룩한 예전규약 21-22, 25
겔라시안 성례집 47, 254
견진(Confirmation) 21, 24, 26, 117, 198, 222, 246
경건의 열망(Pia desideria) 209
계시 283-284, 288-290
공동기도서(Book of Common prayer) 80, 201
공동예배서(Book of Common Worship)

233-234, 246-250, 252,
253-255, 257-258, 260,
261-262, 267-268, 280
- 감사기도 247, 248, 252, 255, 257, 268
- 선언 248-250
- 소개 247-248, 250
- 신앙고백 234, 235, 244, 247-251, 258, 260, 263, 265-268
- 안수 247, 248, 261
- 환영순서 247
교회교의학 18, 225, 238
교회론 28, 29, 30, 32, 38, 113, 120, 125, 128, 129, 130, 132, 134, 233, 285
- 가시적 교회 37, 123, 204, 240
- 비가시적 교회 34, 35, 37
그리스도 안으로 접붙임 27
기독교 강요(Institutes of the Christian Religion) 35, 36, 37, 104, 106-109, 111, 113, 117, 118-123, 125, 128-133, 137-138, 140, 142, 145, 146-148, 150, 152, 156

〈ㄷ〉

대/소 신앙교육서 203, 232
도르트 총회(Synod of Dort) 100, 222, 240, 241
도미니칸 수도회(Dominicans) 70, 79

〈ㄹ〉

루터교 예배서(Lutheran Book of Worship) 18, 19, 177, 233, 248-249, 252, 254, 265, 281

〈ㅂ〉

바르멘 선언(Barmen Declaration) 180
바젤대학 56
벨직 신앙고백(Belgic Confession) 182, 190-195, 222, 229, 237, 276

〈ㅅ〉

사보이 선언(Savoy Declaration) 181
성령 27, 30, 31, 42, 44, 46, 81, 82, 84-87, 130, 141, 143, 152, 157, 165, 166, 168, 169, 173, 179, 184, 185, 188-192, 195, 196, 201, 203, 204, 206, 211, 223, 226, 230, 239, 253, 254, 261, 269, 285
성례 교리교육 26, 27
세례
- 16세기 개혁교회 세례 예식 235, 265
- 거룩한 역사 225
- 기독교 성인 입교예식(RCIA Rite of Christian Initiation of Adults) 19, 22, 26, 27, 32, 55, 177, 233, 285
- 기독교 입교예식 18, 22, 23, 24, 38, 267
- 사용 77, 189, 198, 276
- 성령 42, 46, 82, 84-86, 167
- 세례의 본질 95, 160, 211
- 세례의 성례 27, 82
- 세례의 유용성('세례의 본질'을 보라) 91
- 신앙 60, 76, 77, 109, 112, 117-118, 184, 204, 206, 212, 213, 258, 260, 279
- 올바른('세례의 본질'을 보라) 77-79
- 유아세례('유아세례'를 보라) 40, 51, 60, 66, 74-75, 109, 119, 132, 138, 142, 159-170, 200-223, 243-246, 279-280
- 주님의 제정(dominical institution) 203, 266
- 중생 46, 84, 112, 183, 185, 189, 213, 220, 253, 278
- 효능('사용'을 보라) 82, 86, 95
세례 소책자 18, 41, 84, 119
세례 요한 75
소 신앙교육서(Catechesis minor) 194
스위스 합의서(Consensus helveticus) 209
스코틀랜드 신앙고백(Scots Confession) 182, 196, 198, 284

스콜라(실제주의의) 신학 56
스트라스부르크 79, 80, 81, 82,
　　　84, 85, 106-107, 115-116,
　　　118, 119, 124, 125, 126,
　　　132, 178, 182, 236, 264
신앙교육서 85, 96, 117, 193,
　　　195, 201, 202, 230, 276

〈ㅇ〉

알미니안 99
알미니우스 240
어중간한 언약 181
언약(covenant) 101, 126, 127, 132,
　　　147, 149, 161, 163, 194,
　　　236, 237
　- 개혁주의 전통 222, 238, 256,
　　　258, 264
　- 구약과 신약 203
　- 보편주의 98, 101
　- 선택 46, 127, 230, 240
　- 세례 65, 66, 101, 178, 236,
　　　259, 262, 264, 268, 275
　- 유아 세례 223, 230, 232, 234,
　　　237, 240, 258

- 할례 63-66, 84, 96, 97, 148,
　　　160, 164, 178, 205, 223,
　　　236
엄숙한 맹약과 언약 202
예배 202, 239, 247, 267
　- 주님이 현존하시는 266, 270,
　　　283, 287, 288
　- 개신교('개신교 예배'를 보라) 17,
　　　281
　- 교회의 표지 37
　- 부활절 신비 48
예배갱신운동 19, 55, 233, 263,
　　　268, 283, 285, 286, 287
예전 20, 21, 22, 29, 31, 32, 38
예정 86, 94, 99, 101, 134, 150,
　　　163, 165, 171, 214, 229,
　　　234, 235, 238, 240, 242,
　　　258
　- 구원 99, 101, 161, 162, 235,
　　　240
　- 선택 86, 99, 100, 101, 150,
　　　178, 212, 230, 242
　- 섭리 35, 150, 152
　- 유기 36, 99, 100, 134, 149-
　　　159, 162, 163, 171, 214,
　　　235, 240, 258, 259, 278

올라부스 페트리 강좌(Olavus Petri Lectures) 강연회(Olavus Petri) 222, 223
웨스트민스터 신앙고백(Westminster Confession) 180, 202, 205, 206, 232
유아세례(infant baptism) 66, 67, 74, 75, 83, 109, 119, 149, 160, 205, 219, 221, 223, 227, 229, 230, 237, 241, 242, 243, 246, 280
- 언약 방어 132, 178, 229, 258
- 개혁주의 전통 222, 258, 279
- 미래의 회개와 믿음의 씨앗 167-169
- 활발치 않은 중생 230
- 잠자고 있는 중생(비활동적 중생을 보라) 230
- 유아세례 76
이(2)차적인 신학 286, 288
인문주의 58, 104
일치서(Book of Concord) 179
일치신조(Formula of Concord) 208
영국 국교회 신앙교육서 182
영국 국교회의 종교강령 196, 199

〈 ㅈ 〉

장기국회 202
제1바젤 신앙고백(First Confession of Basel) 196
제1스위스 신앙고백(First Helvetic Confession) 181, 196
제2스위스 신앙고백(Second Helvetic Confession) 97, 182, 187, 194, 195, 274, 275, 276
제2차 바티칸 공의회(Second Vatican Council) 21, 24, 25, 55, 177, 267, 285
제2차 바티칸 공회의 19
제네바 100, 103, 106, 107, 108, 115, 128, 129, 134, 135, 150, 151, 170
제네바대학 227
제네바 신앙고백(Geneva Confession of Faith) 136, 181, 184, 185
제네바 신앙교육서(Geneva Catechism) 125, 132, 178, 182, 184, 185, 194
제세례파(Anabaptists) 75, 79, 119, 192
종교개혁자들의 눈부신 발전

- 루터(Luther) 33-35, 37, 40, 41,
　　43-47, 68-78, 91-92
- 부처(Bucer) 79, 88, 106, 117,
　　129, 132, 236, 259
- 불링거(Bullinger) 92-101, 178,
　　188-189, 236
- 츠빙글리(Zwingli) 56-67, 132,
　　183

〈 ㅊ 〉

첫 성찬 23, 24
취리히 57, 58, 60, 62, 93
- 1차 논쟁 62, 93
- 2차 논쟁 93

〈 ㅋ 〉

칼빈(Calvin) 6, 35, 36, 37, 50, 51,
　　89, 102, 103, 104, 105,
　　106

〈 ㅍ 〉

표징-약속 신학 92, 113, 214,
　　279
프란시스칸(Franciscans) 211
프랑스 신앙고백(French Confession)
　　182, 189, 190, 191, 196,
　　237, 284
프리드리히 슐라이어마허
　　(Friedrich Schleiermacher) 51,
　　179, 215
- 그리스도의 살아있는 교제
　　219
- 기독교 신앙 216-218, 221,
　　222
- 베를린 대학교 216
- 하나님 의식 217, 218
- 절대 의존감정 217, 218
- 할레대학교 216

〈 ㅎ 〉

하나님 말씀 37, 186
하이델베르크 요리문답(Heidelberg
　　Catechism) 19

홍수기도(Flood Prayer) 41, 42, 45, 47, 74, 233, 255

개혁주의 세례신학
Baptism in the Reformed Tradition

2012년 6월 5일 초판 발행

지은이 | 존 W. 릭스
옮긴이 | 김상구, 김태규
펴낸곳 | (사)기독교문서선교회
등록 | 제16-25호(1980. 1. 18)
주소 | 서울시 서초구 방배동 983-2
전화 | 02) 586-8761~3(본사) 031) 923-8762~3(영업부)
팩스 | 02) 523-0131(본사) 031) 923-8761(영업부)
홈페이지 | www.clcbook.com
이메일 | clckor@gmail.com
온라인 | 국민은행 043-01-0379-646, 기업은행 073-000308-04-020
　　　　　 예금주: 사)기독교문서선교회

ISBN 978-89-341-1197-9 (93230)

* 낙장 · 파본은 교환해 드립니다.